Edinburgh Napier

FRENCH
FOR
BUSINESS
Fifth Edition

Malcolm Bower and
Lucette Barbarin

Hodder & Stoughton

A MEMBER OF THE HODDER

Acknowledgements

The publishers would like to thank the following for use of material in this volume:

Accor group for hotel logos; Hôtel Arcade de Paris; Association Relative à la Télévision Européenne for ARTE logo; *Auto Moto* for chart 'Juin 2001–Le top 30'; Banque Central Européenne for euro illustrations; Canal Plus for logo; La Cinquième for logo; *Capital* for maps 'Les Etats-Unis de l'Europe', graph 'Ventes: l'effet Folz', articles 'La semaine de 25 heures . . . et la retraite à 70 ans' and 'La cinquième nouvelle économie'; CIAT for photos, statistics and logo in Chapter 4; Domaine Dupasquier (Vins de Savoie) for visuals on p178; *L'Entreprise* for 'Les Jours fériés de l'Europe'; Groupe Envergure for hotel logos; Europe 1 for broadcast interviews from 'Journal de l'économie' and 'Journal de midi'; L'Evénement du Jeudi for chart 'Ce que consomment les Français'; Excelsior Publications SA for extract 'L'industrie: que recouvre ce terme?' from *La France en chiffres* by Rémy Arnaud; *L'Expansion* for 'La France en 2010'; *Le Figaro* for 'Vers la fin des bac +2'; France 2 and France 3 for logos; Galeries Lafayette for their store guide; *J'économise* for visuals and article 'Internet: vous saurez tout!'; *Libération* for 'De la planche à la chaise, petit exemple du mode d'application de la TVA'; Logis de France for logo; Métropole Télévision for M6 logo; Michelin Tyres for letterhead; ONISEP for chart 'L'enseignement en France'; Au Printemps for storecard and text; 'Parole d'hommes' for their advert; Parly 2 for *plan (accès) et plan intérieur de Parly 2* from their website; *Le Point* for 'La Traversée de la Manche', graphs 'La courbe du chômage hésite', 'France: le paysage s'assombrit', article 'Boycott–la leçon des Anglo-Saxons', article and graph 'Toujours pas 80% de bacheliers';

Le Progrès for article 'Renault privatisée – la fin d'un symbole' and broadcast interview based on article 'L'été en or du commerce de détail'; PTT for i-minitel visual; Punch Publications Ltd for 2 cartoons; Reuters for extract from 'La France championne du monde du tourisme' (from *Nice-Matin*); La Samaritaine for storecard and text; Société Nationale de Programme France Région 3 for logo; Sofitind; *Télérama*/Olivier Milot for article 'TV5, la première chaîne mondiale en langue française'; Télévision Française 1 for TF1 logo; Group Touati for advert; Hôtel Les Voyageurs, Brest.

Every effort has been made to trace and acknowledge ownership of copyright. The publishers will be glad to make suitable arrangements with any copyright holders whom it has not been possible to contact.

The authors and publishers would like to thank the following for permission to reproduce photographs: Corbis (pp14, 20, 57, 75, 90, 92, 93), Channel Tunnel Group/Eurotunnel (p55), Automobiles Citroën (p97), France Télécom (p164), Owen Franken (p148), Hoverspeed (p54), Renault (p99).

The authors would like to thank the following for their contribution to the fifth edition: their sons Christopher and John for their invaluable IT help and support, Robert and Marie-Claude Beaune, Didier and Claudie Calavas and Brian Taylor for their encouragement, research and advice, and Geoff Jones for testing the material.

The authors and publishers cannot vouch or accept responsibility for the current accuracy of any prices or information or the present availability of any goods or services referred to in the book.

Orders: please contact Bookpoint Ltd, 130 Milton Park, Abingdon, Oxon OX14 4SB. Telephone: (44) 01235 827720, Fax: (44) 01235 400454. Lines are open from 9.00–6.00, Monday to Saturday, with a 24 hour message answering service.

British Library Cataloguing in Publication Data
A catalogue record for this title is available from The British Library

ISBN 0 340 84692 5

First published 1977. Fifth edition 2002
Impression number   10 9 8 7 6 5 4 3 2 1
Year   2006 2005 2004 2003 2002

Typeset by Servis Filmsetting Ltd, Manchester
Printed in Great Britain for Hodder & Stoughton Educational, a division of Hodder Headline Plc, 338 Euston Road, London NW1 3BH by Martins the Printers, Berwick-upon-Tweed.

Contents

Table of contents

* in section C indicates recorded text
** two recorded letters for transcription

Introduction

General aims

French for Business Fifth Edition is a complete, self-contained post-higher level GCSE course designed to:

- give students of various levels of linguistic achievement oral and aural confidence in social, business and commercial situations
- provide a thorough revision of essential grammar
- develop reading skills so that students can cope with a wide range of written information relating to the world of business and commerce
- equip students to deal with French commercial correspondence
- give an overview of important socio-economic institutions in France.

Target Students

The ideal companion for business people who need to communicate on a regular basis with French colleagues and/or customers, *French for Business* with its structured nature, building as it does on higher GCSE competence, is also ideally suited for teachers looking for a coursebook to prepare students for a range of business and general French examinations. From our personal experience as teachers and examiners of French in secondary, further and higher education, and based on advice and suggestions from colleagues in the same fields, we are confident that *French for Business* meets the needs of:

- AS and A level students requiring suitable material for 'The World of Work' element of the new exams
- Students in further and higher education preparing for French modules as part of their GNVQ (levels 3 and 4) or degree level programmes
- Secretary Linguists and Business Studies students on the London Chamber of Commerce and Industry Examination Board Euroqualification courses (CLAC, EEAC, DEBA)
- Those preparing, independently of the above, the LCCIEB's Foreign Languages for Industry and Commerce (FLIC) third and fourth levels in spoken French
- Students preparing the OCR Certificate in Business Language Competence at Operational and Advanced level (levels 3 and 4 of the National Language Standards)

Course Design

The Student Book

The 13 chapters which make up the Student Book, with the exception of Chapter 10, are comprised of the following sections:

Section A

This contains the exercises based on the introductory dialogue (full dialogue texts can be found on pages 242–259) which present the main topic and grammatical structure(s) of the chapter. In addition to comprehension questions in French or English and retranslation phrases, a variety of approaches to exploit the dialogue have been included – true/false, short transcriptions, gap-filling, finding the question, matching exercises, etc.

Section B

This section begins with an explanation of the grammar structure(s) to be covered, followed by practice exercises. Grammar sections cover the main parts of speech (adjectives, adverbs, pronouns, prepositions), articles, numbers and all the main moods, voices and tenses of verbs. Language functions such as forming questions, welcoming people and putting them at ease are also included.

Building on the success of the Fourth Edition the clearer, more varied exercises reflecting the new approach to grammar practice have generally been retained. These are followed by two role-playing exercises: in addition to a structured role-play, a second unstructured scenario gives students the opportunity, working in groups or in pairs, to create their own dialogue or discussion. Note that exercises marked with the

 symbol are designed to be worked in pairs, one student playing role A and the partner role B. Roles could be reversed at the half-way stage.

Section C

This section includes short interviews, radio extracts and publicity messages together with recent press articles from a variety of sources designed to practice listening and reading skills. As with the other sections, exploitation of the material reflects established good practice: grid completion, true/false, matching, gap-filling and other manipulative exercises.

Section D

Faisons le point sur . . . overviews give valuable background information on important socio-economic institutions in France.

Activité de recherche
At the end of each chapter, students are encouraged to use their initiative in a research activity which can be undertaken outside the classroom. Suggested activities relate the issues raised in the chapter to the real world of international business, commerce and industry.

In addition to the sections described above, the Student Book also contains a *Petit Guide des Sigles* listing and explaining useful business and industrial acronyms, a *Verb Table* and extended *Vocabulary* section.

Use of French

In keeping with accepted good post-GCSE practice, French is used wherever possible to introduce the various tasks. In the case of the grammar sections the bi-lingual approach is designed to ensure that students are familiar with equivalent French grammatical terms. However, we have again stopped short of actually explaining the grammar in French, remaining convinced that it is asking too much of students who may have only recently achieved GCSE standard, or of those who may be returning to French study after several years' absence and/or be working independently, to cope with complicated grammatical explanations in the foreign language.

Cassette Set Pack

The accompanying Cassette Set Pack consists of the Support Book and two cassettes.

- The Support Book contains transcripts of all the recorded material (with the exception of the dialogues which appear on pages 242–259 of the Student Book), and specimen answers to all the exercises.
- The cassettes contain recordings of all the material marked 📼 in the Student Book, ie dialogues, listening exercises, structured role-plays (including the English prompts followed by their French translation) and interpreting exercises.

Distance learning/self-study

The grammar explanations, verb tables and extensive vocabulary lists contained in the *Student Book*, when used in conjunction with the *Cassette Set Pack*, make *French for Business* Fifth Edition ideally suited to the new delivery modes. The course is therefore eminently suitable for those who cannot or do not wish to attend classes on a regular basis and who prefer to study independently or on a distance-learning basis with the help of the occasional 'back-up' tutorial.

M. Bower and L. Barbarin

1 à l'hôtel

Section A

Scénario

Mr Sanderson arrive à l'hôtel où il a réservé une chambre, mais il doit changer les dates de son séjour.

Ecoutez le dialogue et répondez aux questions de la Section A pour commencer.

Vocabulaire

retenir	*to reserve*
épeler	*to spell*
se souvenir (de)	*to remember*
se tromper	*to be mistaken*
conduire	*to take, lead the way*
séjour (m)	*stay*
serviette (f)	*briefcase*
ascenseur (m)	*lift*
donner sur	*to overlook*
rez-de-chaussée (m)	*ground floor*
laisser	*to leave*
clé/clef (f)	*key*

Qu'avez-vous compris?

1 Répondez en anglais.

a How and when did Mr Sanderson make his original reservation?

b What changes does he now wish to make?

c On what day will he now be leaving Paris?

d What luggage does he have?

e From the time he asks to be called, how long does he have before breakfast is served?

f Where does he want to have breakfast?

g Where is the hotel bar located?

2 Vrai (v) ou faux (f)?

a Mr Sanderson veut une chambre avec salle de bains.

b On lui donne la chambre numéro six au premier étage.

c De la fenêtre de sa chambre Mr Sanderson peut voir le jardin.

d Au petit déjeuner Mr Sanderson boit du thé.

e Le bar est situé à côté de la réception.

3 Comment diriez-vous en français?

a What name is it?

b Do you want me to spell it?

c If I'm not mistaken.

d One more night.

e Two nights in all.

f That's correct.

g I can't see any reason why not.

h I hope you enjoy your stay, sir.

i What do you have in the way of luggage?

j Here we are. (*arriving*)

k It (f) overlooks the garden.

l Here you are. (*giving*)

m I have tea in the morning.

n Right you are, sir!

o At the end of the corridor.

p Have a nice evening!

4 Ecoutez encore une fois le dialogue et remplissez les blancs.

Sanderson J'ai ...... par téléphone une ...... pour une ...... avec ....

Réceptionniste Je ...... que je me ...... du ...... de téléphone.

Portier Oh oui, très ...... , et très .... Nous y voilà. Vous ...... , elle ...... sur le jardin, donc il n'y a aucun ....

Portier Oui, monsieur, au .... au ...... du couloir, vous tournez .... et c'est la ...... porte ...... gauche, ... à la réception.

Grammar

① Prepositions in expressions of time and place
Les prépositions dans les expressions de temps et de lieu

a As far as/until
as far as the crossroads: **jusqu'au** carrefour
until midday: **jusqu'à** midi

b At/to
at/to the crossroads: **au** carrefour
at/to the hotel: **à** l'hôtel
at/to the reception desk: **à** la réception
at/to the (traffic) lights: **aux** feux
at 7.30 am: **à** sept heures trente/**à** sept heures et demie (du matin)

Note:
at about + time (by the clock): vers
Come and see me at about two o'clock: Venez me voir **vers** deux heures

c From — to
from Monday to Wednesday: **du** lundi **au** mercredi
from 1958 to 1975: **de** mil neuf cent cinquante-huit **à** mil neuf cent soixante-quinze
from 0600 to 0900: **de** six heures **à** neuf heures
                    entre six heures **et** neuf heures

Note:
from 11.00 am: **à partir de** onze heures

d In
in September: **en** septembre (*or* **au mois de** septembre)
in 1960: **en** mil neuf cent soixante
in the hotel: **à** l'hôtel/**dans** l'hotel

e On
on Monday (no preposition in French): lundi; le lundi
on the third day: le troisième jour
on the 25th January: le vingt-cinq janvier (*note the use of the cardinal number*)
on the left: **à** gauche (*but – on your left:* **sur** votre gauche)
straight on: tout droit
on the first floor: **au** premier étage

② Time when/time during which
Soir/soirée; matin/matinée; jour/journée; an/année

As a general rule the feminine form is used when considered as a span of time during which something may happen (as their use in English illustrates, eg a matinée performance is one which takes place during the early part of the day; a soirée is a social evening party). Otherwise the masculine form is used.

a Il y a sept **jours** dans une semaine.
Il a travaillé toute **la journée**. (*ie the daylight hours*)

b Tous les **soirs** il va chez sa sœur.
Hier il a passé **la soirée** chez sa sœur. (*ie the evening hours*)

Note also the use of the feminine form in the following expressions:
l'année dernière   *last year*
l'année prochaine   *next year*
chaque année   *each year* (*but* chaque jour   *each day*)

③ Aller au présent + *infinitive*
Aller + l'infinitif au présent

a Used as in English to express what is 'going' to happen:
Je **vais rester** une nuit de plus   *I am going to stay one more night*

Il ne **va** pas le **faire**   *He is not going to do it*

b Note also its use instead of the full future tense[1] to convey an immediate or imminent future action:

Le portier **va** vous **conduire** à votre chambre   *The porter will show you to your room*

Elle **va rentrer** à la maison dans la matinée   *She will be returning home some time this morning*

[1]See Chapter 6.

④ The French Alphabet
L'alphabet français

A	B	C	D	E	F	G	H	I	J	K	L	M	N
ah	bé	cé	dé	eux	eff	j'ai	ahsh	ee	j'y	kah	elle	emm	enne

O	P	Q	R	S	T	U	V	W	X	Y	Z
oh	pé	ku	erre	ess	té	u*	vé	doubl'vé	eeks	ee grec	zed

*as in **rue**

5 Numbers
Les chiffres

a Cardinal numbers

Beyond 69 (*soixante-neuf*) these need particular care and an ability to do mental arithmetic!

70 soixante-dix   71 soixante et onze   75 soixante-quinze
79 soixante-dix-neuf
80 quatre-vingts   81 quatre-vingt-un   87 quatre-vingt-sept
90 quatre-vingt-dix   93 quatre-vingt-treize
99 quatre-vingt-dix-neuf
100 cent   173 cent soixante-treize   200 deux cents **but**
284 deux cent quatre-vingt-quatre
1000 mille   3000 trois mille
9 497 neuf mille quatre cent quatre-vingt-dix-sept

Note that in France a space replaces the comma in the English figure. Note also that *mil* is often used with dates:
(1999 = mil neuf cent quatre-vingt-dix-neuf)

Note the nouns:
un million (un million **de** voitures)
un milliard (deux milliard**s** **d'**euros)

For approximations the usual rule is to add *-aine* to the end of the cardinal number minus the final 'e'. Hence: *une dizaine, une trentaine, une soixantaine, une centaine*, etc. (This is how our words 'dozen' and 'quarantine' originated by the way!)

But note:
un millier
Il a une vingtaine d'anneés   *He's about 20 (years old)*
un millier de gens   *about a thousand people*
des centaines de millier**s** de livres   *hundreds of thousands of pounds*

b Ordinal numbers

These are usually formed by adding *-ième* to the end of the cardinal number:
deuxième   troisième   trentième etc.
But note: premier/première   second/seconde
au premier étage   *on the first floor*
pour la septième fois   *for the seventh time*

Abbreviations:
1st 1er/1ère *2nd* 2e *3rd* 3^e

c Fractions

As for ordinals but as masculine noun:
$\frac{1}{5}$ un cinquième $\frac{3}{8}$ trois huitièmes

But note:
½ un(e) demi(e)   ⅓ un tiers   ¼ un quart

d Decimals

In French the comma replaces the decimal point. Hence:

7.25 (seven point two five): 7,25 (sept virgule vingt-cinq)

0.5% (nought point five per cent): 0,5% (zéro virgule cinq pour cent)

Structural exercises

A *Qu'est-ce qu'il vous faut comme hôtel?*

Regardez le 'check-list de l'hôtel' et décidez ce qu'il vous faut comme hôtel!

Exemple: Vous ne voulez pas être loin des magasins et vous avez horreur des vieux hôtels ...

Réponse: Il me faut un hôtel *neuf en plein centre*.

Continuez:

a Vous supportez très mal la chaleur et le bruit.
   Il me faut un hôtel . (frais) et calme, air conditionné

b Vous voulez écouter la Bourse et pouvoir communiquer avec votre bureau.
   Il me faut un hôtel . télévision et radio et téléphone a clavier

c Vous cherchez un hôtel pour organiser une conférence d'affaires.
   Il me faut un hôtel .... salle de réunions

check-list de l'hôtel
POUR HOMMES D'AFFAIRES

Plein centre:	oui non	Téléphone à clavier:	oui non
Neuf:	oui non	Téléphone direct inter:	oui non
Insonorisé:	oui non	Salle de réunions:	oui non
Air conditionné:	oui non		Exceptionnel
Télévision et radio:	oui non	Accueil:	moyen
Salle de bains ultra moderne:	oui non		indifférent
w.c. privé hors:	oui non		
salle de bains:	en majorité		

pour votre voyage à Nice - choisissez

oui
à toutes
les questions

Hôtel Continental Masséna

B L'alphabet/l'orthographe

La personne qui joue le rôle Ⓑ devrait consulter la page 20 et épeler les noms qui y figurent. La personne qui joue le rôle Ⓐ doit les écrire.

Exemple:
Ⓐ   C'est à quel nom s'il vous plâit?
Ⓑ   Voulez-vous que je l'épelle? D–U–R–A–F–O–U–R.
Ⓐ   Voulez-vous répéter s'il vous plâit?
Ⓑ   Volontiers, D–U–R–A–F–O–U–R.

Continuez.

 C *Les chiffres*

Ecoutez l'enregistrement et après chaque chiffre donnez-en immédiatement la traduction.

 D *L'orthographe/les dates*

Vous travaillez à la réception d'un hôtel en Angleterre. Notez les demandes des clients français qui vous téléphonent en vous servant du tableau. Le premier appel vous servira d'exemple.

Name	Rooms	Dates	Breakfast				Early morning call
			EB	CB	BR	BD	
Buron (Mr)	1 single sh; WC	29 & 30 April		✔	✔		0730
a							
b							
c							

Key: brm = bathroom; sh = shower; EB = English breakfast; CB = continental breakfast; BR = breakfast in room; BD = breakfast in dining room

E *L'heure*

Les clients français veulent vérifier qu'ils ont bien compris les heures des divers services proposés par l'hôtel. Répondez à leurs questions, en vous servant de l'horloge de 24 heures.

Exemple: Vous servez le petit déjeuner dans la salle de restaurant à partir de quelle heure?
Nous ...

Réponse: Nous servons le petit déjeuner dans la salle de restaurant **à partir de six heures trente**.

Breakfast	Dining room 6.30 am – 9.30 am Room 7.30 am – 10.00 am
Lunch	12.15 pm – 2.30 pm
Dinner	7.30 pm – 9.30 pm
Bar	Weekdays open until 11.00 pm; Saturdays and Sundays until 11.30 pm

Continuez:

a Et si on voulait prendre le petit déjeuner dans la chambre?
Vous *pouvee prendre le petit déjeuner à partir de 7.30*

b A quelle heure servez-vous le déjeuner?
Nous *servons le déjeuner à partir de 12.15*

c On veut dîner le plus tôt possible ce soir. Vous pouvez nous servir à quelle heure?
On *serve le dîner de 7.30 a 9.30*

d Et normalement pour le dîner, le service dure jusqu'à quand?
Normalement le service *dure jusqu'à 9.30*

e Quelles sont les heures d'ouverture de votre bar, s'il vous plaît?
Le bar *ouvre de 11 à partir d'onze heure*

 F *Les jours/les mois*

Exemple: **arr.** **dép.**
11/9 13/9

Ⓐ Vous arrivez le onze septembre et vous restez deux nuits; c'est bien ça?

Ⓑ C'est exact. Donc je veux la chambre pour les nuits du onze et du douze septembre.

Continuez

arr.	dép.	arr.	dép.	arr.	dép.	arr.	dép.
24/12	27/12	31/1	3/2	1/11	2/11	29/8	2/9

G C'était en quelle année?

Exemple: La fin de la deuxième guerre mondiale, c'était en quelle année?

Réponse: Je crois que c'était en **dix-neuf cent quarante-cinq**.

1989?	1945?	2001?	1995?
1998?	1994?	2002?	2000?

Continuez:

a Le bicentenaire de la révolution française, c'était en quelle année?
Je crois que c'était en ......

b La victoire de la France dans la finale de la Coupe du Monde de football, c'était en quelle année?
Je crois que c'était en ......

c La mise en service du tunnel sous la Manche, c'était en quelle année?
Je crois que c'était en ......

d La mise en circulation de l'euro en France, c'était en quelle année?
Je crois que c'était en ......

H Soir/soirée, matin/matinée, etc.; aller + l'infinitif

Exemple: Est-ce que vous allez lire dans votre chambre ce **soir**?
Réponse: Oui, je vais passer toute la **soirée** à lire dans ma chambre.

Continuez:

a Est-ce qu'elle va travailler au bureau **ce matin**?
Oui, elle ......

b Est-ce qu'ils vont visiter la ville **aujourd'hui**?
Oui, ils ......

c Est-ce qu'elles vont voyager pendant un **an** en Europe?
Oui, elles ......

d Est-ce que tu vas regarder la télévision ce **soir**?
Oui, je ......

e Et vous? Qu'est-ce que vous allez faire { ce matin? / aujourd'hui? / ce soir? }

I Trouver son chemin

Vous cherchez une banque. Le réceptionniste vous explique comment y aller. Pour trouver ce qu'il dit, remplissez les blancs dans le texte en vous inspirant de son plan ci-dessous et des verbes de la liste.

traverser	descendre	continuer	tourner (×2)	passer	être
		sortir	prendre		

'Vous cherchez une banque? Pas de problème! Vous [a] ..... de l'hôtel et vous [b] ..... à gauche. Vous [c] ..... l'Avenue Berlioz et vous [d] ..... la première rue sur votre [e] ..... (c'est la [f] ....). Vous continuez [g] ..... au carrefour [h] ..... mètres [i] ..... loin. Là il y a des [j] ..... et [k] ..... feux vous [l] ..... à [m] ..... dans le Boulevard Victor Hugo. Vous [n] ..... la Place Clichy et vous [o] ..... tout [p] ..... Vous [q] ..... devant un garage Shell [r] ..... votre [s] ....., puis, cinquante [t] ..... plus [u] ..... il y a un [v] ..... et la banque [w] ....'

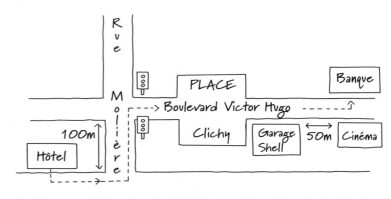

Avenue Berlioz

 Jeu de rôle 1

Jouez le rôle de Mr Jones. Vous arrivez à l'hôtel où vous avez réservé une chambre pour une personne avec salle de bains pour les nuits du 4 et du 5 août mais vous souhaitez maintenant rester une nuit de plus.

Réceptionniste   Bonsoir monsieur. Vous désirez?
   • *You phoned a fortnight ago to reserve a single room.*
Réceptionniste   Oui monsieur, c'est à quel nom, s'il vous plaît?
   • *Jones. Ask if she would like you to spell it.*
Réceptionniste   Oui, s'il vous plaît. Je n'ai pas l'habitude des noms anglais.
   • *Spell your name and say you phoned on the 15th.*
Réceptionniste   Merci bien. Un instant s'il vous plaît ... Voilà, vous avez la chambre numéro 22.
   • *Ask if she needs to see your passport or if you have to sign anything.*

Réceptionniste Non, je n'en ai pas besoin. Vous restez deux nuits, n'est-ce pas?

- *You would like to stay one more night if possible.*

Réceptionniste Je n'y vois pas d'inconvénient ... Donc vous voulez maintenant rester jusqu'au sept, si je comprends bien?

- *That's correct.*

Réceptionniste Pas de problème. Voulez-vous qu'on vous appelle demain matin?

- *Yes please, at 0715. Can you have breakfast in your room at about 0745?*

Réceptionniste Bien sûr, monsieur. Que prenez-vous au petit déjeuner?

- *Tea with milk.*

Réceptionniste Bien. Vous avez des bagages?

- *Just one suitcase and your briefcase.*

Réceptionniste Le portier va vous les monter, si vous voulez.

- *Thank her and ask where the room is.*

Réceptionniste Au deuxième étage, troisième porte à gauche.

- *Ask if there's a good restaurant nearby.*

Réceptionniste Oui, il y en a un après le carrefour.

- *Is it far from here?*

Réceptionniste Non, pas très loin. En sortant de l'hôtel vous tournez à droite. Vous continuez tout droit jusqu'aux feux. C'est à environ deux cents mètres d'ici ...

- *You'd better recap in French at this point. So it was right on leaving the hotel; straight on as far as the traffic lights, about two hundred metres from here.*

Réceptionniste C'est ça. Aux feux, vous prenez la première rue sur votre gauche. Vous faites à peu près 50 mètres, et là vous avez un bon restaurant sur votre gauche qui s'appelle 'La Bonne Table'.

- *Recap again: first left at the lights, and it's fifty metres further on, on the left. Thank her and say good-bye.*

Réceptionniste A votre service monsieur. Bonne soirée.

 Jeu de rôle 2

Travaillez avec un(e) partenaire. L'un(e) de vous joue le rôle du/de la réceptionniste d'un hôtel, l'autre joue le rôle du/de la client(e).

N'oubliez pas d'inclure les éléments essentiels:

- nom de famille du/de la client(e)
- durée de son séjour à l'hôtel
- ce qu'il/elle prend au petit déjeuner
- type de chambre souhaité
- une demande de renseignement de la part du/de la client(e) (eg où se trouve .../quelles sont les heures d'ouverture de ... etc.)
- réveil téléphoné

Tâchez d'introduire un problème quelconque:
- changement de réservation/date
- absence de serviette/savon/papier hygiénique
- non-fonctionnement d'appareil (sèche-cheveux, lampe, télécommande)

Résumé

Complétez le résumé du dialogue aux pages 242–3 en remplissant les blancs dans le texte. Vous trouverez les mots qui manquent dans la liste, mais attention ... il y a plus de mots que de blancs!

prend	personne	laisse	arrivant	confortable	partir	a
douche	pourboire	bar	téléphoné	sur	explique	entrent
au	retenir	quitter	nuit	prennent	voudrait	monter
prendre	donne	déjeuner	réservé	souhaite		

En arrivant à l'hôtel Mr Sanderson [a] ...... à la réceptionniste qu'il a [b] ...... jeudi dernier pour [c] ...... une chambre pour une [d] ...... avec [e] ....

Maintenant il [f] ...... l'intention de [g] ...... Paris le 6 octobre, donc il [h] ...... rester une [i] ...... de plus.

Le portier [j] ...... les bagages de Mr Sanderson et les deux hommes [k] ...... l'ascenseur pour [l] ...... à la chambre numéro 16 [m] ...... premier étage. C'est une chambre [n] ...... et calme qui [o] ...... sur le jardin de l'hôtel.

En [p] ...... à la chambre, Mr Sanderson donne un [q] ...... au portier et demande qu'on l'appelle à 06h 30. Il désire [r] ...... dans sa chambre et veut savoir s'il y a un [s] ...... dans l'hôtel.

Le portier [t] ...... la clé [u] ...... la porte et [v] ...... une bonne soirée à Mr Sanderson.

 Ⓑ **L'alphabet/l'orthographe**

Roquemont   Gilloux   Bagnolet   Taverny   Caumartin

Reading, listening and reacting

A Questionnaire

You are Claude Richard, a 55 year-old French engineer from Lyon. You stayed at the Arcade, Paris from May 25–28 in room 636.

You found the attitude of the staff only average. Although the room itself was very functional and comfortable, it didn't meet your particular needs, being on the top floor when you had expressed a preference for a lower floor for health reasons! The standard of service in the restaurant was pretty good and the food was excellent. However, in the bar before dinner on the first evening you had to wait 15 minutes before being served.

Your overall observations could be summed up as: 'Quality and comfort very good, but staff attitude average'.

Complétez le questionnaire.

VOLET DETACHABLE
Faites-nous profiter de votre expérience de clients en remettant vos observations à la réception.

En vous consultant, nous recherchons votre satisfaction.

Séjour du: _____ Chambre n°: _____

L'ACCUEIL :
qu'en pensez-vous ? Très bon / Moyen / Bon / Mauvais

LE CONFORT :
l'utile vous est-il agréable ?

LA CHAMBRE :
répond-elle à votre usage ?

LE BAR :
vous en reste-t-il une idée ?

LE RESTAURANT :
l'accueil, le service ?

LA CUISINE :
l'avez-vous appréciée ?

Observations : _____
_____
_____
_____
_____
_____
_____
_____
_____
_____
_____
_____

Mentions facultatives :

Nom : .... Prénom : .... Age.......
Profession : ....
Adresse : ....
....
....

ARCADE DE PARIS
2, rue Cambronne
75740 PARIS Cedex 15
Tél. 01 45 67 35 20
Fax. 01 45 66 30 20
e-mail arcade@paris.fr

🔲 **B** *Une réservation: Hôtel Mantel*

Vous êtes réceptionniste à l'Hôtel Mantel. Ecoutez le dialogue et en vous servant des renseignements donnés, remplissez la fiche de réservation.

FICHE DE RÉSERVATION

GROUPE/AGENCE: . . . . Nº DE PERSONNES: . . . .

RESPONSABLE: . . . . TEL: . . . .

DATE D'ARRIVÉE: . . . . HEURE D'ARRIVÉE PRÉVUE: . . . . . .

DATE DE DÉPART: . . . . Nº DE NUITS: . . . .

Hébergement

Type de chambre	Salle de bain	Douche/ WC	Cabinet de toilette
1 lit			
2 lits			
3 lits			

Repas

Date	Petits déjeuners	Déjeuners	Dîners

🔲 **C** *Hôtel Central*

Ecoutez le dialogue et décidez si les déclarations suivantes sont vraies ou fausses.

a The enquiry concerns a two-day conference.
b There would be about 30 delegates.
c The conference would start at 10.00 am.

d They will not require coffeee on the first day.

e They will not require dinner on the last day.

f The conference will end at 6.00 pm on April 17.

g They will need two small rooms in addition to one large room for plenary sessions.

h They will need two video-cassette recorders.

i They will need three overhead projectors.

j The organiser can be reached on 04 62 32 76 91.

k The hotel will ring back to confirm.

Faisons le point sur . . .

L'hôtellerie française

↳ asset

La France possède de nombreux atouts du point de vue touristique et l'hôtellerie constitue la principale structure d'accueil touristique.

La France dispose d'à peu près vingt mille hôtels homologués et de vingt et un mille non homologués. Bien que la plupart de l'hôtellerie classée appartienne à des propriétaires indépendants, deux grands groupes dominent le secteur:

· Le Groupe Accor est le 3e groupe mondial et le 1er groupe français. Il gère 3 500 hôtels dans 90 pays. Parmi leurs enseignes on trouve des établissements allant de l'économie (Formule 1, Etap hôtels, Ibis) au luxe (Mercure, Novotel, Sofitel)

· Le Groupe Envergure avec huit enseignes* (une à trois étoiles) constitue le second groupe hôtelier avec 900 établissements en Europe. Le groupe, contrôlé par la Société Taittinger a affiché en 2000 un chiffre d'affaires de plus d'un milliard d'euros.

Plusieurs chaînes hôtelières, quelquefois régionales (telles que Deltour dans le Massif Central ou Alp'Azur installées à Courchevel et St Tropez) ou sur l'ensemble du territoire telles que Villages Hôtels, B&B ou Inter Hôtels (225 hôtels deux ou trois étoiles faisant partie de Minotel Europe, premier groupement européen d'hôtels indépendants) s'ajoutent à la liste. Mais le fleuron du secteur indépendant reste les Logis de France, première chaîne hôtelière indépendante d'Europe regroupant 3 500 hôtels-restaurants classés par 'cheminées' et réputés pour leur excellent rapport qualité-prix. Cependant les implantations de chaînes étrangères comme les américaines Holiday Inn (premier rang mondial) et Hilton, la britannique Granada et le groupe japonais Nomura (acquéreur de Meridien) demeurent très faibles.

Les régions d'Ile de France, de Rhône-Alpes et de Provence-Alpes-Côte d'Azur (PACA) sont les plus actives sur le plan touristique et représente donc la moitié du potentiel hôtelier homologué. Pour conclure, on peut souligner que l'hôtellerie française, autrefois inadéquate et vétuste a fait l'objet d'investissements importants et est en pleine expansion. La

*

Hôtel de la Poste ★ ★

Restaurant

France est maintenant le second exportateur mondial de services hôteliers après les Etats-Unis.

Parmi les nouvelles structures d'hébergement qui ont accompagné le développement touristique de l'hexagone on trouve:

- Les terrains de camping – environ neuf cent mille dont à peu près un dixième est classé
- Les auberges de jeunesse
- Les villages de vacances → *self-catering accomod.*
- Les gîtes de France – premier réseau mondial d'hébergement chez l'habitant avec 55 000 hébergements en gîtes ruraux et chambres d'hôte en France.

Capacité hôtelière française homologuée (en nombre d'établissements)						
Régions	0	1	2	3	4 et 4L	Total
Ile-de-France	139	235	980	685	139	2178
Province	2176	2153	9186	2657	459	16631
Total France	2315	2388	10166	3342	598	18809

Source: Direction du Tourisme/Insee/Partenaires régionaux

Activité de recherche

Trouvez un hôtel à proximité de chez vous qui appartient à une des grandes chaînes hôtelières françaises et renseignez-vous sur:

■ l'implantation de la chaîne au Royaume-Uni par rapport à la France et aux autres pays européens
■ son classement (nombre d'étoiles)
■ le prix des chambres (ce que cela comprend)
■ sa clientèle
■ ses programmes de publicité/marketing (offres spéciales; formules proposées)

Rédigez votre rapport en anglais, ou, de préférence, en français.

2 | Au bar

(Reproduced by permission of Punch)

Scénario

Au bar de l'hôtel Mr Sanderson entame une conversation avec un Français.

 Ecoutez le dialogue et répondez aux questions de la Section A pour commencer.

Vocabulaire

avoir du feu	*to have a light*
ambiance (f)	*atmosphere*
habitué(e)	*regular (customer)*
faire la connaissance (de qn)	*to meet/make the acquaintance of (sbdy)*
faire des progrès	*to make progress/improve*
en tout cas	*in any case*
métier (m)	*job, occupation*
service (m) des exportations	*export department*[1]
SOLPEX/SONA	*(two fictitious names of companies used in this and subsequent dialogues)*

établissements (m.pl) ⎫	
entreprise (f) ⎬	*company/firm*[2]
société (f) ⎭	
expert-comptable (m)	*chartered accountant*
ouvrier (ère)	*worker*
pièces (f)	*parts*
siège social (m)	*headquarters/head office (of company)*
succursale (f)	*branch establishment*
filiale (f)	*subsidiary company*
UE (Union européenne)	*EU*
agricole	*agricultural*
littoral (m)	*coast*
campagne (f)	*countryside*
lande (f)	*moor*
en province	*in the provinces*
offrir un verre (à qn)	*to offer (sbdy) a drink*
Manche (la)	*Channel*

[1] See p. 206.
[2] Note also: firme (f), maison (f).

Qu'avez-vous compris?

1 Répondez en anglais.

a According to M. Dubois, how does Mr Sanderson's French compare with M. Dubois' English, and what reason does Mr Sanderson give for this?

b What is Mr Sanderson's job?

c From which part of England does Mr Sanderson come, and what three things does he say about the area?

d What does Monsieur Dubois say about whisky?

2 Remplissez les blancs.

a Le ...... au bar ...... Dubois.

b Monsieur Dubois est ...... chez ....

c L'entreprise ...... des ...... pour l'industrie ....

d Le Devon et la ...... sont ...... et agricoles mais il y a aussi ...... industries dans le ....

e Les deux hommes ...... du ...... à boire.

3 Voici les réponses. Quelles sont les questions?

a Parce qu'il vient souvent en France et fait chaque fois des progrès.

b A peu près 250 000.

c C'est une lande qui est un parc national.

d Moi? De la bière d'habitude.

4 Regardez le dialogue et trouvez dans le texte le mot ou la phrase qui correspond.

a Quel est votre métier? *Qu'est-ce que vous faites dans la vie*

b Avec plaisir. *Oui, volontiers*

c Vous êtes donc souvent en mission? *Vous voyagez beaucoup*

d Certaines industries se sont établies à proximité des centres urbains.

5 Comment diriez-vous en français?

a Yes please (accepting offer). *Oui, volontiers*

b So it seems. *Ça a l'air*

c Pleased to meet you. *Enchanté de faire votre connaissance*

d You speak French very well. *Vous parlez très bien français*

e What do you do for a living? *Qu'est que vous fait dans la vie*

f Perhaps you've heard of it? *Peut-être vous en avez entendu parler*

g Our company has its head office in Paris. *siège sociale*

h Branches throughout France. *Filiden sur tout la France*

i It's one of the most popular holiday areas.

j Let me get you a drink.

k On this side of the Channel. *Ce coté-ci de la Manche*

La France – villes principales

Grammar

⊡ How to ask questions in French
Savoir poser des questions en français

a Simple questions

There are three basic ways of asking questions in French:
(i)   simply make the statement and inflect the voice:
      Vous êtes britannique?
      Monsieur Dupont n'est pas là?
(ii) put *est-ce que (qu')* in front of the statement:
      Est-ce que vous allez en France?
      Est-ce-qu'ils sont partis?
(iii) invert (reverse the order of) subject and verb:
      Avez-vous lu la lettre?
Note: it is not good style to use (i) and (ii) in written French where inversion is more advisable.
      When inverting remember to insert the hyphen and a 't' to separate vowels:
      Reste-**t**-elle à la maison?
      Quand arrivera-**t**-il?
      A-**t**-il fini ses études?
However, you should not invert with the first person singular (*je* form) unless the verb ends in -*uis*:
      suis-je? puis-je? (*but* est-ce que je peux?)
You should also not invert when the subject of the verb is a noun. You can use inflection or *est-ce que (qu')*:
      Les clients sont arrivés?
      Est-ce que les clients sont arrivés?
Or you can state the noun first, then ask the question by using a pronoun:
      Les clients, sont-**ils** arrivés?
This is the best method of asking questions where nouns are involved.
Note: you **cannot** say 'sont les clients arrivés?'
Note also:
      Quand Monsieur Laroche est-**il** parti?
      Pourquoi Jacques et Paul ne veulent-**ils** pas venir nous voir?
      Comment votre secrétaire a-t-**elle** su que vous étiez là?
      Où son collègue travaille-t-**il** maintenant?

b Questions involving 'what'

It is important to distinguish here between the adjective (used with a noun) and the pronoun (replacing a noun).

Adjective: quel(s)/quelle(s)?
      Quel est votre **hôtel**?
      A **quelle heure** le client veut-il se lever?

Quels vont être les **résultats** de l'enquête?
Quelles étaient les **raisons** de son échec?

Pronoun: qu'est-ce qui, que/qu'est-ce que?
Qu'est-ce qui is used (without inversion) when 'what' is the subject of the verb, ie responsible for the action of the verb (the verb agrees with 'what').

> **Qu'est-ce qui** vous amuse?
> **Qu'est-ce qui** est arrivé à votre sœur?

Que (qu') (with inversion) or *qu'est-ce que (qu')* (without inversion) is used when 'what' is the direct object of the verb, ie 'suffering' the action of the verb.

> **Que** pensez-vous de cette chambre? **Qu'est-ce que** vous pensez de cette chambre?
> **Qu'**a-t-il fait? **Qu'est-ce qu'**il a fait?

Note also:

What is he like?	Comment est-il?
What is he called?	Comment s'appelle-t-il?

With prepositions *quoi* is used.

A **quoi** pensez-vous?	*What are you thinking about?*
De **quoi** s'agit-il?	*What is it about?*

c Questions involving 'how'

How?

> **Comment** allez-vous?
> **Comment** se fait-il que ...?   *How is it that ...?*
> **Comment** dit-on '*subsidiary*' en français?
> *But*: Quel âge avez-vous?

How much/how many?

> Vous restez **combien** de nuits?
> Elle fait **combien** la chambre avec douche?

How often?

> Vous avez un cours de français **tous les combien**?
> (tous les jours!)
> Vous envoyez un relevé de compte **tous les combien**?
> (tous les mois!)
> Il y a un train **tous les combien**? (toutes les deux heures!)

How long?

> **Depuis*** quand
> combien de temps   travaille-t-il chez SOLPEX?
> *How long has he been working for SOLPEX? (implying 'since')*

> **Pendant** combien de temps a-t-il travaillé chez SOLPEX?   *How long did he work for SOLPEX?*

d Word order with negative questions

N'êtes-vous pas satisfait de votre chambre?
Pourquoi Monsieur Sanderson n'a-t-il pas téléphoné?
Vous ne voulez plus rester jusqu'au 18?
L'entreprise, ne s'est-elle pas installée à Paris en 1998?

*See Grammar in Chapter 7.

② Comparison of adjectives and adverbs
Les adjectifs et les adverbes/comparatifs et superlatifs

	Positive	Comparative		Superlative	
Regular adjective (agreement)	grand(e)(s)	moins grand(e)(s) aussi plus	que	le/la/les plus grand(e)(s) le/la/les moins grand(e)s	de
Adverb (no agreement)	vite	moins vite aussi plus	que	le plus vite le moins vite	
Irregular adjective (agreement)	bon(ne)(s)	moins bon(ne)(s) aussi bon(ne)(s) meilleur(e)(s)	que	le/la/les moins bon(ne)(s) le/la/les meilleur(e)(s) le/la/les moins mauvais(e)(s)	de de
	mauvais(e)(s)	moins mauvais(e)(s) aussi mauvais(e)(s) ⌠ plus mauvais(e)(s) ⌡ pire(s)	que	⌠ le/la/les plus mauvais(e)(s) ⌡ le/la/les pire(s)	
Adverb (no agreement)	bien	moins bien aussi bien mieux	que	le moins bien le mieux	de
	mal	moins mal aussi mal plus mal	que	le plus mal	de

Ce pays est **moins grand que** la France.   *This country is not as big as France.*

Ils parlent **aussi vite que** les Italiens.   *They speak just as quickly as the Italians.*

C'est le **meilleur** joueur.   *He's the best player.* (adj.)
but
C'est lui qui joue **le mieux**.   *He plays best.* (adv.)

③ **Position of adjectives in comparative and superlative forms**
La position des adjectifs au comparatif et au superlatif

Before or after the noun as in the positive form, eg:

la **bonne** cuisine   la **meilleure** cuisine du monde
les voitures **chères**   les voitures **les plus chères** du monde

④ **Nationalities/languages**
Nationalités/langues

a Capital initial letter for country and inhabitant when preceded by article:
Le **Français** que j'ai rencontré en Italie, *but*
Mon ami est **français**.

b Small initial letter for language and adjective:
Dans beaucoup de villes **suisses** on comprend le **français** et l'**allemand**.

c Definite article with the language in the majority of cases:
Le russe est plus difficile que l'**italien**.
Il comprend l'**espagnol** et le **portugais**.

    But: Il parle **français**.
    The article is only used with *parler* when an adverb is present, eg:

Il parle   bien   **le** français ...
           très bien   l'anglais ...
           mal   **le** russe ...
           très mal
           couramment

⑤ **Countries/counties**
Pays/comtés

a Most European countries are feminine and are usually preceded by the definite article:
La France est mon pays préféré.
Il visite souvent l'Espagne.
L'Italie et **la** Grèce sont des pays touristiques.

Note the exception to the rule with 'returning':
Il rentre **de** France.
Elle revient **d'**Angleterre.

'In' or 'to' are expressed by *en* when the country is feminine:
J'ai passé une année **en** France.
Il va chaque année **en** Allemagne.

But note: **le** Portugal, **le** Danemark, **le** Japon, **les** Etats-Unis *and* **au** (**aux**) *to express in/to*:
Ils sont allés **au** Portugal.
Elle travaille **aux** Etats-Unis.

b With the exception of Cornwall (*la Cornouailles*), English counties are masculine singular:
Le Devon est magnifique.
Le plus grand comté de l'Angleterre c'est **le** Yorkshire.
Je passe mes vacances dans **le** Kent (**en** Cornouailles).
Les spécialités **du** Somerset (**de la** Cornouailles).

Structural exercises

A *Les régions/les points cardinaux*

En vous servant des renseignements dans les cases, faites une description des villes ou des régions dans la liste.

Manchester	la Côte d'Azur	Hambourg	Brighton	Milan
	le Devon	le Bordelais	Cardiff	

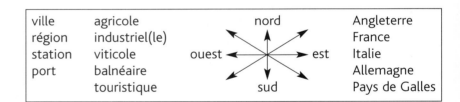

ville	agricole	nord	Angleterre
région	industriel(le)		France
station	viticole	ouest ← → est	Italie
port	balnéaire		Allemagne
	touristique	sud	Pays de Galles

Exemple: Manchester? C'est une ville industrielle dans le nord-ouest de l'Angleterre.

Continuez.

La croissance de la population en France
(en % par an, de 1990 à 1999)

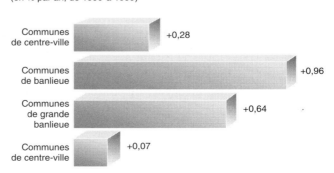

Communes de centre-ville +0,28
Communes de banlieue +0,96
Communes de grande banlieue +0,64
Communes de centre-ville +0,07

B *Les pays/superficies comparatives*

Ecoutez l'enregistrement et dressez une liste (en commençant par le plus grand) des six pays mentionnés et de leur superficie.

Ordre	Pays	Superficie (km²)
1		
2		
3		
4		
5		
6		

 C *Les adjectifs et les adverbes à la forme comparative*

En se servant des renseignements dans les cases, Etudiant(e) Ⓐ compare la campagne à la ville et Etudiant(e) Ⓑ compare la ville à la campagne.

Ⓐ   Ⓑ

A la campagne		En ville
la vie	• calme • saine • bon marché	• monotone • agréable • mouvementée
les gens	• sympathiques • pressés • se porter • s'énerver	• surmenés • polis • sortir • aller au cinéma/théâtre
l'air	• pur • pollué	• sale • frais

Exemple: Ⓐ La vie est plus calme à la campagne qu'en ville.
                  Ⓑ La vie est moins monotone en ville qu'à la campagne.

Continuez.

D *Nationalités/superlatifs*

a Trouvez dans la case de gauche l'activité que font d'une manière superlative les habitants du pays qui figure dans la case de droite.

b Pour les habitants de chacun des deux pays qui restent, trouvez une activité qu'ils font d'une manière superlative.

• parler vite • parler mal les langues étrangères • voyager beaucoup • manger bien • travailler dur • apprécier le whisky • parler beaucoup de langues étrangères	• Ecosse • Japon • France • Angleterre • Etats-Unis • Pays de Galles • Italie • Suisse • Chine

Exemple: Ce sont les Italiens qui parlent le plus vite.

Continuez.

E *Les adjectifs et les adverbes au comparatif*

Terminez la phrase qui figure dans la case de droite pour qu'elle corresponde à celle de la case de gauche comme le premier exemple.

Monsieur Dubois parle moins bien l'anglais que Mr Sanderson le français.	Mr Sanderson parle mieux le français que Monsieur Dubois l'anglais.
a Mr Sanderson vient plus souvent en France que ses collègues.	Les collègues de Mr Sanderson ……
b La campagne est belle en Angleterre, mais pas plus qu'en France.	La campagne en France ……
c Il n'y a pas beaucoup d'industries dans le sud-ouest de l'Angleterre comparé au nord.	Le nord de l'Angleterre ……
d En Angleterre tous les alcools sont beaucoup plus chers qu'en France.	Les alcools en France ……

F *Savoir poser des questions*

1️⃣ Changez les phrases suivantes en questions en utilisant 'Est-ce que (qu')...' et en inversant le sujet et le verbe.

Exemple: Il veut une chambre avec douche.
Réponse: **Est-ce qu'il veut** une chambre avec douche?
               Veut-il une chambre avec douche?

Continuez:
a Le représentant va bientôt en France.
b On ne peut pas réserver par téléphone.
c Votre collègue vient avec nous.
d Elle a déjà écrit à la société.
e J'ai laissé mon portefeuille dans ma chambre.

2️⃣ Voici les réponses. Quelles sont les questions? Donnez toutes les formes possibles.

a Il s'appelle Buron.
b Mes enfants habitent en Espagne.
c Elle est mariée depuis trois ans.
d Son prénom est Marc.
e Je suis arrivé(e) à 7 heures.
f Le chocolat me fait envie.
g Les heures d'ouverture sont de 9 heures à 19 heures.
h Je vois une très belle maison.
i Si, j'ai réservé!
j Il fait beau.
k Nous envoyons un relevé de compte tous les mois.
l J'apprends l'allemand depuis 10 ans.
m La chambre fait 46€.
n Il va parler de son voyage aux Etats-Unis.

🔲 *Jeu de rôle 1*

Vous êtes en mission pour votre société à Paris. Au bar de votre hôtel vous parlez avec un Français qui vous prend pour un fumeur!

M. Raoul   Pardon, monsieur, vous avez du feu?
  • *Say you're sorry but you don't smoke.*
M. Raoul   Vous avez raison. C'est une très mauvaise habitude! Vous n'êtes pas d'ici?
  • *Introduce yourself, giving your name and nationality.*
M. Raoul   Enchanté de faire votre connaissance. Raoul, Dominique Raoul.
  • *You're pleased to meet him.*
M. Raoul   Vous êtes de passage à Paris? ... en touriste ou pour affaires?
  • *You are here on business.*

M. Raoul   Vous parlez couramment le français je vois.
- *Not fluently, but you come to France often and your French keeps improving.*

M. Raoul   Vous voyagez beaucoup dans votre métier?
- *Yes. You are in the Export Dept. of a small company based in Taunton in Somerset in the south-west of England. It's a subsidiary of an American company, making parts for the aircraft industry[1]. Your subsidiary supplies[2] EU countries. Ask what he does for a living?*

M. Raoul   Je suis expert-conseil en publicité. Je travaille à mon compte.
- *Ask if he speaks English.*

M. Raoul   Malheureusement non. Je le comprends un peu, mais parler c'est beaucoup plus difficile! Vous êtes originaire de quelle région en Angleterre?
- *Give details of the town/area you come from, giving the number of inhabitants and saying whether it is industrial, agricultural, etc.*

M. Raoul   Et Taunton? C'est bien comme ville?
- *Say Somerset is a beautiful area and Taunton is a fine historic town. You like living there.*

M. Raoul   Quant à moi, j'habite Paris et je trouve la vie ici de plus en plus pénible. On se sent vite surmené[3] dans les grandes villes.
- *You agree. Life in the provinces is much more pleasant. Offer him a drink.*

M. Raoul   Oui, volontiers, je prends un cognac – merci bien. Je suppose que vous aimez mieux le whisky, n'est-ce pas?
- *You're going to have a small beer[4] and say that beer is your national drink[5] in England. It's a lot cheaper than whisky!*

[1] industrie aéronautique (f)   [4] un demi
[2] fournir   [5] boisson (f)
[3] surmené *under stress*

 Jeu de rôle 2

Travaillez avec un(e) partenaire. L'un(e) de vous joue le rôle d'un(e) Français(e) et l'autre le rôle d'un(e) Britannique en voyage d'affaires en France.

Imaginez une conversation (en français) qui pourrait avoir lieu suite à une rencontre dans un hôtel. Chacun(e) doit:

- dire d'où il/elle vient
- décrire l'entreprise qui l'emploie
- expliquer ce qu'il/elle fait comme métier
- donner les raisons pour lesquelles il/elle se trouve actuellement dans cet hôtel
- faire des remarques sur ses propres compétences linguistiques et celles de son interlocuteur/interlocutrice
- offrir ou accepter quelque chose à boire

Résumé

En vous servant de l'aide-mémoire, écrivez un résumé du dialogue aux pages 243–4.

- Mr Sanderson au bar
- sa rencontre (avec qui? comment?)
- le Français (un habitué? sa situation?)

- Mr Sanderson (son français? pourquoi?)
- la SONA (importance? internationale? produit?)
- le pays de Mr Sanderson (où? ce qu'il en pense)
- le whisky (la remarque du Français)

Reading, listening and reacting

A *La durée de travail en Europe*

Etudiez l'article ci-dessous et remplissez les blancs du résumé. A vous de choisir dans la liste le mot ou l'expression qui convient, mais attention, il y en a quatre de trop!

Italiens	Espagne	le plus	plus élevée	Danois	
Union européenne	Portugal	européenne	Belges	Grèce	
moins longue	Irlande	plus long	Français		

La durée de travail en Europe

Selon les statistiques d'Eurostat, en Union européenne, l'ensemble des salariés, hommes et femmes, travaillent en moyenne 40,3 h par semaine (41,1 h pour les hommes, 38,7 h pour les femmes).

C'est le Royaume-Uni qui présente une durée hebdomadaire la plus élevée: 42,4 h pour les hommes, 40,2 h pour les femmes. Trois autres pays dépassent les quarante heures par semaine: l'Irlande (40,2 h), la Grèce (40,5 h), l'Espagne (40,6 h) et le Portugal (41,3 h). Les pays pour lesquels la durée est la moins élevée sont le Danemark (38,8 h), l'Italie (38,5 h), la Belgique (38,2 h) et la France (35 h).

Joselyne Studer-Laurens – CTI

Ce sont les Britanniques qui travaillent [a] ...... Même si la semaine de travail au Royaume-Uni est légèrement [b] ...... pour les femmes que pour les hommes, la moyenne est [c] ...... que les 40,3 h par semaine travaillées en moyenne par l'ensemble des salariés en [d] ...... Les autres pays où la durée de travail hebdomadaire est plus élevée que la moyenne [e] ...... sont le [f] ...... , l' [g] ...... et la [h] .... Au bas de l'échelle ce sont les [i] ...... qui travaillent le moins d'heures, 3,2 heures de moins par semaine que leurs voisins les [j] ....

B *Portraits professionnels*

Ecoutez ce que dit George Leroy à propos de son travail.

Ensuite écoutez les enregistrements de deux autres employés et préparez pour chacun(e) un dossier en anglais en vous servant du modèle de Monsieur Leroy.

1

SURNAME: Leroy

FIRST NAME(S): George

AGE: 48

COMPANY: S.A.M. (Société Auvergnate de Manutention)

HEAD OFFICE: Clermont-Ferrand

BRANCHES/SUBSIDIARIES/DEPOTS: Perpignan; Lyon

WORKFORCE: 3,500

SECTOR: Mechanical engineering

PLACE OF WORK: Clermont-Ferrand

POST/DEPARTMENT: Director/Research Dept.

PROFESSION/TRAINING: Engineer

JOINED COMPANY: 20/5/94

2

SURNAME: ....

FIRST NAME(S): ....

AGE: ....

COMPANY: ....

....

HEAD OFFICE: ....

BRANCHES/SUBSIDIARIES/DEPOTS:

....

WORKFORCE: ....

SECTOR: ....

....

PLACE OF WORK: ....

....

POST/DEPARTMENT: ....

....

PROFESSION/TRAINING: ....

JOINED COMPANY: ....

3

SURNAME: ....

FIRST NAME(S): ....

AGE: ....

COMPANY: ....

....

HEAD OFFICE: ....

BRANCHES/SUBSIDIARIES/DEPOTS:

....

WORKFORCE: ....

SECTOR: ....

....

PLACE OF WORK: ....

....

POST/DEPARTMENT: ....

....

PROFESSION/TRAINING: ....

JOINED COMPANY: ....

C *La France championne du monde du tourisme*

Avec plus de 75 millions d'étrangers accueillis pendant l'année 2000, soit une progression de 3% par rapport à 1999, la France était, en 2001, la première destination touristique mondiale devant les Etats-Unis (53 millions de touristes), l'Espagne (48,5 millions), et l'Italie (41,2 millions). La Chine (y compris Hong Kong) occupe la cinquième place avec 31 millions de visiteurs.

Provence-Alpes-Côte d'Azur, Rhône-Alpes, Languedoc- Roussillon, Paris-Ile-de-France et Nord-Pas-de-Calais.

Néanmoins le littoral atlantique affiche un déficit touristique dû en grande partie à la marée noire consécutive au naufrage du pétrolier *Erika* en 2000.

Source: Reuters
Nice-Matin

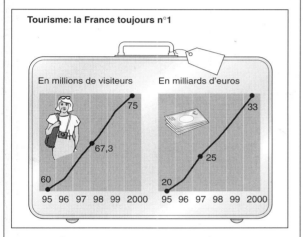

Tourisme: la France toujours n°1
En millions de visiteurs — En milliards d'euros

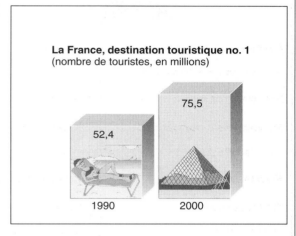

La France, destination touristique no. 1
(nombre de touristes, en millions)

Les Allemands (14 millions) représentent le plus fort contingent de touristes visitant la France. Viennent ensuite les Britanniques, les Néerlandais, les Belges, les Espagnols et les Italiens. En termes de recettes cette activité correspond à 33 milliards d'euros, ce qui représente environ 15 milliards d'euros d'excédent pour la balance commerciale. Le tourisme a créé 39 000 emplois en 2000. Les premières régions touristiques de France sont:

1. To what do the following figures refer?
   a 75 million,
   b 3%,
   c 33 billion euros,
   d 15 billion euros,
   e 41.2 million.

2. What point is made in the passage about:
   a the British?
   b the USA?
   c the *Erika*?

D *Euroquiz*

1. La création de la monnaie unique (l'euro) remonte à:
   a 1956, **b** 1992, **c** 1999.

2. Combien de pays composent la zone euro?
   a 12, **b** 15, **c** 18. *France, Espagne, Belgique,*
   (Pouvez-vous les nommer?)
   Allemagne, Italie, Portugal, UK, Ireland, Denmark, Greece, Pays-Bas
   Austricte, Finlande, Suède, Luxembourg.

3. Combien de pays membres de l'Union européenne n'ont pas adopté l'euro le
   1er janvier 2002?
   a 3, **b** 2, **c** 4.
   (Pouvez-vous les nommer?)

4. Comment se nomme la division de l'euro?
   a le centime,
   b le petit euro,
   c le cent.

5. Quel est le plus petit billet en euros?
   a 5, **b** 10, **c** 20.

6. Les pièces de la monnaie unique sont:
   a identiques pour tous les pays de la zone euro.
   b différentes pour tous les états de la zone euro.
   c Chaque pièce a une face commune à tous les pays et une face nationale
   propre à chaque pays de la zone euro.

7. Où peut-on régler ses achats en euros?
   a En France uniquement.
   b Dans tous les pays de la zone euro.
   c Dans le monde entier.

8. L'Union européenne existe depuis:
   a le 11 novembre 1993,
   b le 14 juillet 1789,
   c le 1er janvier 2000.

9. Qu'illustrent les motifs figurant sur chacun des billets en euros?
   a des célébrités européennes
   b des constructions ne se rattachant à aucun pays en particulier
   c des monuments historiques visibles dans les capitales européennes

10 Quel est l'hymne européen?
a la Marseillaise,
b l'Internationale,
c Le prélude à l'Ode à la joie de
la 9e symphonie de Beethoven

11. Où siège le Parlement européen?
a Bruxelles,
b Strasbourg,
c Luxembourg (ville).

12. Le continent européen est limité
à l'est par:
a le Rhin et les Alpes,
b la Cordillère des Andes et
l'Océan Pacifique,
c la mer Caspienne et l'Oural.

13 Le drapeau européen comporte:
a 12 étoiles,
b 15 étoiles,
c 18 étoiles.

14. Qui a-t-on surnommé 'le père de
l'Europe'?
a Charles de Gaulle,
b Winston Churchill,
c Jean Monnet.

15. L'Union européenne représente
un marché de combien de
consommateurs?
a 370 millions,
b 250 millions,
c 430 millions.

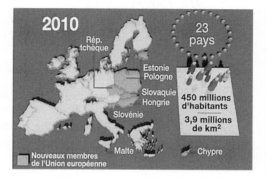

entre 13 et 15: excellent! vous êtes vraiment 'européen(ne)
entre 10 et 12: c'est bien; vous avez l'air d'être conscient(e) de l'importance de l'Europe
entre 7 et 9: vous n'avez pas l'air convaincu(e)!
entre 4 et 6: l'achat d'un atlas est conseillé!!
en-dessous de 4: sur quelle planète vivez-vous?

Faisons le point sur . . .

La population française

D'après le dernier recensement en 1999, la France compte environ 58,5 millions d'habitants. Ajoutons à ce chiffre les deux millions de Français des DOM-TOM et le million et demi qui vivent un peu partout dans le monde et on arrive à quelque 62 millions de personnes de nationalité française.

Sur le territoire national, il y a une baisse du taux de natalité depuis 1973. Le rythme de croissance fléchit. Ceci dit, il faut relativiser car la situation concernant le renouvellement de la population n'est pas aussi grave que dans les pays voisins. Le taux de mortalité est l'un des plus bas du monde.

La population occupe le vingtième rang mondial, loin derrière la Chine, l'Inde et les Etats-Unis.

A combien s'élève le nombre total d'étrangers en France?

Les polémiques se multiplient à ce sujet. Cependant, selon le recensement, le nombre d'étrangers a régressé depuis 1984 et se chiffrerait actuellement aux alentours de 4,3 millions de personnes, soit 7,4% de la population.

L'INSEE estime que 14 millions de personnes, soit un quart de la population de l'Hexagone, sont soit immigrés, soit enfants ou petits enfants d'immigrés et parmi eux 10 millions sont d'ores et déjà français.

Les Français des DOM-TOM

Les DOM (les Départements d'Outre-Mer) ...

> La Guadeloupe   la Guyane   la Martinique   la Réunion

... sont régies par les mêmes lois que dans la métropole.

Les TOM (les Territoires d'Outre-Mer) ...

> Wallis et Futuna   la Polynésie française
> la Nouvelle Calédonie

... ont une plus grande autonomie que les départements. L'Assemblée territoriale qui gère l'autonomie financière est élue par la population.

Les Terres Australes et Antarctiques Françaises (TAAF) sont sans population résidente permanente.

Les 5 pays où il y a le plus de Français
(expatriés français par pays, en 2001)

Etats-Unis	244 324
Royaume-Uni	244 362
Allemagne	170 950
Belgique	141 280
Canada	130 302

Francophonie

En dehors de l'Hexagone on parle français en Belgique, au Luxembourg, en Suisse, au Québec et dans les anciennes colonies françaises de l'Afrique noire et du Maghreb* où 45 milllions de personnes ont le français comme langue officielle et d'enseignement.

La langue française conserve donc un rôle international mais elle est loin derrière la langue anglaise. Un quart des délégués des Nations-Unis s'expriment en français. Le français est une des quatre langues principales parmi les onze langues officielles de l'Union européenne.

*Maroc, Algérie et Tunisie

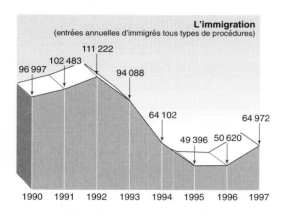

L'immigration
(entrées annuelles d'immigrés tous types de procédures)

96 997 — 102 483 — 111 222 — 94 088 — 64 102 — 49 396 — 50 620 — 64 972

1990 1991 1992 1993 1994 1995 1996 1997

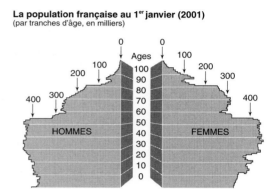

La population française au 1er janvier (2001)
(par tranches d'âge, en milliers)

HOMMES — FEMMES

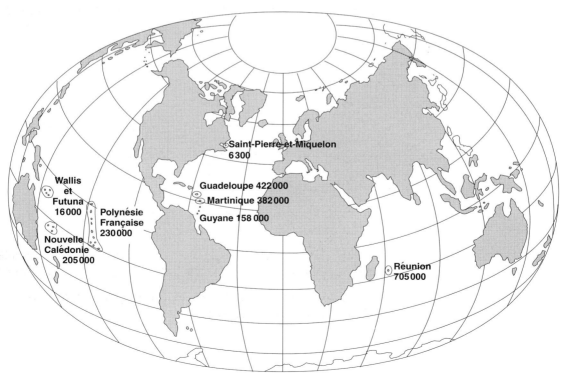

Saint-Pierre-et-Miquelon 6 300

Wallis et Futuna 16 000

Polynésie Française 230 000

Nouvelle Calédonie 205 000

Guadeloupe 422 000

Martinique 382 000

Guyane 158 000

Réunion 705 000

Activité de recherche

Renseignez-vous sur le tourisme en France à l'heure actuelle:

■ où se situe-t-il par rapport aux autres grandes industries françaises?
■ trouvez des chiffres récents pour les recettes du tourisme en France
■ la France, où se classe-t-elle par rapport aux autres pays touristiques (l'Espagne, l'Italie, les Etats-Unis)?
■ de quels pays proviennent les touristes?
■ où vont-ils (mer, montagne, campagne)?
■ quelle formule d'hébergement préfèrent-ils (hôtel, chambre d'hôte, gîte, camping)?

Rédigez votre rapport en français

3 Rendez-vous d'affaires (1)

Rendez-vous d'affaires (1)

 Section A

Scénario

Mr Sanderson arrive en avance au bureau de Madame Legrand pour son rendez-vous. Il est accueilli par sa secrétaire.

 Ecoutez le dialogue et répondez aux questions de la Section A pour commencer.

Vocabulaire

rendez-vous (m)	*appointment*
en avance	*early*
occupé	*busy*
retard (m)	*delay*
décollage (m)	*take-off*
brouillard (m)	*fog*
grève (f)	*strike*
personnel au sol (m)	*airport ground staff*
augmentation (f) de salaire	*pay increase*
hausse (f) des prix	*price rise*
coût (m) de la vie	*cost of living*
élevé	*high (of prices, rates, etc.)*
(s')améliorer	*to improve*
moyen (m)	*method, way*
banlieue (f)	*suburb(s)*

suivre des cours (de)	*to take (a) course(s)/lessons (in); to attend lectures (in)*
informatique (f)	*information technology (IT)*
lycée technique (m)	*technical/further education college*
faire de bonnes affaires	*to find bargains*
occidental	*western*
taux (m)	*rate*
baisser	*to fall/drop*
prévenir	*to warn/let know*
se déranger	*to disturb/trouble oneself*

Qu'avez-vous compris?

1 **Répondez en anglais.**

a At what time is Mr Sanderson's appointment with Madame Legrand?

b What problems were there at London Airport and how was his flight affected?

c Where exactly did the secretary stay when she was in England.

d How did she go about improving her English?

2 **Répondez en français.**

a De quoi Mr Sanderson s'excuse-t-il en arrivant?

b Pourquoi la secrétaire était-elle à Londres?

c Qu'achetait-elle à Londres? Pourquoi?

d Maintenant qu'il est onze heures moins cinq, que va faire la secrétaire?

3 **Voici les réponses. Quelles sont les questions?**

a Parce qu'elle est occupée jusqu'à 11h00.

b Afin d'obtenir une augmentation de salaire pour compenser la hausse des prix.

c Elle lui propose une tasse de café.

4 **Comment diriez-vous en français?**

a Allow me to introduce myself.

b I have an appointment at 11h00.

c Did you have a good trip?

d The cost of living wasn't as high.

e A few years ago.

f The best way (method).

g I attended lectures in IT and English.

h In those days you could find bargains.

i The rate of inflation is increasing.

j The economic situation is getting worse.
k I'll let Madame Legrand know you're here.

⑤ **Regardez le dialogue et cherchez dans le texte le mot ou la phrase qui correspond.**
a si vous voulez bien vous asseoir
b au départ
c un relèvement
d je me souviens
e rien ne coûtait cher
f les prix augmentent moins rapidement

Grammar

① **Welcoming people and putting them at ease**
Comment accueillir les gens et les mettre à l'aise

a prier (de)

je vous prie de + infinitive	*please (do)*
eg Je vous prie de m'excuser	*Please excuse me*
Note also: Je vous en prie	*Don't mention it*
	Please do

b vouloir bien + infinitive

si vous voulez bien ...	*if you would care to ...*
eg Si vous voulez bien patienter quelques minutes	*If you would care to wait a few minutes*

c permettre (de)

permettez-moi de ... + infinitive	*allow me to ...*
eg Permettez-moi de vous offrir quelque chose	*Allow me to offer you something (to drink)*
Note also: vous permettez ...?	*may I ...?*
vous permettez que je (+ subjunctive*) ...?	*do you mind if I ...?*

*See Chapter 11.

d (s')excuser (de)
Excuser is often used reflexively and you will frequently hear *je m'excuse* (I'm sorry) or *je m'excuse de ...* (I apologise for ...). Strictly speaking, however, you cannot 'excuse yourself' – it is up to the other person to excuse you! It is therefore better to say:

excusez-moi (de) ...	*forgive me (for) ...*

e (se) déranger

Ne vous dérangez pas!	*Don't disturb/trouble yourself*

② The imperfect tense
L'imparfait

Formation

Imperfect stem + imperfect ending.

je	**-ais**
tu	**-ais**
il	**-ait**
nous	**-ions**
vous	**-iez**
ils	**-aient**

With the exception of *être** the imperfect stem of all verbs is formed from the 1st person plural present indicative which drops the *-ons* ending, eg:

avoir:	**av**ons	av-
faire:	**fais**ons	fais-
loger:	**loge**ons	loge-
*être:	sommes	ét-

j'avais	nous avions	j'étais	nous étions
tu avais	vous aviez	tu étais	vous étiez
il avait	ils avaient	il était	ils étaient

Use

a The imperfect always translates 'was (were) doing' and 'used to do'/'would do':

J'achetais des pullovers	*I used to/would buy pullovers*
Il **attendait** le train	*He was waiting for the train*
Quand j'**étais** jeune, j'**allais** souvent en France	*When I was young I often went (ie used to/would go) to France*

b Habitual/repeated actions in the past:

eg Il **avait** l'habitude de venir me voir tous les lundis	*He was in the habit of coming (he would/he used to come) to see me every Monday*
Ils le **répétaient** sans cesse	*They kept on saying it*

c Description in the past (when time of starting is not indicated):

Il y **avait** des embouteillages aux heures de pointe	*There were traffic jams during the rush hour*
Ils **dormaient** à poings fermés	*They were fast asleep*

d Imperfect in 'if' clauses:

Si seulement il **avait** de l'argent!   *If only he had money!*

    Imperfect   *Conditional*

S'il **avait** de l'argent il **pourrait** venir nous voir.

e Imperfect in reported/indirect speech:

As in English, the imperfect is used when reporting a statement or question which was in the present tense in direct speech, eg:

Direct Speech (Present) → **Indirect/Reported Speech (Imperfect)**

'Je **suis** malade.'   → Il a dit qu'il **était** malade.

'**Parlez**-vous français?'   → Il m'a demandé si je **parlais** français.

Structural exercises

A Pour mettre les gens à l'aise

1 Pour mettre les gens à l'aise que diriez-vous? Trouvez dans la case l'expression qui convient ... mais attention, elle en contient deux de trop!

Ça ne fait rien.	Je vous en prie.
Vous permettez ...?	De rien.
Ne vous dérangez pas.	

a Il fait chaud, n'est-ce pas! Vous permettez que j'ouvre la fenêtre?

b Excusez-moi, je suis en retard!

c On a du café, mais si vous préférez le thé je peux aller vous en chercher à la machine au rez-de-chaussée.

2 Trouvez ce qu'a dit la personne Ⓐ pour provoquer la réponse de la personne Ⓑ.

a Ⓐ ...... ?

   Ⓑ Volontiers, un jus d'orange s'il vous plaît!

b Ⓐ ...... ?

   Ⓑ Je vous en prie, il y a un cendrier là-bas sur la table.

c Ⓐ ...... ?

   Ⓑ Ça ne fait rien. Madame Legrand peut vous recevoir tout de suite.

3 Comment diriez-vous en français?

a How would you ask someone if he/she would care to ring back (**rappeler**) at 4 o'clock?

b How would you apologise for disturbing (**déranger**) somebody?

c How would you tell someone to please take a seat (**s'asseoir**)?

d How would you ask permission to call round (**passer**) later?

B L'imparfait

Mettez les verbes entre parenthèses à l'imparfait.

a A cette époque-là on ...... *(voyait)* (voir) beaucoup de touristes étrangers qui *venaient* ...... (venir) en Angleterre faire des courses.

b Beaucoup de jeunes Français ...... *(suivaient)* (suivre) des cours d'anglais quand *étaient* ils ...... (être) en Angleterre parce qu'ils ...... (vouloir) améliorer leurs connaissances de la langue. *(voulaient)*

c Je me rappelle les gens nous ...... (demander) *(demandaient)* quelquefois si on ...... *(étaient)* (être) anglais. *(para)*

d Dans les années 80 on ...... (pouvoir) faire de bonnes affaires. *(pouvait)*

(faisait) **e** Il ne ...... (faire) jamais de brouillard mais il ...... (pleuvoir) souvent. *(pleuvait)*

f Jusqu'au vingtième siècle les Français ne ...... (connaître) pas bien l'Angleterre. *(connaissaient)*

g Avant la mise en service du Shuttle je *m.* (mettre) une heure et demie pour traverser la Manche. *(mettais)*

(avait) **h** Il y ...... (avoir) de temps en temps des grèves à l'aéroport.

(promenions) **i** Nous ...... (se promener) souvent dans les parcs le soir.

j Quel âge ...... (avoir)-vous quand vous ...... (vivre) à Londres? *(aviez)* *(viviez)*

C L'imparfait (description au passé)

La matinée de Monsieur Mercier

Monsieur Mercier est directeur d'une entreprise commerciale à Lyon.

Que faisait-il hier matin aux heures indiquées?

Exemple: Entre neuf heures et neuf heures dix **il consultait** son agenda.

Continuez:

	09h00–09h10	consulter agenda
a	09h10–09h30	lire courrier *(lisait)*
b	09h35–10h30	s'occuper d'affaires urgentes *(s'occupait)*
c	10h30–10h45	prendre pause-café *(prenait)*
d	10h45–11h25	s'entretenir avec ses chefs de service
e	11h25–12h00	recevoir client
f	12h00–14h00	déjeuner au restaurant avec client

s'entretenait
recevait
déjeunait

D *L'imparfait (habitude et action répétée au passé)*

Etudiant(e) Ⓐ fait une enquête pour une revue de voyages sur les différents moyens de transport utilisés par les hommes d'affaires européens dans les années 80.

Imaginez le dialogue en vous basant sur les renseignements donnés par Etudiant(e) Ⓑ.

Exemple: Ⓐ Pour qui **travailliez-vous** à l'époque?
               Ⓑ Je **travaillais** à l'époque pour la Société METALLO à Paris.

Continuez:

Ⓐ	Ⓑ
........?	à l'époque/travailler/Société METALLO/Paris
a ....?	aller/souvent/Angleterre *E'dlais souvent Angleterre*
b ....?	partir/très tôt/matin/Gare du Nord
c ....?	très bon service tous les jours/Paris-Boulogne par Amiens
d ....?	arriver/Boulogne/10h30
e ....?	traversée/aéroglisseur/durer/40 minutes/Folkestone
f ....?	prendre/train/Charing Cross/12h30 *pour*
g ....?	manger/arriver/Londres
h ....?	pas beaucoup de temps/premier rendez-vous 14h30

[handwritten notes in left margin:]
– Quand est-ce que il partait?
– Est-ce qu'il y avait?
– A quelle heure vous arriviez?
– Combien de temps prennait
– Est-ce qu'il mangeait
– Vous aviez beaucoup

📼 **E** *L'imparfait dans le style indirect*

Vous êtes stagiaire dans une entreprise parisienne. La directrice, Mlle Mondière, est en déplacement et elle vous a demandé de vous occuper de ses messages téléphoniques pendant son absence. Le standard vous passe M. Joussein qui téléphone de Brest. En vous servant des notes, prises au cours de la communication téléphonique, rédigez en français une note de service à Mlle Mondière pour lui résumer le message.

regretter – obligé de repousser visite du 18 – trop de travail à l'usine en ce moment – venir[*] de recevoir grosse commande – client allemand – ouvriers absents (épidémie de grippe) + grève personnel service des expéditions – ne voit pas comment ils vont faire pour exécuter commande en temps voulu – évident pas pouvoir s'absenter en ce moment – obligé téléphoner aujourd'hui – va être très occupé le reste de la semaine – va retéléphoner la semaine prochaine pour fixer autre rendez-vous – désolé

Commencez votre note de service:

Monsieur Joussein de Brest a téléphoné. Il a dit qu'il regrettait de vous informer ...

[1] See Grammar, p. 121.

🔲 *Jeu de rôle 1*

Vous êtes Mike Wilson de Leeds. Vous avez rendez-vous avec Monsieur Laroche à 10h30. Vous arrivez un peu en retard.

Secrétaire Bonjour monsieur.
• *Say hello, give your name and say where you are from.*

Secrétaire Avec qui avez-vous rendez-vous Monsieur Wilson?
• *With M. Laroche at 10h30. Apologise for being late – there was a lot of traffic!*

Secrétaire Ça ne fait rien monsieur. Je vais voir si Monsieur le Directeur peut vous recevoir tout de suite. Attendez un intant, je vous prie!
• *That's very kind – thank her.*

Secrétaire Je regrette mais Monsieur Laroche n'est pas libre avant 11h00. Si vous voulez bien patienter un instant, il pourra vous recevoir à cette heure-là. En attendant, voulez-vous prendre quelque chose? Du café, ou préférez-vous du thé? Les Anglais aiment beaucoup le thé, n'est-ce pas?
• *Yes, English people do drink a lot of tea, but nowadays[1] more and more people[2] are drinking coffee in England. However, it's not as good[3] as French coffee, so coffee please! Does she mind if you smoke?*

Secrétaire Je vous en prie … Est-ce qu'il y avait du brouillard à Londres?
• *No, the weather was very good[4], but there were problems at the airport because of a strike of ground staff, so there was some delay at take-off.*

Secrétaire Oh, il y a beaucoup de grèves ces jours-ci; c'est pareil chez nous. Le métro parisien était en grève l'autre jour et il y avait des embouteillages monstres, surtout aux heures de pointe le matin et le soir. Et la circulation à Londres, est-elle toujours aussi intense? A Paris c'est de pire en pire comme vous venez de le voir!
• *It's getting worse in London, too, but fortunately you live in the provinces. Ask if she knows England well?*

Secrétaire Oui, quand j'étais étudiante, j'allais souvent à Londres. Je me rappelle combien la vie y était meilleur marché que chez nous à l'époque.
• *Unfortunately the cost of living is much higher now, particularly in London. Everything is going up, especially house[5] prices.*

Secrétaire Ah, je vois qu'il est maintenant 11h00. Je crois que Monsieur Laroche doit pouvoir vous recevoir maintenant. Si vous voulez bien me suivre.

[1] de nos jours
[2] de plus en plus de gens
[3] il est quand même …

[4] don't translate 'weather'; use 'faire très beau'
[5] logements (m.pl)

 *Jeu de rôle 2*

Travaillez avec deux partenaires. Chacun(e) choisit un moyen de transport trans-Manche (tunnel, car ferry, avion) et prépare des arguments pour défendre son choix et mettre en évidence les inconvénients des deux autres moyens de transport. Servez-vous des arguments dans le tableau.

moyen	pour	contre
avion	• rapidité • restauration gratuite • boutiques	• pas d'embarquement de voitures • tarifs élevés • aéroports loin du centre-ville • manque d'aéroports régionaux • vols peu fréquents
ferry	• embarquement de voitures • aspect 'croisière' (boutiques, restaurants, bars, cabines) • service fréquent • choix de compagnies • choix de ports	• durée du trajet • loin de Paris et de certaines régions (lesquelles?) • mauvais temps/mal de mer!
tunnel	• rapidité • pratique: centre-ville → centre-ville pour passagers non motorisés (Eurostar); service unique (Londres–Paris–Bruxelles) Le Shuttle pour passagers motorisés: • pas de réservation • départs fréquents 24/24h et par tous les temps • rapidité du trajet (35mn) • grand centre commercial (en Angleterre et en France)	• manque d'aspect 'croisière' • trop éloigné pour ceux qui habitent l'ouest de l'Angleterre et le Pays de Galles • claustrophobie! • automobilistes ne quittent pas leur véhicule • on ne voit rien (même pas la mer!)

Résumé

En vous servant de l'aide-mémoire, écrivez un résumé du dialogue aux pages 244–5.

· le rendez-vous de Mr Sanderson (à quelle heure? avec qui?)
· sa réception par la secrétaire (obligé d'attendre, boisson)
· leur conversation (son voyage, la grève, les prix)
· la secrétaire (son séjour en Angleterre, ses achats, l'inflation, ce qu'elle fait à 10h55)

Reading, listening and reacting

A *L'Angleterre au plus court*

On vous a demandé de préparer du matériel publicitaire en français pour promouvoir Douvres comme ferryport. En vous servant de l'article sur Calais, traduisez les phrases suivantes en français.

a Go to France via Dover!
b Dover is the number 1 Channel port.
c Dover is the nearest port to France.
d Take the Seacat and you'll be in France in 45 minutes.
e For sailing times and fares, see your travel agent.
f Ultra-modern transit amenities offer travellers a whole range of services.
g Boarding is simple and fast thanks to two-tier loading facilities.

L'Angleterre au plus court . . .

Pour aller en Angleterre passez par Calais

Port le plus proche de l'Angleterre dont il n'est séparé que par un bras de mer de 33km de large.
Calais est naturellement le 1er port transmanche du Continent (+ de 9 millions de passengers).

Les installations de transit les plus modernes offrent aux voyageurs un ensemble de facilités, dans un cadre agréable et particulièrement soigné; billetteries des compagnies, bureau de change, boutiques, bar, restaurant, self-service, etc. 30 hectares de parking, des voies de circulation et des passerelles à double niveau vous assurent un embarquement facile et rapide.

La plus grande fréquence de traversées
Calais vous offre jusqu'à 104 traversées par jour.

Cela vous permet de profiter plus vite de l'Angleterre.
Avec la nouvelle génération de car-ferries, 75 minutes d'une agréable mini-croisière suffisent pour franchir la Manche et si vous choisissez les Seacats, vous serez à Douvres en 45 minutes.

Pour le détail des horaires et des prix, consultez votre agent de voyages ou les compagnies: P & O European Ferries et Sealink pour les car-ferries et Hoverspeed pour les seacats.
Alors, bon voyage via Calais!

VIA **Calais**
1er PORT EUROPEEN POUR LES ECHANGES AVEC L'ANGLETERRE

B *Paris–Londres*

Au cours d'un stage que vous effectuez à Paris, on vous demande d'organiser un séjour de quatre jours à Londres au mois de novembre pour quatre personnes (vous-même plus trois collègues de bureau). Vous voyagez tous dans la même voiture. Vos collègues préféreraient prendre le Shuttle si possible mais l'aspect financier est primordial.

En vous basant sur les renseignements qui figurent dans le tableau ci-dessous, calculez les différents prix aller-retour et les différentes durées du trajet afin de compléter la note de service.

Note de service   Date: ......

De: ......

A: Messieurs Mouden, Olivier et Buron

Obj: Trajet Paris–Londres du 5 novembre

Par le Shuttle le prix aller-retour serait de (a) ...... € ce qui comprend les (b) ...... et la (c) ...... A cela il faut rajouter (d) ...... € pour le péage et l'(e) ......

Par car-ferry ce devrait normalement être (f) ...... cher mais le tarif (g) ...... de l'heure d'(h) ......; les prix se situant entre (i) ...... € et (j) ...... € et à cela on (k) ...... rajouter 90 € comme pour le Shuttle.

Je crois que vu le prix (l) ...... des traversées et la rareté des (m) ......, Seacat n'est pas vraiment une option pour nous.

L'avantage du tunnel c'est qu'il y a un maximum de quatre (n) ...... et la (o) ...... ne dure que (p) ...... minutes. Par car-ferry il y a des départs toutes les (q) ...... minutes mais il faut se (r) ...... vingt minutes avant le départ. En prenant le Shuttle on devrait arriver à Londres (s) ...... minutes plus (t) ...... que par le car-ferry.

A vous de décider!

LA TRAVERSÉE DE LA MANCHE
Prix d'un aller-retour pour une voiture et ses passagers[1]

		Séjour de plus de 5 jours	Séjour de 5 jours maximum
	Shuttle/Tunnel (Calais–Folkestone) 35 min [2]	Oct–fév: **424,55** € Mars–sept: **596** € (+ supplément de 45,80 € les week-ends de juillet et d'août) [3]	Oct–fév: **271,70** € Mars–sept: **443,30** € [3]
	Ferries (Calais–Douvres) P&O Stena Line & SeaFrance 75 min [4]	273,85 € à 302 € [5]	222,60 € à 244 € [5]
	Hoverspeed Seacat (Calais–Douvres) 45 min [6]	338,25 €	283 € à 338,25 € [5]
	Voiture (Paris–Londres) 6h30 par le ferry; 5h par le tunnel	Rajouter **90** € (péage et carburant) aux prix cités ci-dessus	

[1] Le Shuttle accepte jusqu'à 16 passagers par véhicule! Nous avons choisi pour les ferries et Seacat le tarif mini-groupe: jusqu'à 9 passagers chauffeur compris.

[2] Pas de réservation. Jusqu'à 4 navettes/heure en pointe.

[3] Le tarif reste identique tout au long de la journée durant la période considérée.

[4] Départs toutes les 45 minutes. Présentation 20 minutes avant le départ.

[5] Le tarif dépend exclusivement de l'heure d'embarquement. Le prix le moins cher est donc accessible tous les jours (sauf en période de pointe).

[6] Six départs par jour.

C *Les tarifs Air France*

Ecoutez la conversation téléphonique entre une employée dans une agence d'Air France et un client éventuel. Est-ce que les déclarations suivantes sont vraies (v) ou fausses (f)?

a Le monsieur qui téléphone veut se renseigner sur les prix des billets d'avion pour des vols à départ de Paris vers quatre autres villes françaises.   (......)

b Vu son âge il a droit à une réduction s'il voyage seul.   (......)

c Pour bénéficier du tarif 'week–end' il faut passer les nuits du samedi et du dimanche sur place.   (......)

d Avec la carte 'Evasions' les vols bleus sont moins chers quel que soit le jour où l'on voyage.   (......)

e Pour avoir des réductions sur les vols blancs il faut voyager le week–end.   (......)

Section D

Faisons le point sur ...

Le trafic ferroviaire – La SNCF ~~Société Nationale des Chemins de fer~~

Issue du regroupement, dans la période d'avant-guerre, de plusieurs réseaux privés (PLM, Orléans, Nord) et de leur nationalisation, la Société Nationale des Chemins de Fer (SNCF) est la première entreprise française de transports.

Le trafic voyageur

En 2001 la SNCF occupe le premier rang européen avec un chiffre d'affaires consolidé pour le 1er semestre de 9 990 millions d'euros. Le secteur voyageurs à l'origine de la moitié des recettes de la SNCF continue de se développer. Il faut souligner la part très importante prises par deux grandes masses de trafic:

- celui de la banlieue parisienne (Métro* et RER réseaux confondus) qui représente 67% du nombre de voyageurs transportés dans l'Hexagone.
- celui des TGV (trains à grande vitesse). Lancés en 1981 ces trains roulent à une vitesse moyenne de 300 km/h et sont capables d'atteindre 366 km/h. Leur trafic est en constante progression avec une augmentation de 19% entre 1996 et 2000. L'Eurostar est entré en service en 1994 et, plus récemment, en juin 2001, le TGV Méditerranée qui met Londres à six heures trente de Marseille au lieu de huit heures dix-huit minutes. Le cap des trois millions de

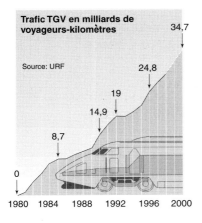

Trafic TGV en milliards de voyageurs-kilomètres

Source: URF

34,7

24,8

19

14,9

8,7

0

1980   1984   1988   1992   1996   2000

voyageurs a été franchi dans les trois mois qui ont suivi sa mise en service. Le TGV Bretagne est prévu pour 2010. Les TGV offrent jusqu'à 368 places assises ou 516 dans ceux à deux étages. La ligne TGV Paris–Strasbourg est prévue pour 2008. Avec déjà 1500 km en 2001, on estime que la France disposera en 2015 de 4 432 km de voies à grande vitesse, mais du fait de la capacité des TGV de rouler aussi sur les voies classiques, ce sont 11 000 km de voies qui seront parcourus par ce type de train.

La Société reçoit chaque année un dédommagement financier de la part de l'état qui vient compenser les obligations de service qui lui sont imposées. Les investissements de la SNCF continuent de progresser notamment du fait de la construction de lignes à grande vitesse.

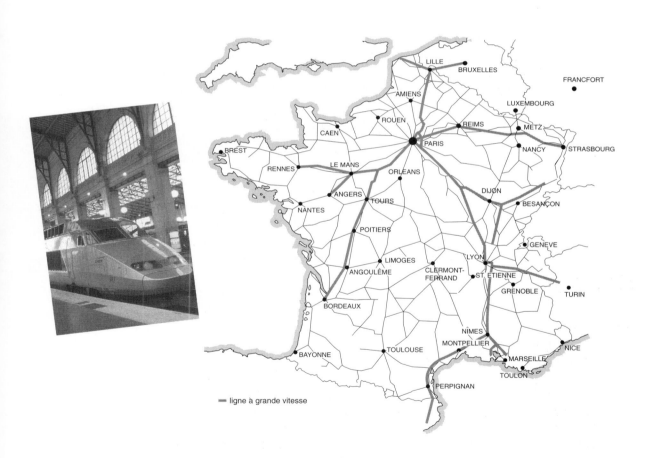

Le réseau TGV

Le trafic marchandises

La part du trafic marchandises dans l'ensemble du trafic national n'est actuellement que de 22,2%. La diminution de certains gros trafics (hydrocarbures, charbon, produits métallurgiques) et la concurrence acharnée de la route pour l'acheminement des produits légers – les denrées périssables en particulier – sont les causes principales de ce faible pourcentage. Pour l'instant *le ferroutage* (le combiné train–route) ne représente que 7% du trafic ferroviaire à cause des coûts élevés et des retards alors que le transport routier permet 95% d'exactitude dans les délais de livraison.

Effectifs

Les effectifs de la SNCF s'élevaient à 179 000 salariés en 2001.

Autres activités

Le groupe SNCF exerce l'essentiel de ses activités dans le secteur des transports. Cependant, la Société a lancé en 2001 son agence de voyages en ligne en partenariat avec la société américaine Expédia, détenue à 53% par la filiale GL e-commerce de SNCF et 47% par le site américain spécialisé dans les voyages. La nouvelle société, opérationnelle dès janvier 2002, propose via le site voyage sncf.com billets de train, d'avion, chambres d'hôtel, voitures de location et voyages au forfait. Ceci n'empêchera pas d'autres prestataires de vendre des billets de train en ligne

* Although the RER is part of the SNCF, the Métro is operated independently by the RATP (see *Petit Guide des Sigles*).

Activité de recherche

Vos amis français (un jeune couple parisien) vont visiter Londres et le sud-est de l'Angleterre en juin.

Ils ont l'intention de traverser la Manche le 6 et de rentrer en France le 16.

Renseignez-vous dans une agence de voyage et dressez pour eux un tableau (de préférence sur ordinateur) des différentes possibilités (compagnies car-ferry, Seacat, le Shuttle) qui leur sont proposées le 6 juin y compris les tarifs pour deux passagers avec leur voiture.

4 Rendez-vous d'affaires (2)

Rendez-vous d'affaires (2)

© Punch

Ken Pyne

(Reproduced by permission of Punch)

Scénario

Mr Sanderson fait la connaissance de Mme Legrand. Il lui présente ses nouveaux produits et explique pourquoi les prix ont augmenté.

 Ecoutez le dialogue et répondez aux questions de la Section A pour commencer.

Vocabulaire

faire attendre (qn)	*to keep (sbdy) waiting*
s'occuper de (qn)	*to look after (sbdy)*
parler affaires	*to talk/get down to business*
produit (m)	*product*
échantillon (m)	*sample*
jeter un coup d'œil	*to have a look*
éventail (m)	*spread; range*
gamme (f)	*range* (haut/bas de gamme *top/bottom of the range*)
lancement (m)	*launch*
marché (m)	*market*

se vendre bien	*to sell well (of products)*
consommateur (m)	*consumer*
légèrement	*slightly*
hausse (f)	*increase*
volonté (f)	*will; volition*
relèvement (m) des salaires*	*pay increase*
frais généraux	*general costs; overheads*
entretien (m)	*maintenance*
charges sociales	*national insurance charges (employer's)*
en dépit de	*in spite of*
défier toute concurrence (f)	*to be unbeatable*
concurrent (m)	*competitor*
avoir une faim de loup	*to be ravenous*
se dépêcher	*to hurry*
oublier	*to forget*

salaires translates as 'wages' as well as 'salaries'; however, most French workers are paid monthly. Job adverts usually show monthly, not annual salaries.

Qu'avez-vous compris?

1 **Répondez en anglais.**

a How long have the new products been available on the British market?

b What reasons does he give for the price increases?

c What comment does Mme Legrand make on seeing the new price list?

d What does she say about the new products?

2 **Vrai ou faux?**

a Mme Legrand connaissait déjà Mr Sanderson.

b SOLPEX a ajouté deux nouveaux produits à sa gamme.

c Leurs prix ont augmenté de 3,5%.

d Au Royaume-Uni les nouveaux articles ont connu un grand succès.

e Mme Legrand a trouvé que l'augmentation était plutôt forte.

3 **Répondez en français.**

a Pourquoi Madame Legrand demande-t-elle à Mr Sanderson de l'excuser?

b Qu'est-ce qu'il a apporté à Madame Legrand?

c Que dit-il à propos de la qualité de leurs produits?

d Pourquoi Mr Sanderson a-t-il si faim?

④ **Voici les réponses. Quelles étaient les questions?**

a Elle lui a offert un café.

b Ils ont augmenté de 2,5%.

c Elle croit qu'ils plairont à la clientèle française.

d Ils se sont bien vendus sur ce marché-là.

⑤ **Regardez le dialogue et trouvez dans le texte le mot ou la phrase qui correspond.**

a ils font combien?

b je suis désolé de vous faire savoir

c je suis heureuse de vous rencontrer

d ils ont beaucoup plu

⑥ **Comment diriez-vous en français?**

a I'm sorry to have kept you waiting.

b Thank you for coming.

c Let's get down to business!

d I've come to show you our latest products.

e If you'd care to take a look.

f One top-of-the-range product, one bottom-of-the-range.

g These articles have sold well.

h This increase is outside our control.

i Despite that our prices are unbeatable.

j Our products are clearly better quality.

k French customers will like those two models.

l Excellent value for money.

m I'm ravenous!

n I was in a hurry.

o I didn't have time for breakfast.

Taux de croissance sur dix ans

+2,6 (90) +1 (91) +1,5 (92) –0,9 (93) +2,1 (94) +1,7 (95) +1,1 (96) +1,9 (97) +3,4 (98) +2,9 (99) +3,1 (2000)

Section B

Grammar

① The perfect tense
Le passé composé

Use

The perfect tense (*passé composé*) is used to express a **completed** action, and corresponds to the English forms: has (have) done, did, did do:

Il a apporté des échantillons	He **has brought** some samples
Il a apporté des échantillons hier	He **brought** some samples yesterday
S'il a apporté des échantillons, il ne les a pas apportés hier!	If he **did bring** any samples, he **didn't bring** them yesterday!

Formation

Two elements: (i) present tense of an auxiliary verb (*avoir/être*) with (ii) past participle

a Past participle of regular verbs: formed according to type:

Type	Infinitive	Change	Past participle
-er	apporter	er – é	apporté
-ir	finir	ir – i	fini
-re	vendre	re – u	vendu

b Past participle of irregular verbs: irregular verbs form their past participle in a variety of ways and must be learned separately, eg:

être – été, avoir – eu, faire – fait

However, some irregular groups tend to have characteristic past participles, and some general guidance can be given, eg:

-evoir verbs form their past participle in *-u*:
recevoir – **reçu**; devoir – **dû**; apercevoir – **aperçu**
-uire verbs form their past participle in *-uit*:
conduire – **conduit**; produire – **produit**; cuire – **cuit**
-eindre/-aindre verbs form their past participle in *-eint/-aint*:
peindre – **peint**; atteindre – **atteint**; craindre – **craint**
-oindre verbs form their past participle in *-oint*:
joindre – **joint**

Auxiliary verbs

a All transitive verbs (ie verbs taking a direct object) and a large number of intransitive verbs take *avoir*.
Transitive: J'**ai** rencontré mon ami Dupont.
Intransitive: Les prix n'**ont** pas augmenté.

b All reflexive verbs and intransitive verbs denoting change of place or state take *être*.
Intransitive (change of place): Il **est** venu ce matin.
Intransitive (change of state): Ils **sont** devenus riches.
Reflexive: Elle **s'est** levée tôt ce matin.

Past participle agreement

a *avoir* verbs: no agreement unless the direct object precedes the auxiliary verb, in which case the past participle agrees in number and gender with that **preceding direct object** (PDO), eg:
J'ai apporté les **lettres**. (*No agreement*)
Quelles **lettres** (PDO) avez-vous apport**ées**? (*Agreement*)
Hence:
Elle a apporté les lettres **que** j'ai écrit**es** ce matin.
J'ai écrit les lettres et je **les** ai sign**ées** tout de suite.
Note also:
Après **les** avoir lu**es**, j'ai mis les lettres de côté.

b *être* verbs:

(i) Intransitive verbs:

Past participle agrees in number and gender with the subject, eg:

L'usine est devenu**e** très grande.

Les ouvriers sont parti**s** à 18.00 heures.

Note also:

Après être arrivé**s ils** ont mangé.

(ii) Reflexive verbs:

Past participles agree with reflexive pronouns unless there is another direct object present, in which case the PDO rule applies (see **a**):

Agreement:

Elle **s'**est lavé**e**.

Nous **nous** sommes rencontré**s** l'année dernière.

No agreement:

Elle s'est lavé **les mains**.

Ils se sont écrit **plusieurs lettres**.

Note also:

S'est-elle lavé **les cheveux**?

Oui, elle se **les** est lavé**s**. (PDO)

② **Relative pronouns**
Les pronoms relatifs

So called because they relate to a noun or phrase (the antecedent) already mentioned in the sentence. The pronouns are:

When the antecedent is a specific noun (person or thing)	When the antecedent is a phrase, ie not a specific noun	Function
qui (*who, which, that*)	ce qui (*which, what*)	subject
que/qu' (*whom, which, that*)	ce que/ce qu' (*what, that*)	direct object
dont (*of whom, of which, whose*)	ce dont (*that, which*)	where the pronoun replaces *de* + noun (*dont*) or a verbal construction with *de* (*ce dont*)
où (*where, when*)		after a noun of place or time

a qui/ce qui

(i) Le représentant **qui** va souvent en
France ...

*The rep **who** goes to
France often ...*

(ii) Les deux produits **qui** sont sortis
l'année dernière ...

*The two products **which**
came out last year ...*

Qui is used because the antecedent is a specific noun (*le représentant,
les deux produits*) and the relative pronoun is the subject of the verb
(*va, sont sortis*) in the relative clause.

(iii) Les articles ont eu énormément de
succès, **ce qui** nous a vraiment surpris

*The goods were extremely
successful, **which** really
surprised us*

Ce qui is used because the antecedent is a phrase (*les articles ont eu
énormément de succès*) rather than a specific noun and the relative
pronoun is the subject of the verb (*a surpris*) in the relative clause.

b que/ce que

(i) Le prix **que** j'ai payé, était assez élevé

*The price (**which, that**) I
paid, was quite high*

Que is used because the antecedent is a noun (*le prix*) and the relative
pronoun is the direct object of *j'ai payé* in the relative clause.

(ii) Avec le Shuttle, il n'y a pas besoin de
réserver, **ce que** je trouve vraiment
formidable

*With the Shuttle, there is
no need to book, **which**
I find really marvellous*

Ce que is used because the antecedent is a phrase (*avec le Shuttle, il
n'y a pas besoin de réserver*) and the relative pronoun is the direct
object of *je trouve* in the relative clause.

c dont/ce dont

(i) La hausse **dont** il parle, est assez
élevée

*The increase **of which** he
speaks is quite
considerable.*

Dont is used because the antecedent is a specific noun (*hausse*) and it
replaces *de* + noun, ie *il parle de la hausse*.

(ii) Il a noté tout **ce dont** il avait besoin

*He made a note of
everything (**that**) he
needed*

Ce dont is used because the antecedent (*tout*) is not a specific noun and
the verbal construction used involves *de*: avoir besoin **de** quelque chose.

d où

Relates to

(i) *place*: le restaurant **où** on a mangé hier

*the restaurant **where** we
ate yesterday*

(ii) *time*: le jour **où** je l'ai rencontré(e)

*the day (**that**) I met him
(her)*

e Relative pronouns after prepositions

After prepositions such as *à, près de, à côté de, pour*, etc., as a general
rule, if the antecedent is a person you should use *qui*[1].

> la secrétaire **à qui** j'ai dicté les lettres
> le directeur **pour qui** elle travaille
> les deux jeunes **à côté de qui** j'étais assis

If the antecedent is not a person, you should use *lequel/laquelle/lesquels/lesquelles*:

> le service **pour lequel** elle travaille   *the department **for which** she works*

After *à* or *de*[2] these then become:

auquel	à laquelle	auxquels	auxquelles
duquel	de laquelle	desquels	desquelles

> la lettre **à laquelle** il faut répondre tout de suite   *the letter **to which** we must reply straight away*
>
> Il y a eu des grèves **auxquelles** on ne s'attendait[3] pas   *There were strikes **which** we didn't expect*
>
> On va choisir un hôtel **près duquel** il y a un parking   *We'll choose a hotel **near to which** there is a car park*

[1] It is grammatically correct to use *lequel* after prepositions when referring to people but this isn't common practice.
[2] Here *de* must be part of a prepositional phrase (*près de*, *à côté* de, *à cause de*, etc.) otherwise **dont** is needed (see above).
[3] *s'attendre à* to expect.

Structural exercises

A *Le passé composé avec 'avoir'*

Vous parlez avec un(e) collègue français(e) des problèmes de votre société au cours de ces derniers mois.

Exemple:

date	événement
fév.	augmentation de salaires

Réponse: En février les salaires ont **augmenté**.

Continuez:

	date	événement
a	mars.	augmentation du prix de l'électricité
b	av.	sortie d'un nouveau modèle par nos concurrents
c	juil.	annonce d'une restriction de crédit par le gouvernement
d	sept.	baisse des ventes
e	nov.	décision de la direction de lancer une nouvelle gamme

B *Le passé composé avec 'être'*

Depuis le lancement de la nouvelle gamme en novembre, les choses sont beaucoup mieux allées pour la société. Avec un(e) collègue vous énumérez les étapes principales de cette amélioration.

Exemple:

date	événement
18/1	les nouvelles machines arrivent

Ⓐ Quand est-ce que les nouvelles machines sont arrivées?

Ⓑ Elles sont arrivées le dix-huit janvier.

Continuez:

	date	événement
a	16/2	nouveaux clients américains viennent visiter les ateliers
b	17/2	ils se décident à passer une commande importante
c	5/4	notre directeur va ouvrir la nouvelle filiale en Ecosse
d	6/6	la grève des transporteurs se termine
e	13/7	la première commande à destination des Etats-Unis part de l'usine

C *Accord/non accord du participe passé*

Mettez les phrases suivantes au passé composé avec accord ou non accord du participe passé.

a Ils (se laver) les mains, puis ils (partir).
b Il (lire) les documents que son collègue (poser) sur la table.
c Les faillites (se multiplier) cette année.
d Les deux concurrents (se dire) bonjour quand ils (se rencontrer).
e Quelle usine (visiter)-vous?
f Je (visiter) l'usine qui (fermer) à cause de la grève.
g Voici les deux modèles que je (choisir).
h Les directeurs (signer) les lettres que la secrétaire (écrire).

🔲 **D** *Le passé composé/l'imparfait*

Avant de partir en vacances votre collège vous a laissé un message enregistré indiquant ce qu'il a pu faire et ce qu'il vous reste à faire (vous ou la secrétaire).

Ecoutez le message et cochez la case qui correspond.

task	done	for you to do	for secretary to do
letter to Verdier: dictated			
typed			
signed			
posted			
phone Bourquin			
make appointment with Chabuel			
arrange demonstration of new machine to technicians			
phone Jaillet			
cancel visit to Lille			
inform Managing Director of cancellation			
remind him of dinner with Japanese			
confirm plane seats Paris–Geneva			
find out alternative flight times			
make train reservation Paris–Lyon			
contact Jospin			

E *L'imparfait/le passé composé*

Remplissez les blancs.
- **Trouvez le verbe qui correspond dans la liste.**
- **Mettez-le à l'imparfait ou au passé composé selon le cas.**
- **N'oubliez pas les accords qui conviennent.**

estimer	remercier	plaire	montrer (×2)		entrer
parler	s'excuser	trouver	élargir		faire attendre
	avoir	aller	venir	expliquer	

Quand Mr Sanderson (a) ...... dans le bureau de Madame Legrand, celle-ci (b) ...... de l'(c) ...... Elle l'(d) ...... d'(e) ...... , et il lui (f) ...... des échantillons et des brochures. Puis il (g) ...... qu'il y (h) ...... deux nouveaux articles qui (i) ...... l'éventail de leurs produits, un haut de gamme et l'autre bas de gamme. Quand il (j) ...... de la hausse de leurs prix, Mme Legrand l'(k) ...... importante. Cependant, les deux modèles qu'il lui (l) ...... lui (m) ...... malgré leur prix, qu'elle (n) ...... assez élevé. A midi ils (o) ...... déjeuner ensemble.

F Pronoms relatifs

Trouvez le pronom relatif qui convient.

qui	ce qui	que	ce que	dont	ce dont	où

a La secrétaire ...... a reçu Mr Sanderson était très aimable.
b Les deux nouveaux modèles ...... étaient sur la brochure ont beaucoup plu aux clients.
c C'est la qualité ...... nous apprécions.
d La livre sterling a baissé, ... a aidé les exportations britanniques.
e Le jour ...... il est parti, tous les vols avaient du retard.
f Le représentant a dit que l'augmentation des prix était inévitable, ... la cliente a trouvé difficile à croire.
g Les grèves ...... il a parlé étaient inattendues.
h Nous ne trouvons jamais ...... nous avons envie.

lequel	laquelle	lesquel(le)s	à qui	au(x)quel(s)
à laquelle/auxquelles		duquel	de laquelle	desquel(le)s

i Mme Legrand, ... il a présenté ses produits, était une cliente importante.
j Les grèves, ... il a fait allusion, ont entraîné une hausse des prix.
k Il a parlé des produits étrangers, à côté ...... ses articles paraissaient bon marché.
l L'entreprise pour ...... il travaillait a fait faillite.
m Le service ...... elle appartient est situé dans cet immeuble.

🔊 Jeu de rôle 1

Jouez le rôle de Mr Sanderson.

Legrand   Bonjour Monsieur Sanderson. Entrez! Colette Legrand, enchantée de faire votre connaissance.

Sanderson   • *Greet her and say you are pleased to meet her.*

Legrand   Si vous voulez bien vous asseoir. Excusez-moi de vous avoir fait attendre.

Sanderson   • *That's all right. You were early anyway, and her secretary looked after you very well.*

Legrand   Vous avez fait bon voyage?

Sanderson   • *Quite good, but there was a strike of ground staff at Heathrow which delayed your departure.*

Legrand   Hélas, ce genre de problème n'est pas rare quand on voyage beaucoup.

Sanderson   • *You have come to show her your two new products – of which one is top of the range, the other bottom of the range. You've brought some samples if she would care to have a look.*

Legrand   Volontiers. J'aime beaucoup la présentation de celui-là. Il est vraiment attrayant.

Sanderson   • *Yes, since their launch last year they have sold well on the home market. They have been extremely successful with British customers, which is very encouraging[1]!*

Legrand   Quels en sont les prix?

Sanderson   • *Here is your latest price list. Unfortunately, as she can see, all your prices have increased slightly.*

Legrand   Pour quelles raisons vos prix ont-ils augmenté?

Sanderson   • *Well, the pound[2] is quite strong. Overheads have increased and there have been some fairly big[3] wage increases.*

Legrand   Le prix unitaire, TVA comprise, me paraît très élevé; hum ..., il s'agit d'une augmentation fort importante!

Sanderson   • *Overall[4] it's only 2.5% and, despite that, your prices are still very competitive.*

Legrand   Si leur prix demeure abordable, je crois que ces deux modèles plairont assez aux consommateurs français.

Sanderson   • *That's what you thought, as the quality of your goods is clearly superior to that of your competitors and excellent value for money.*

Legrand   Vous m'avez presque convaincue. Mais je vois qu'il est déjà midi et demi ... Si vous n'y voyez pas d'inconvénient, et si vous n'êtes pas trop pressé, allons déjeuner ensemble.

Sanderson   • *With pleasure as you are feeling ravenous! You got up late this morning and as you were in a hurry, you didn't have time to have breakfast.*

---

[1] encouragement   [3] assez importantes
[2] la livre sterling   [4] globalement

Jeu de rôle 2

Travaillez avec un(e) partenaire. L'un(e) joue le rôle d'un(e) représentant(e) d'une entreprise exportatrice britannique qui visite un(e) client(e) français(e); l'autre le rôle du/de la client(e) français(e).

Vous parlerez:

- du voyage du/de la représentant(e) (voiture – Shuttle)
- d'un nouveau produit récemment sorti par l'entreprise (bas/milieu/haut de gamme – succès)
- des problèmes auxquels sont confrontées les entreprises britanniques (hausse des matières premières, salaires, frais, livre trop forte).

Le/la représentant(e) termine la conversation en invitant le/la client(e) à déjeuner.

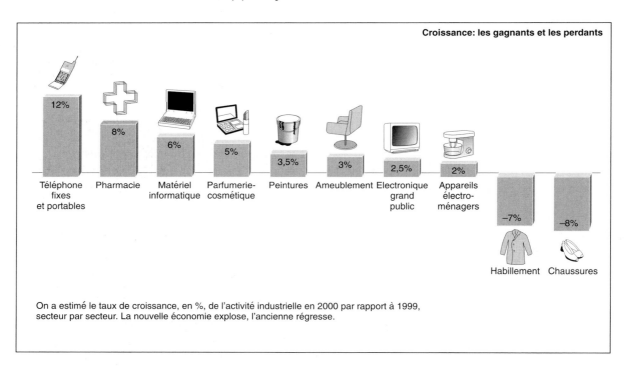

Croissance: les gagnants et les perdants

Téléphone fixes et portables	Pharmacie	Matériel informatique	Parfumerie-cosmétique	Peintures	Ameublement	Electronique grand public	Appareils électro-ménagers	Habillement	Chaussures
12%	8%	6%	5%	3,5%	3%	2,5%	2%	–7%	–8%

On a estimé le taux de croissance, en %, de l'activité industrielle en 2000 par rapport à 1999, secteur par secteur. La nouvelle économie explose, l'ancienne régresse.

Reading and reacting

A *CIAT – profil d'un groupe mondial*

CIAT, Compagnie Industrielle d'Applications Thermiques, a été créée en 1934 par Jean Falconnier, ingénieur diplômé de l'Ecole Centrale de Lyon. L'entreprise, à l'origine spécialisée dans l'échange thermique, s'est très rapidement orientée vers le traitement d'air, puis la réfrigération et la climatisation. Aujourd'hui le Groupe CIAT, le premier fournisseur français du marché de la climatisation et du traitement d'air, conçoit et fabrique une vaste gamme de produits destinés aux marchés du bâtiment commercial, de l'industrie et de l'habitat collectif et résidentiel.

Les produits

Près de 10 millions de produits CIAT sont actuellement en fonction dans le monde et recouvrent trois secteurs principaux:
- *Climatisation – réfrigération*: 50 gammes de produits et 900 appareils différents
- *Traitement d'air – ventilation*: CIAT compte parmi les leaders européens de ce secteur
- *Echangeurs thermiques*: l'une des gammes les plus larges du catalogue de l'entreprise

Les 4 500m² du centre de recherche et de contrôle témoignent de l'importance accordée à la recherche et au développement des produits. Le budget annuel de ce centre s'élève à 4% du chiffre d'affaires.

L'outil industriel

Son siège social et son principal site industriel se trouvent sur un vaste complexe technique et industriel (100 000m² à Culoz-Belley dans l'Ain mais le Groupe compte aujourd'hui deux autres sites de production en France, à Mortagne en Normandie et à Vence sur la Côte d'Azur, et des usines en Espagne, en Chine et en Inde.

Les chiffres clés

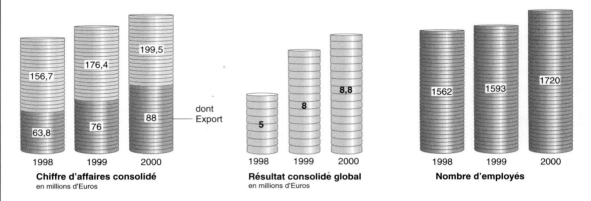

Chiffre d'affaires consolidé
en millions d'Euros

1998	1999	2000
156,7	176,4	199,5
63,8	76	88 — dont Export

Résultat consolidé global
en millions d'Euros

1998	1999	2000
5	8	8,8

Nombre d'employés

1998	1999	2000
1562	1593	1720

Répartition du chiffre d'affaires par zone géographique

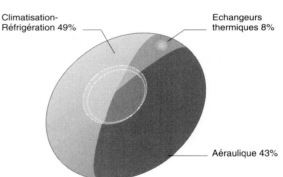

France 51%
Europe 5%
Afrique/Asie 9%
Autres 1%
Union Européenne 35%

Répartition du chiffre d'affaires par marché

Climatisation-Réfrigération 49%
Echangeurs thermiques 8%
Aéraulique 43%

Le réseau commercial

Le succès de CIAT, en dehors de la qualité et fiabilité de ses produits, repose sur l'excellence de son réseau commercial. 25 agences en France assurent une présence de spécialistes CIAT au service de leurs clients pour l'assistance au choix et à la mise en œuvre des matériels CIAT plus un service après-vente intégré dans chaque agence. Sur ce modèle CIAT a mis en place un réseau export assurant une couverture commerciale dans plus de 50 pays dans le monde avec 7 filiales commerciales – en Belgique, en Allemagne, en Grande-Bretagne, en Suisse, en Espagne, au Luxembourg et en Chine et de nombreux distributeurs en Europe, en Afrique, au Proche et Moyen Orient et en Asie. A l'international le chiffre d'affaires représente 46% des ventes totales.

Study the information on the CIAT company and complete the fact-sheet below.

Full name of company:

Founded:
Headquarters:
Number of employees:
Manufacturing sites:

                    France:

                    Abroad:

Product sectors (in descending order based on percentage turnover):
-
-
-

Ranking amongst French manufacturers of air-conditioning equipment:

Target markets/customers:
-
-
-

Sales network:
        France:
        Foreign sales subsidiaries:
        Distributors:

Average annual turnover (1998–2000) in euros:

Export turnover (as percentage of total):

Percentage of turnover allocated to research & development:

B *Produits français à l'étranger*

FORCES ET FAIBLESSES DES PRODUITS FRANÇAIS À L'ÉTRANGER (classées par ordre décroissant)		
	FORCES	**FAIBLESSES**
Belgique	Qualité des produits Facilité de communication Innovation	Conditions financières Dynamisme commercial Capacité d'adaptation
RFA	Qualité des produits Innovation	Facilité de communication Promotion-publicité Capacité d'adaptation
Suisse	Qualité des produits Facilité de communication	Dynamisme commercial Promotion-publicité Capacité d'adaptation
Italie	Qualité des produits Innovation Conditions financières	
Royaume-Uni	Qualité des produits Innovation Conditions financières	Promotion-publicité Capacité d'adaptation Délais de réaction
Etats-Unis	Qualité des produits Innovation Promotion-publicité	Facilité de communication Délais de réaction Capacité d'adaptation

source: d'après le COE

Importateurs et acheteurs de produits industriels de grande consommation étaient interrogés sur huit critères (qualité, innovation, facilité de communication, conditions financières, délais de réaction, dynamisme commercial, promotion-publicité, capacité d'adaptation). Fondées ou non, ces opinions subjectives conditionnent dans une large mesure les importations des pays étudiés. La compétitivité des produits français, contrastée selon les secteurs et selon les pays, se situe globalement à un niveau moyen. Leur qualité est reconnue, mais le manque de capacité d'adaptation de nos industriels reste un handicap majeur.

Après avoir étudié l'article sur les produits français à l'étranger remplissez les blancs dans le résumé.

La (a) ...... grande faiblesse des (b) ...... français à l'étranger reste l'incapacité d'(c) ...... signalée par (d) ...... les importateurs et (e) ...... de produits (f) ...... de grande consommation interrogés.

La facilité de communication (g) ...... un problème aux (h) ...... et aux Américains, mais, chose curieuse, n'est pas citée comme faiblesse par les (i) ......

La capacité d'(j) ...... et la qualité figurent en tête de liste des (k) ...... des produits français, mais seulement deux pays citent les (l) .... parmi les points forts.

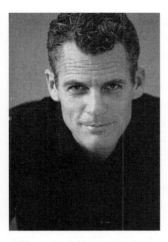

Gilbert Lefebvre vise le leadership européen dans le film plastique hautement protecteur.

 C *Sofitind: une croissance qui s'emballe*

Ecoutez l'interview avec Gilbert Lefebvre, puis répondez en anglais aux questions suivantes.

a What is the connection between Gilbert Lefebvre and Sofitind?
b What type of product is Valsem and what are its properties/characteristics?
c Who are Sofitind's main customers?
d What point does Gilbert Lefebvre make about
  (i) Germany in general?
  (ii) the firm of Mauser in particular?
e (i) What objective has the company set itself?
  (ii) How is Gilbert Lefebvre planning to achieve this? (mention two things)
f To what do the following figures refer?
  (i) 9 000 000 €   (ii) 2 000 000 €   (iii) 750

Section D

Faisons le point sur . . .

L'Economie française[1]

Le Français, naguère réputé casanier et mauvais vendeur est devenu dans les années 90 le quatrième exportateur du monde après les Etats-Unis, l'Allemagne et le Japon. Le montant des exportations françaises représente environ 20% du produit intérieur brut (PIB)[2]. Parmi les secteurs en plein essor on trouve:

- *La construction automobile*   L'excédent commercial de ce secteur était de 53,6 milliards de francs en 1999, (voir Chapitre 5).
- *L'industrie ferroviaire*   Un des domaines clés des secteurs de pointe avec le TGV (Alsthom) et le Métro. Les constructeurs de matériel ferroviaire roulant ont su se tourner vers l'exportation (voir tableau p.77).
- *L'industrie aéronautique*   Ce sont actuellement les commandes civiles qui tirent l'activité. L'Europe et l'Amérique du Nord sont les premiers marchés de l'aéronautique civile avec la vente d'avions d'affaires. Les ventes de l'Airbus, avion commercial européen dont la France (Aérospatiale) est un des principaux partenaires améliorent d'une manière spectaculaire la balance commerciale du pays. L'entrée en service de l'A380 – le plus gros jumbo au monde – est prévue pour 2006.

- *Le domaine spatial*   La France se classe parmi les leaders avec la fusée européenne Ariane (ASE) dont elle détient un taux de participation de 62%. La vente de satellites a été pendant longtemps un marché très lucratif. De nos jours la concurrence provient de nouveaux lanceurs comme la Russie.

- *Le secteur tertiaire*   Parmi les secteurs développés récemment et en pleine expansion on compte les services. Dans le secteur du tourisme la France occupe la première place mondiale (voir Chapitre 2), et l'industrie hôtelière française (voir Chapitre 1) occupe le premier rang dans l'Union européenne.

- *L'EDF (Electricité de France)*   La France est le deuxième producteur mondial d'électricité derrière les Etats-Unis. L'électricité bon marché profite aux ménages et aux industriels. Produite par ses 22 centrales nucléaires (80% est d'origine nucléaire), l'électricité 'made in France' se vend dans toute l'Europe. Actuellement le parc électro-nucléaire comprend 56 unités. Bien que la France ne produise qu'un taux infime de pétrole, grâce à son nucléaire, son indépendance énergétique est passée de 25% en 1975 à environ 50% de nos jours.

- *La production agricole*   La France occupe la deuxième place mondiale après les Etats-Unis et la première place dans l'Union européenne dans ce secteur (voir Chapitre 7).

- *Les produits de luxe*   La France conserve sa place de leader mondial des ventes de parfums et cosmétiques (un tiers du marché global). Le taux de couverture du commerce extérieur de ce secteur demeure largement excédentaire; celui de la parfumerie atteint même 500% (Lancôme, Dior, l'Oréal, Garnier, etc.). Les créations des grands coûturiers font de Paris la capitale de la mode. Les produits de luxe souffrent malheureusement de contrefaçons des pays asiatiques.

- *L'armement*   La France se classe au troisième rang mondial après les Etats-Unis et la Grande-Bretagne grâce surtout aux avions de chasse militaires construits par Dassault, aux hélicoptères (Eurocopter), aux systèmes de radar et aux missiles. Le chiffre d'affaires de l'industrie d'armement était de 3,8 milliards d'euros en 1999 – en baisse notable sur les deux années précédentes (6,3 en '98 et 6,6 en '97).

- *L'industrie chimique*   La France occupe le septième rang mondial avec des firmes comme Rhône-Poulenc, Ugine-Kuhlman pour la chimie lourde, l'Oréal et Roussel Uclaf pour la parachimie et Michelin pour les pneumatiques.

Certains secteurs ont souffert au cours de ces dernières années en particulier les vieilles industries traditionnelles implantées dans le Nord et l'Est du pays.

- *La sidérurgie*, industrie de base, continue à souffrir, bien qu'en 2002 SACILOR soit le premier groupe mondial.
- *L'industrie textile*, industrie de transformation, a été touchée par la concurrence du tiers-monde et les importations massives en provenance de la Chine et de la Turquie, pays à bas salaires. De nos jours la France ne se place qu'au sixième rang (voir tableaux) des pays exportateurs et au huitième rang pour l'habillement et la fourrure.
- *La construction navale* est en déclin. Ce secteur ne fournit que 2% de la production mondiale. Ce déclin est propre à tous les pays occidentaux, concurrencés par des pays comme le Japon et la Corée du Sud. Les Européens dominent en revanche la construction de navires destinés au transport des passagers. Le haut niveau d'activité de ces deux dernières années repose sur la position de la France de leader sur les navires de croisière.

Les principaux clients de la France sont l'Allemagne, l'Italie et la Grande-Bretagne.

[1] Voir tableau ci-dessous.
[2] Voir tableau p.78.

La France parmi les grands pays industrialisés

	Population en millions 1999	PIB milliards de $ US 1999	Part de l'industrie manufacturière dans le PIB en % 1999	Part des exportations mondiales en % 1999
France	59,1	1 432,3	19,3	5,5
Allemagne	82,1	2 112,0	23,6	9,7
Italie	57,1	1 171,0	20,0	4,1
Etats-Unis	272,9	9 192,0	17,8	11,9
Japon	126,7	4 320,2	24,3	7,7
Royaume-Uni	59,2	1 439,8	18,5	4,8

Champ: Industrie manufacturière, y compris les industries agro-alimentaires
Sources: OCDE, INSEE
© Ministère de l'Économie, des Finances et de l'industrie.

Les échanges extérieurs de la France en 1999 (CAB-FAB)
(en milliards de francs courants)

	Exportations	Importations	Solde	Taux de couverture en %
Agriculture	66,2	51,0	15,2	129,8
Industries agro-alimentaires	177,3	130,3	47,0	136,1
Energie	50,2	128,4	-78,2	39,1
Industries manufacturières	1 568,6	1 487,6	81,0	105,4
Total des biens	1 862,3	1 797,3	65,0	103,6
Services	439,6	283,1	156,5	155,3
Total des biens et services	2 302,00	2 080,40	221,5	110,7

Source: INSEE
© Ministère de l'Économie, des Finances et de l'Industrie.

Produit intérieur brut (PIB) aux prix du marché en parité de pouvoir d'achat courante (PPA) (MM$ US)

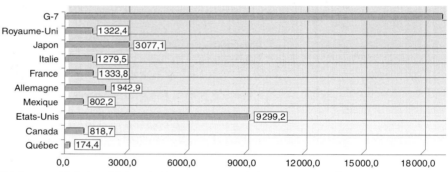

G-7
Royaume-Uni 1 322,4
Japon 3 077,1
Italie 1 279,5
France 1 333,8
Allemagne 1 942,9
Mexique 802,2
Etats-Unis 9 299,2
Canada 818,7
Québec 174,4

0,0   3000,0   6000,0   9000,0   12000,0   15000,0   18000,0

Sources: Agences statistiques fédérales des États-Unis, Banque mondiale, Fonds monétaire international, Institut de la statistique du Québec, Organisation de coopération et développement économiques, Statistique Canada. www.stat.gouv.qc février 2001

Activité de recherche

Choisissez une société française qui commercialise un produit (à l'exception de l'industrie automobile) ou qui vend un service au Royaume-Uni.

- Dressez une liste des produits/services.
- Trouvez où se trouve son siège social et si elle a des filiales en France et à l'étranger (villes/pays).
- Précisez combien d'employés travaillent pour elle.
- Notez son chiffre d'affaires ainsi que le pourcentage représenté par les exportations.
- Indiquez qui sont ses principaux clients étrangers.
- Rédigez votre rapport en anglais, ou, de préférence, en français.

5 Au restaurant

Scénario

Mr Sanderson et Mme Legrand parlent de voitures et de circulation en se rendant au restaurant où ils prennent un menu typique.

 Ecoutez le dialogue et répondez aux questions de la Section A pour commencer.

Vocabulaire

voyage (m) de noces	*honeymoon*
inutile	*useless; no point*
quartier (m)	*district (of town)*
de quartier	*local*
(se) garer	*to park*
parking (m)	*car park*
stationnement (m)	*parking*
gratuit	*free*
pratique	*convenient*
se soucier (de)	*to worry (about)*
parcmètre	*parking meter*
contractuel (m)	*traffic warden*

marque (f)	*make; brand*
ennuis (m.pl)	*trouble*
conduire	*to drive*
facile	*easy*
courtois	*polite; courteous*
volant (m)	*steering wheel*
se mettre en colère	*to get angry*
chemin (m)	*way*
genre (m)	*style; type*
couvert (m)	*place (at a table)*
convenir	*to suit; be all right for*
ligne (f)	*figure*
faire cuire (qch)	*to cook (sthg)*
farine (f)	*flour*
poêle (f)	*frying pan*
bien cuit	*well done (cooked)*
à point	*medium/medium-rare*
saignant	*rare*
tant pis	*never mind*
renommé	*famous*

Qu'avez-vous compris?

1 Répondez en anglais.

a What does Mme Legrand say about the restaurant to which she invites Mr Sanderson?

b What make of car do (i) Mme Legrand and (ii) Mr Sanderson have?

c What, according to Mme Legrand, annoys Parisian drivers?

d Name one starter, one main course, one vegetable and two desserts on their menu.

2 Voici les réponses. Quelles étaient les questions?

a Parce qu'ils vont prendre quelque chose de meilleur à boire.

b Il le préfère 'à point'.

c Ma Renault? Oui, beaucoup. J'en suis très contente!

d Les haricots verts s'il vous plaît.

e Il y a fromage ou fruit ou pâtisserie maison.

3 Comment diriez-vous en français?

a The food is good and not all that expensive.

b Let's go by car.

c It's very handy.

d Are you (f) pleased with it?

e Nothing serious.

Le marché de la restauration

- 6 milliards d'euros
- 8 milliards d'euros

Parts de marché

En 2000

27% 55% 18%

En 2010 (prévisions)

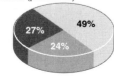

27% 49% 24%

Chaînes de restaurants
Restaurants indépendants
Restaurants d'hôtels

f You see a lot of them in France.
g I soon got used to it.
h It will take me a while.
i Let's have a look.
j I must think of my figure.
k Something better.
l Never mind!

La France gastronomique

Grammar

1 Personal and reflexive pronouns
Les pronoms personnels et réfléchis

a Type of pronoun

direct object indirect object reflexive	reflexive	direct object	indirect object	other
me				
te	se	le, la, l'	lui	
nous				y en
vous	se	les	leur	

b Word order

(i) In statements, questions and negative commands when more than one pronoun is present, the above order (reading from left to right) is followed. The pronoun(s) come(s) immediately before the infinitive or, if no infinitive is present, before the finite verb:

With infinitive

Je veux **les lui** donner	*I want to give them to him/her*
Je n'ai pas voulu **les lui** donner	*I didn't want to give them to him/her*
Elle n'a pas à **se** soucier des parcmètres	*She doesn't have to worry about parking meters*

Without infinitive

Les lui donnez-vous?	*Are you giving him them?*
Ne **les lui** donnez pas	*Don't give them to him!*
Je **les lui** ai donné(e)s	*I gave him them*
Note also: **Le** voilà	*There he is!*
Les voici!	*Here they are!*
En voilà un!	*There's one!*
En voici quelques-unes!	*Here are some!*

(ii) With positive commands some pronouns and their positions differ slightly,* and hyphens are placed between the verb and the pronoun(s):

		moi*			
verb-	le	toi*		eg donnez-le-moi!	*give it me!*
	la-	lui-	y- en	lève-toi!	*get up!*
		nous		allons-nous-en!	*let's go!*
		vous		permettez-moi	*allow me*
	les	leur		de me présenter	*to introduce myself*
				parlez-leur-en	*talk to them about it*

Note: remember to make the reflexive pronoun match the subject:
     je → me   il/elle → se   etc.

eg (se rappeler)   **nous nous** rappelons
   (se spécialiser)   **je me** suis spécialisé(e) dans le marketing
   (se lever)   lève-**toi**!

2 Use of 'y' and 'en'
Y/en

a *y* replaces the directional preposition + **any** impersonal object noun:
Je vais **au restaurant**. (J'**y** vais.)
Nous entrons **dans la salle à manger**. (Nous **y** entrons.)
Elle pense **à sa ligne**. (Elle **y** pense.)

b *en* replaces *de, du, de la, de l', des* plus **any** noun:
Il a **des catalogues**. (Il **en** a.)
Il y a **des collègues** avec vous? (Il y **en** a avec vous?)
Elle est contente **de son séjour**. (Elle **en** est contente.)
Note also: **En** voici un(e)! *Here's one!*
             En voilà quelques-un(e)s! *There are some!*

3 Possessive pronouns (mine, yours, his, etc.)
Les pronoms possessifs

Masc.	Fem.	Plural
le mien	la mienne	les miens/les miennes
le tien	la tienne	les tiens/les tiennes
le sien	la sienne	les siens/les siennes
le nôtre	la nôtre	les nôtres
le vôtre	la vôtre	les vôtres
le leur	la leur	les leurs

eg Votre voiture me plaît, mais je préfère   *I like your car but I prefer*
    la mienne   *mine*
Combining with propositions *à* and *de*:
Votre système de production est différent   *Your production system is*
    du nôtre   *different from ours*
Comparé **au leur** notre système est   *Compared to theirs our*
    démodé   *system is old-fashioned*

4 Disjunctive (emphatic) pronouns
Formes accentuées

moi	nous
toi	vous
lui	eux
elle	elles
(soi)	

The disjunctive pronouns are used:

a For one word answers:
Qui veut rester? – **Lui!**
Who wants to stay? – He (does)

b For emphasis:
Moi, je reste, mais **vous**, vous partez!
*I'm staying but **you** are leaving!*

c After propositions:

Venez manger chez **nous**!	*Come and eat at our place!*
Je travaille avec **eux**	*I work with them*

d For identification:

Le patron? C'est **lui**	*The boss? That's him!*
But note:	
Ce **sont eux/elles** qui travaillent ici	*They are the ones who work here*

e With comparisons after *que*:

Nous vendons plus qu'**elle**	*We sell more than she does*
Vous êtes aussi importantes qu'**eux**	*You are just as important as they are*

5 Articles: definite, indefinite and partitive
Articles: définis, indéfinis et partitifs

	masculine singular	feminine singular	before a vowel or a silent 'h'	plural
Definite articles	le menu	la carafe	l'addition	les entrées
Indefinite articles	un menu	une carafe	un œuf une huître	des plats
Partitive articles	du pain	de la sauce	de l'eau	des bières

As a general rule most common nouns in French must be preceded by an article. This may be:

a Definite article: le, la, l', les
In addition to translating 'the', the definite article is often used in French when no article would be present in English.
(i) in general statements:

Les gateaux font grossir	*Cakes make you fat*
Le sucre est mauvais pour **les** dents	*Sugar is bad for (the) teeth*

(ii) with likes, dislikes and preferences:

J'adore **le** vin rouge mais je ne déteste pas **la** bière	*I love red wine but I don't dislike beer*

b Indefinite article: un(e), des

On voit rarement **des** Rolls Royce	*One rarely sees (any) Rolls Royces*

Note that although plural articles are frequently omitted in English, this isn't the case in French:

Est-ce que vous vendez **des** cartes routières?	*Do you sell road maps?*

c Partitive article: du, de la, de l', des

As their name implies, these precede the noun when a part or an unspecified amount (as distinct from the whole) of the commodity is implied and corresponds to 'some, 'any':

Les Français mangent **du** pain à tous les repas	*The French eat bread with every meal*
Il y a souvent **du** vin sur la table	*There's often wine on the table*
Il me faut **de l'**essence et **de l'**huile	*I need (some) petrol and (some) oil*

Note the use of *de (d')* instead of the full article, in the following three circumstances:

(i) After a negative (*pas/plus/jamais/guère*):

Il reste **du** poisson mais il n'y a plus **de** viande	*There is fish left but there is no more meat*
J'ai eu **une** Citroën mais je n'ai jamais eu **de** Peugeot	*I've had a Citroën but never a Peugeot*
On ne voit pas **d'**Anglais dans cette région	*One doesn't see any English people in this area*

(ii) After a word or expression of quantity:

beaucoup **de** touristes	quelque chose **de** meilleur
combien **de** couverts?	rien **de** sérieux
une dizaine **d'**huîtres	une quinzaine **de** jours*

*de is not used with specific numbers (*douze œufs, trente litres*) or with *quelques* or *plusieurs* or *certains* (*certains jours*).

(iii) Before a plural adjective which is then followed by a noun:

Il y a **des** hôtels confortables et **de** très bons restaurants	*There are comfortable hotels and very good restaurants*
La France a toujours eu **de** grands cuisiniers	*France has always had great chefs*

Structural exercises

A *Les pronoms*

Remplissez les blancs avec les pronoms qui conviennent.

☐ Personal pronouns + *y* and *en*

Exemple:	Je garde ma voiture deux ans, puis je ...... vends.
Réponse:	Je garde ma voiture deux ans, puis je **la** vends.

Continuez:

a Le steak? Je ...... préfère bien cuit.
b Allez-...... si vous voulez, mais moi, je reste à la maison.
c Il y avait de très bons desserts au menu mais j'ai décidé de ne pas
...... prendre.
d Madame Legrand? Vous voulez ...... parler? Je crois qu'elle est
absente. Ah non, ... voilà!
e La carte des vins? Je .... apporte tout de suite, Monsieur.
f Ils ...... ont écrit mais nous n'avons pas eu le temps de ...... répondre.
g J'ai oublié ma calculatrice; pouvez-vous ......'...... prêter une?
h J'ai téléphoné à votre secrétaire pour ...... dire que vous êtes arrivé.

☐ Disjunctive pronouns

Exemple:	C'est Monsieur Sanderson qui a téléphoné, n'est-ce pas? Oui, c'est ......
Réponse:	Oui, c'est **lui**.

Continuez:

a Madame Legrand veut savoir si vous avez reçu une livraison
pour ....
b Monsieur et Madame Juppé invitent des clients à manger
chez ...... ce soir.
c Notre concurrent sait que nous avons plus de produits que ......
d Vous pouvez rester si vous voulez, mais ...... je pars.

☐ Possessive pronouns

Exemple:	Je suis très content de ma voiture, mais mon frère a eu des problèmes avec (his) ....
Réponse:	Je suis très content de ma voiture, mais mon frère a eu des problèmes avec **la sienne**.

Continuez:

a Mon steak est très bon et (yours) .... comment est-il?
b Nous sommes fiers de nos produits mais nos concurrents sont aussi
fiers des (theirs) ....

c Madame Legrand doit penser à sa ligne mais sa fille doit aussi penser à (hers) ....

d Comment trouvez-vous votre patron? (Mine) .... est très sympathique.

e Comparés aux (ours) ...... leurs frais généraux sont moins élevés.

B *Révision des pronoms personnels/possessifs/disjonctifs*

Recopiez les phrases suivantes en remplaçant les noms souligné par les pronoms qui conviennent. N'oubliez pas de changer l'ordre des mots ainsi que les terminaisons si nécessaire (voir aussi pp. 62–3).

Exemple: C'est un bon restaurant, mais je trouve le restaurant très cher.

Réponse: C'est un bon restaurant, mais je **le** trouve très cher.

Continuez:

a J'adore les escargots mais je ne vais pas prendre d'escargots aujourd'hui.

b Il faut expliquer à nos clients que nous avons sorti deux nouveaux modèles.

c Répondez immédiatement à la lettre pour expliquer à cette cliente que nous allons augmenter les prix au printemps.

d Avez-vous vu la directrice? Non, je crois qu'elle est sortie avec les clients.

e Ne pensez plus à votre ligne! Prenez la pâtisserie maison!

f Les voitures sont très chères n'est-ce pas! Ma voiture m'a coûté une fortune. Combien avez-vous payé votre voiture?

g Je n'ai pas pu envoyer le fax à nos collègues aujourd'hui. Dites à Monsieur Sanderson que je vais envoyer le fax à nos collègues demain.

C *Verbes réfléchis*

1 **Remplissez les blancs à la page 88 en vous servant d'un des verbes réfléchis dans la liste. Attention, il y en a un de trop! Faites attention aux temps.**

Exemple: La plupart des cuisiniers ...... autrefois dans la cuisine traditionnelle.

Réponse: La plupart des cuisiniers **se spécialisaient** autrefois dans la cuisine traditionnelle.

Continuez:

| s'occuper de | se tourner vers | se vendre | s'améliorer | se spécialiser |
| se retrouver | s'asseoir | se prononcer | s'implanter | se déranger |

a Notre entreprise ...... dans le sud-ouest de l'Angleterre en 1993.
b Je ne veux pas ...... trop tôt, mais j'ai l'impression que la qualité des vins ...... depuis l'année dernière.
c Aux Etats-Unis? Pendant longtemps nos produits ...... bien.
d Ne ...... pas Madame, je vais ...... tout de suite.
e Si vos ventes intérieures baissent, pourquoi ne ...... les exportations.
f Cette table? Très bien! Monsieur Sanderson ...... ici, à côté de moi!

2 **Faites des phrases en vous servant de tous les verbes réfléchis dans la liste. Essayez d'utiliser une variété de temps (présent, passé, composé, imparfait) et servez-vous de personnes différentes (je, vous, nous, il, etc.).**

se diversifier	s'engager (à)	s'arrêter	s'intéresser (à)	se retrouver
	se charger (de)	se présenter	s'amuser	

D *Les articles (définis, indéfinis, partitifs)*

Remplissez les blancs avec l'article qui convient (le, la, l', les, un(e), du, de la, de l', des, de/d').

a ...... Français n'aiment pas beaucoup ...... cuisine anglaise mais je vous assure que l'on trouve ...... excellents restaurants en Angleterre.
b ...... plus grand problème avec ...... grosses voitures, c'est qu'elles consomment trop ...... carburant.
c J'adore ...... fruits de mer et je prends souvent ...... crevettes; avec ...... mayonnaise, je ...... trouve délicieuses.
d Pour rester compétitives ...... entreprises essaient de sortir régulièrement ...... nouveaux produits.
e Notre société a pris ...... mesures d'économie, mais ...... prix ne cessent d'augmenter.
f Garçon, apportez-nous ...... carafe ...... eau et ...... pain s'il vous plaît.

E *Ce plat-là, qu'est-ce que c'est exactement?*

Pouvez-vous identifier les 5 plats décrits sur la cassette? Cochez la case qui correspond.

entrées	viandes	légumes	desserts
□ pâté	□ entrecôte bordelaise	□ gratin dauphinois	□ vacherin
□ terrine	□ daube	□ jardinière de légumes	□ tarte Tatin
□ bouillabaisse	□ navarin d'agneau	□ morilles à la crème	□ île flottante
□ crudités	□ escalope de veau à la viennoise	□ pommes Anna	□ profiteroles

📼 *Jeu de rôle 1*

Au cours de votre voyage d'affaires à Paris une cliente, Madame Jacquet, vous invite à déjeuner (voir menus p. 90).

Mme Jacquet   Vous connaissez bien Paris?
  • *Only slightly, as a tourist. You have been once, that was two years ago.*

Mme Jacquet   J'espère que vous en gardez un excellent souvenir!
  • *Indeed. You enjoyed your stay immensely.*

Mme Jacquet   Vous allez voir qu'on ne mange pas mal au restaurant où je vais vous emmener. On va y aller en voiture. Ce n'est pas tellement loin, mais à cette heure-là il y a beaucoup de circulation et on n'avance pas vite.
  • *Ask her if she is pleased with her car.*

Mme Jacquet   Oui, j'en suis très contente; elle est pratique en ville et consomme peu. Et vous, quelle marque de voiture avez-vous, une marque anglaise ou étrangère?
  • *You had an English car but you changed it a few weeks ago. You bought a Peugeot. You are very pleased with it.*

Mme Jacquet   En Angleterre est-ce que les voitures sont aussi chères qu'en France?
  • *Say you think they are a little more expensive in England than in France. Yours is certainly cheaper in France.*

Mme Jacquet   Regardons les menus. Qu'est-ce qui vous tente?
  • *Ask what she would advise[1] you to have[2].*

Mme Jacquet   Je crois que je vais prendre le menu à 20 € tout compris. Il n'a pas l'air mal.
  • *You agree and you will have the same.*

Garçon   Vous avez choisi messieurs-dames?

Mme Jacquet   Comme entrée je prends le jambon de Parme.

Garçon   Et vous monsieur?
  • *You'll have the avocado cocktail with mussels.*

Garçon   Très bien, et ensuite?

Mme Jacquet   Je vais prendre la côte de veau.
  • *Ask what 'faux filet grillé beurre maître d'hôtel' is.*

Garçon   C'est un morceau de bœuf pris dans le filet cuit au beurre et servi avec une persillade, monsieur.
  • *Fine, you'll have it.*

Garçon   Comment préférez-vous votre viande, monsieur?
  • *Well done; because you have noticed that the French undercook[3] their meat compared to the English.*

Garçon   D'accord, et comme boisson?
  • *Suggest you have something better than the carafe wine[4] and ask him to bring the wine list and half a bottle of Evian water.*

Garçon   Très bien. Je vous l'apporte tout de suite ... Vous avez terminé messieurs-dames? Et comme dessert?

Mme Jacquet   Pour moi un café, c'est tout.
- *That was very good, but no more for you[5]. You'll have a coffee too.*

Mme Jacquet   Vous m'apporterez l'addition avec le café s'il vous plaît. Nous sommes pressés.
- *Say the bill must be brought to you.*

Mme Jacquet   Non, j'insiste. C'est moi qui vous ai invité. C'est à moi de payer.
- *In that case you hope you'll have the pleasure of taking her to lunch when she comes to visit your factory in England.*

Mme Jacquet   J'accepte avec plaisir, et je vous en remercie d'avance.

[1] conseiller
[2] prendre
[3] faire moins cuire qch.
[4] vin en carafe
[5] use 'avoir assez mangé'

MENU A 27,50 €

Cocktail d'Avocat aux Moules à
la Catalane
ou
Melon Glacé
ou
Salade CLAN
(croûtons, lardons, ail, noix)
☆☆☆
Cassolettes d'Escargots au
Roquefort
ou
Maïs Grillé
ou
Salade de Haricots Verts
ou
Filet d'Oie
☆☆☆
Escalope de Veau au Poivron
Rouge
ou
Faux Filet Valromey
ou
Longe de Veau et Porc Sauce
Madère
☆☆☆
Garniture Maison
☆☆☆
Plateau de Fromages
☆☆☆
Dessert au Choix
Prix nets

MENU A 15,50 €

Salade de Tomates
ou
Salade Composée
★★★
Faux Filet Grillé Beurre Maître
d'Hôtel
★★★
Garniture Maison
★★★
Plateau de Fromages
ou
Glace ou Sorbet ou Crème
Caramel
ou
Fruits
*Tout Changement à ce Menu
apportera un Supplément*

MENU A 20 €

Cocktail d'Avocat aux Moules à
la Catalane
ou
Jambon de Parme
◆◆◆
Truite Tour d'Argent
ou
Côte de Veau Grillée
ou
Faux Filet Grillé Beurre Maître
d'Hôtel
◆◆◆
Garniture Maison
◆◆◆
Plateau de Fromages
◆◆◆
Dessert au Choix
Prix nets

 *Jeu de rôle 2*

Vous invitez un(e) Français(e) à manger dans un restaurant ou pub que vous connaissez en Angleterre. Vous parlez:

- des spécialités proposées par l'établissement et vous expliquez à votre invité(e) en quoi consistent les plats sur le menu.
- de la cuisine en Grande-Bretagne en général, des influences étrangères (indienne, chinoise, américaine, etc.) et de la popularité de la restauration rapide.

Vous posez des questions au/à la Français(e) sur l'évolution de la cuisine en France – 'nouvelle' cuisine, cuisine 'minceur', restauration rapide, etc. Imaginez la conversation avec un(e) partenaire.

Résumé

Complétez les phrases en remplissant les blancs. Vous trouverez les mots qui manquent dans la liste. Mais attention ... il y en a deux de trop.

choisi	mettent	décidé	venu	lui	femme	viande	se	a	
des	du	de	plat	en	de l'	y	poisson	connaît	garé
			eux	avoir	être				

a Monsieur Sanderson ...... un peu Paris parce qu'il ...... est déjà ...... avec sa ....

b Madame Legrand a ...... sa voiture au parking pour ne pas ...... à ...... soucier des parcmètres et des contractuels.

c Sa Renault ...... plaît: elle ...... est très contente.

d D'après Madame Legrand, les Parisiens sont ...... mauvais conducteurs. Ils se ...... vite en colère si la personne devant ...... ne connaît pas son chemin.

e Au restaurant, ils ont ...... de prendre le menu du jour. Comme ...... principal, Monsieur Sanderson a ...... un steak-pommes frites et Madame Legrand ...... pris du ...... avec ...... haricots verts.

f Il ont commandé ...... eau minérale et ...... vin.

Reading, listening and reacting

A *Les vins de Bordeaux*

Les vins de Bordeaux, les rouges en particulier, s'améliorent en vieillissant. Gardez-les dans un endroit sombre et frais. Bien entendu, les bouteilles seront couchées pour que le vin reste au contact du bouchon.

Manipulez avec délicatesse les Bordeaux blancs qui doivent être bus très frais, mais non glacés et les Bordeaux rouges qui seront 'chambrés', c'est-à-dire amenés lentement à la température d'un appartement modérément chauffé.

La qualité des vins blancs comme des rouges s'épanouira mieux si vous débouchez une heure avant de servir. Cette légère aération favorise le développement du bouquet que vous percevrez mieux si vous remplissez votre verre seulement au tiers.

Une parfaite concordance entre le vin de Bordeaux et n'importe quel mets est toujours possible. Il est de tradition de boire:

- Les vins rosés et clairets sur les hors-d'œuvre, les entrées;
- Les vins blancs secs et demi-secs sur les huîtres, les fruits de mer, et les poissons frits;
- Les vins blancs liquoreux sur les poissons en sauce, le foie gras, les fruits, les desserts. On peut également les déguster sous forme d'apéritif;

- Les vins rouges légers sur les volailles et les viandes blanches;
- Les vins rouges corsés sur les viandes rouges, le gibier, les fromages.

L'accord des vins et des mets est cependant une affaire de goût personnel. Donc pas de règles rigides: les vins de Bordeaux vont avec tout.

Extrait de *L'art de servir les vins*, publié par les vignerons de Bordeaux

According to the text:

a White Bordeaux should be served
  (i) with ice
  (ii) chilled
  (iii) at moderate room temperature

b *Chambré* means
  (i) unheated (bedroom) room temperature
  (ii) average room temperature
  (iii) kept in air-tight conditions

c Wine should be stored horizontally
  (i) to avoid sediment forming
  (ii) to reduce the amount of light striking the bottle
  (iii) so that the cork does not dry out

d Bottles should be opened
   (i)   one hour before drinking
   (ii) half an hour before drinking
   (iii) at the last moment

e The above rule applies
   (i)   to white wine only
   (ii) to red wine only
   (iii) to both red and white wines

f Your wine glass should be
   (i)   filled as much as possible
   (ii) half filled
   (iii) a third filled

g This is to
   (i)   avoid spillage
   (ii) enable you to appreciate its 'nose'
   (iii) enable you to appreciate its colour

h What type of Bordeaux wine should you drink with *les crudités*?

i What type of Bordeaux wine could you offer someone to drink before a meal?

j What type of Bordeaux wine should you choose if you were eating the *faux filet grillé* ordered in the rôle-play (see p. 89)?

B *Les voitures du top 30*

Juin 2001 – Le top 30
Evolution par rapport à juin 2000

Auto moto

1	Peugeot **206**	8,4% ⇧	**16**	Fiat **Punto**	2% ⇩
2	Renault **Clio**	7,8% ⇧	**17**	Renault **Kangoo**	1,6% ⇧
3	Renault **Scenic**	5,2% ⇨	**18**	Ford **Focus**	1,6% ⇨
4	Peugeot **307**	4,9% —	**19**	Renault **Espace**	1,6% ⇧
5	Renault **Laguna**	4,9% ⇧	**20**	Peugeut **306**	1,4% ⇩
6	Renault **Twingo**	3,7% ⇧	**20**	Ford **Mondeo**	1,3% ⇧
7	Citroën **Picasso**	3,3% ⇧	**22**	Opel **Zafira**	1,3% ⇧
8	VW **Golf**	3% ⇧	**23**	Opel **Astra**	1,2% ⇩
9	Citroën **Xsara**	2,9% ⇧	**24**	Ford **Fiesta**	1,2% ⇩
10	Peugeot **406**	2,7% ⇩	**25**	Peugeot **106**	1,2% ⇩
11	Renault **Mégane**	2,6% ⇩	**26**	VW **Passat**	1,1% ⇧
12	Citroën **Saxo**	2,5% ⇩	**27**	Citroën **Xantia**	1,1% ⇩
13	VW **Polo**	2,3% ⇧	**28**	Peugeot **607**	0,7% —
14	Citroën **C5**	2,2% —	**29**	Citroën **Berlingo**	0.7% ⇩
15	Opel **Corsa**	2,1% ⇧	**30**	Opel **Vectra**	0.6% ⇧

De mémoire de statisticien, il ne s'était jamais autant vendu de voitures en France un mois de juin. Avec 220 401 immatriculations, la progression atteint 20% par rapport à juin 2000. Cette croissance record s'explique en partie par l'effacement de l'effet millésime qui entraînait un fléchissement des ventes à l'approche du 1er juillet. Pour la première fois depuis le début de l'année, les ventes de Renault progressent (+11%) grâce au succès de la Laguna. Celles de Peugeot s'envolent, poussées par l'effet 307. La firme sochalienne* enregistre même en juin la plus forte progression toutes marques confondues: +43,5%.

© Auto Moto (Claude Baïotti)

Etudiez le tableau et le texte qui l'accompagne et remplissez les blancs.

a Par rapport au même mois de l'année précédente, la vente des voitures en France en juin 2001 a ...... de 20%.

b De toutes les marques c'est ...... qui, avec +43,5%, a ...... la plus forte progression.

c En tête de liste se trouve la ...... dont les ventes ...... augmenté de ...... %.

d ...... est le constructeur le plus représenté parmi les dix premiers modèles.

e Le succès de la ...... explique la progression (+ ...... %) des ventes de Renault.

f Le premier modèle Citroën ne paraît ...... en ...... position.

*sochalien(ne) adjective from Sochaux, site of the main Peugeot factory.

Production française de voitures en France et dans le monde de 1997 à 2000
Toutes marques / All makes
Année/Year 1997: 3.495.695
Année/Year 1998: 3.932.157
Année/Year 1999: 4.265.148
Année/Year 2000: 4.656.105
Année/Year 2001: 4.000.000 (Prévisions/Forecast)
Production de voitures en France et dans le monde en 2000
Toutes marques/All makes
En France: 2.879.810 (61,9%)
Hors de France: 1.776.295 (38,1%)
Dans le monde: 4.656.105 (100,0%)

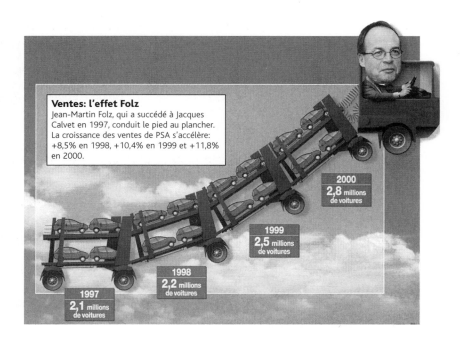

Ventes: l'effet Folz

Jean-Martin Folz, qui a succédé à Jacques Calvet en 1997, conduit le pied au plancher. La croissance des ventes de PSA s'accélère: +8,5% en 1998, +10,4% en 1999 et +11,8% en 2000.

2000
2,8 millions de voitures

1999
2,5 millions de voitures

1998
2,2 millions de voitures

1997
2,1 millions de voitures

Exportations de voitures/marques/années (Export of cars/makes/years)				
Voitures/Cars	1997	1998	1999	2000
Total PSA	1336646	1402644	1521569	*
Citroën	546642	576975	593127	*
Peugeot	790004	825669	928442	*
Renault	1189491	1358858	1368799	*
TOTAL VOITURES/CARS	**2526137**	**2761502**	**2890368**	**3174447**

Exportations françaises par continents (6 mois/months 2000)

Toutes marques/all makes

Europe: 84,9%

Amérique/America: 6,4%

Asie/Asia: 4,4%

Afrique/Africa: 2,0%

Océanie/Oceania: 0,3%

Autres/Others: 2,0%

TOTAL: 100,0%

Exportations françaises par continents (9 mois/months 2000)

Toutes marques/all makes

Europe: 83,2%

Union européenne: 71,6%

Amérique/America: 7,5%

Asie/Asia: 4,7%

Afrique/Africa: 2,0%

Océanie/Oceania: 0,3%

Autres/Others: 2,3%

TOTAL: 100,0%

C

Ecoutez l'interview entre un journaliste d'Europe 1 et le Directeur Général de Citroën, Claude Satinet, au Salon de l'Automobile de Francfort, puis remplissez les blancs dans les deux tâches qui suivent.

Tâche 1:

Model: **C3**

Position in Citroën model range: ....

Petrol versions (litres): ....

....

....

Diesel versions (CV): ....

....

To compete with new versions of: ....

Date available to French motoring public: ....

Tâche 2:

Utilisez les mots et les chiffres qui figurent dans la case ci-dessous pour remplir les blancs. Attention – il y a plus de suggestions que de blancs!

9	6	2	2004	formule	enthousiaste	au-dessus	
nouveautés	demande	livrée	stand	précédente	petite	
progressées	livrer	innovante	concurrentes	berline	haute	
demandent	la	inauguré	progressé	suivi	capacité	
appellation	break C5	bas	porte	en dessous	inaugurée	
suivi	inaugurer	vend	performante			

Les deux grandes ...... sur le ...... Citroën à ce salon sont le ...... et la nouvelle C3. Claude Satinet décrit la C3 comme une 'grande' ...... voiture parce qu'elle est 5 cm plus ...... que ses ...... dans le même segment.

L'accueil de la C3 a été ...... Tout le monde ...... trouve séduisante. Les professionnels ...... pourquoi elle n'a pas été ...... plus tôt et pourquoi la ...... des usines Citroën est insuffisante.

Le nouveau système d' ...... que Citroën a ...... avec le C5 comprend la lettre C ...... d'un numéro allant de ....., qui sera le modèle en ...... de gamme, à ...... , qui sera, en ...... leur ...... de haut de gamme.

D'après leur Directeur Général la maison Citroën se ...... bien et les ventes ont beaucoup ...... En 2001 les ventes sont entre ...... % et 10% ...... des ventes de l'année ....

Tâche 3:

Quel est le mot ou l'expression français(e) utilisé(e) dans l'enregistrement pour exprimer:

a top of the range saloon, **b** estate car, **c** the initial reception by the (motor) trade, **d** easy to remember.

D *Renault privatisé: la fin d'un symbole*

Etudiez l'article sur Renault ci-dessous et remplissez les blancs dans les phrases suivantes:

a La société Renault a ...... nationalisée à la ...... de la deuxième guerre mondiale.

b On accusait les dirigeants d'avoir ...... avec les ....

c Louis, un des frères Renault, a ...... sa première voiturette à ...... en ....

d Boulogne-Billancourt ...... resté le centre de production de Renault ...... en 1992.

e Les ouvriers de Boulogne-Billancourt ...... participé ...... grands mouvements ...... du ...... siècle.

f De ...... les voitures ...... sous la Régie c'est la ...... qui s'est le plus ....

Renault[1] privatisée – la fin d'un symbole

Un demi-siècle après avoir été nationalisée, Renault, emblème du capitalisme d'Etat français, est retournée, en 1995, dans le giron du privé. Placée en 1940 sous contrôle allemand et accusée à la libération de collaboration avec l'ennemi, Renault devient la Régie nationale en 1945, alors que les autres constructeurs français, Citroën, Panhard et Peugeot restent privés.

Le nom de Renault évoque les usines mythiques de l'Ile Séguin sur la Seine à Boulogne-Billancourt où, dans le jardin familial, Louis Renault avait construit en 1898 sa première voiturette. Ce site de légende a été abandonné en 1992. Forteresse du syndicalisme[2] ouvrier – la

première grève aux ateliers remonte à 1912 – Boulogne-Billancourt a participé activement aux mouvements sociaux de mai 1968[3] et a souvent donné le ton des avancées sociales du pays – congé annuel de trois semaines (les premiers congés payés datent de 1936!), puis quatre et enfin cinq semaines; la semaine de 40 puis celle de 35[4] heures; retraite à 60 ans, etc.

Renault, c'est aussi la

Dauphine, lancée en 1956 et vendue à plus de 2 millions d'exemplaires dans le monde entier. Un succès éclipsé ensuite par les 6 millions de Renault 4, dont le premier modèle sort en 1961, et depuis 1972 par les 8 millions de R5 – surtout finalement par la Clio qui entre janvier et juin 1994 se vendait chaque jour à près de 600 exemplaires; un succès qui continue avec la nouvelle Clio.

LES CONCURRENTES

Fiat Punto J.t.d. E.l.x. 80 ch, 167 km/h, 85 000 F, 12 958 € (5 CV).

Opel Corsa 1.7 D.I 16v Comfort 65 ch, 160 km/h, 83 000 F, 12 652 € (4 CV).

Peugeot 206 H.d.i Eco X.r. Préférence 90 ch, 180 km/h, 91 400 F, 13 934 € (5 CV).

Volkswagen Polo 1.9 S.d.i. 64 ch, 158 km/h, 82 913 F, 12 639 € (4 CV).

---

[1] 'Renault' may be seen as masculine (**le** constructeur Renault) or, as here, feminine (**la** Société Renault, **la** Régie Renault, or **la** marque Renault).
[2] Particularly 'blue collar' CGT and CFDT (see *Petit Guide des Sigles*)
[3] Student riots in May 1968 quickly spread to industry. The government of General de Gaulle, although it survived the immediate crisis, never really recovered and lasted only two more years.
[4] *La Loi Aubry* (named after the then Minister of Employment), paving the way for the 35-hour week, was introduced by the Socialist government of Lionel Jospin in 1998 in an effort to combat high unemployment (12.7%). It came into force in 2000 for the bigger employers and in 2002 for companies with fewer than 20 employees.

Faisons le point sur ...

L'industrie automobile française

L'industrie automobile française est née à la fin du dix-neuvième siècle grâce aux pionniers de l'automobile tels qu'Armand Peugeot, Louis Renault, et André Citroën.

Cette industrie a connu dans les années cinquante un essor extraordinaire qui s'est poursuivi jusque dans les années soixante-dix où elle a atteint un chiffre record de production. La France avait modernisé ses moyens de production en adoptant des méthodes modernes de construction telles que le taylorisme.[1] Elle avait une main d'œuvre peu exigeante (20% d'étrangers, pour la plupart en provenance des pays du Maghreb). Elle avait démontré qu'elle était capable d'innovations telles que la traction avant (Citroën a sorti sa première 'traction' vers la fin des années 30!).

A l'heure actuelle il ne reste que deux grandes firmes qui se partagent la production:

- la Société Renault, privatisée en 1996 avec sa filiale Renault Véhicules Industriels, issue de la fusion de Berliet avec Saviem. Cette filiale produit la totalité des poids lourds français. En 2000 Renault a signé un accord stratégique qui lui permet en contrepartie de l'apport de sa branche Véhicules Industriels d'entrer à hauteur de 20% dans le capital du Groupe AB Volvo. La société fabrique aussi du matériel agricole. La récente alliance Renault-Nissan fait du groupe le quatrième acteur automobile mondial. Nissan est la marque japonaise la plus engagée en Europe. En 2000 plus de 90% des ventes de Nissan en Europe sont produites localement. En plus de son entrée dans le capital de Nissan, le groupe Renault a acquis deux nouvelles marques – Dascia et Samsung.

  Sur l'ensemble voitures particulières et véhicules utilitaires Renault est la première marque en Europe occidentale avec 11% du marché et 2002 marque son retour dans la Formule 1.

- Le Groupe PSA a été constitué à la suite du rachat par Peugeot de la marque Citroën. En 2001 PSA est le sixième constructeur mondial de voitures particulières avec 5% de part de marché, et le deuxième constructeur européen après Volkswagen avec 13,7% de part de marché. Avec plus de 80% des ses ventes réalisées en Europe, la principale faiblesse de PSA reste son absence des Etats-Unis et son insignifiance au Japon (15 000 ventes à peine).

Sur le marché intérieur la baisse de la TVA, qui était passée de 33,3% à 28% puis à 25% et finalement à 20,6% en 2000 a stimulé les ventes. La concurrence sur le marché extérieur est acharnée, non seulement à l'échelle européenne, mais aussi mondiale (le Japon, la Corée du Sud). La part des concurrents étrangers en France est passée de 20,5% en 1978 à environ 41% en 2001.

La France est le quatrième producteur du monde après le Japon, les Etats-Unis et l'Allemagne. Elle se maintient au quatrième rang mondial de l'exportation.[2]

[1] Voir Chapitre 11: *La disparition du travail à la chaîne.*
[2] Voir tableau p. 96.

Activité de recherche

1 Sélectionnez un concessionnaire de voitures françaises (Peugeot-Citroën ou Renault) à proximité de chez vous.

■ Renseignez-vous sur les modèles qui se vendent le mieux en Grande-Bretagne et comparez-les avec la France.
■ Trouvez si les prix sont comparables entre les deux pays pour les mêmes modèles.
■ Quel genre de clientèle achète ces modèles (sexe, âge, catégorie sociale)?
■ Existe-t-il des modèles qui ne sont fabriqués que pour un marché (français ou britannique)? Si oui, pour quelle(s) raison(s)?

Rédigez votre rapport en français.

2 Si les voitures ne vous intéressent pas, trouvez le nom d'un (grand) producteur de vins d'une région française autre que celle de Bordeaux.

■ Précisez la région (servez-vous d'une carte de géographie) et donnez les raisons pour lesquelles la vigne y pousse bien.
■ Quelles catégories de vins produit-elle (AOC*, VDQS*) et lesquels sont les plus prestigieux?
■ Indiquez quelle est sa production annuelle et le pourcentage exporté.
■ Qui sont les principaux clients?

Rédigez votre rapport en français.

*Voir *Petit Guide des Sigles* p. 265.

6 | Conversation téléphonique

Conversation téléphonique

Section A | Scénario

Mr Sanderson téléphone au bureau de Monsieur Olivier pour changer la date de son rendez-vous.

Ecoutez l'enregistrement de la conversation téléphonique, puis répondez aux questions de la Section A pour commencer.

Vocabulaire

poste (m)	*extension*
navré	*sorry*
ennuyeux	*annoying/awkward*
convenir (à qn)	*to suit*
associé (m)	*associate/partner*
déranger	*to disturb*
se rendre compte	*to realise*
agenda (m)	*diary*
concessionnaire (m)	*agent*
annuler	*to cancel*

s'inquiéter	*to worry*
faire la commission (à qn)	*to pass the message on*
repousser	*to postpone*
jour férié (m)	*holiday*
veille (f)	*day before*
disponible	*available*
faire le pont	*to take an extra day off/make a long weekend of it*
contretemps (m)	*inconvenience*

Qu'avez-vous compris?

1 **Répondez en anglais.**
a What number did Mr Sanderson dial?
b At what time is M. Olivier expected back?
c Why will it be difficult for Mr Sanderson to ring back at that time?
d What two suggestions does the secretary make to overcome the problem?
e Why does he want to change the date of his meeting with M. Olivier?
f What two alternative dates does he suggest and why are they not possible?
g Where and at what time will they meet?

2 **Répondez en français.**
a Quel numéro Mr Sanderson a-t-il composé?
b Pourquoi la standardiste ne pouvait-elle pas lui passer le poste tout de suite?
c A qui Mr Sanderson voulait-il parler?
d Pourquoi ne pouvait-il pas lui parler?
e Pourquoi Mr Sanderson ne pourra-t-il pas rappeler plus tard?
f Pourquoi la secrétaire ne lui a-t-elle pas passé l'associé de M. Olivier?
g Est-ce que Mr Sanderson voulait annuler son rendez-vous avec M. Olivier?
h Pourquoi M. Olivier ne sera-t-il pas disponible le 14?

3 **Voici les réponses. Quelles étaient les questions?**
a Il a demandé le poste 53.
b Parce que la ligne était mauvaise et qu'elle entendait très mal.
c Parce qu'il avait un autre rendez-vous à cette heure-là.
d Non, il voulait simplement le repousser.

4 **Comment diriez-vous en français?**

a Could I have extension 53 please? *je pourrais avoir le poste.*
b Hold the line. *Ne quittez pas*
c It's engaged. Can you hold? *C'est occupé Voulez vous patienter*
d You're through. Go ahead (caller). *vous êtes en ligne*
e Could I speak to M. Olivier please? *pourrais parler*
f Who shall I say is calling? *C'est de la part de qui*
g It's a very bad line. I can't hear very well. *la ligne est très mauvais*
  Je entends très mal
h That's awkward. *C'est ennuyeux ça*
i He'll ring you back at a time that suits you. *Il vous rappellera à une heure qui vous convient*
j I can put you through to his partner if you like. *associé*
k There's no point in disturbing him.
l I had arranged to meet him this Tuesday.
m Don't worry.
n I'll pass the message on. *Je lui ferai la commission,*
o Could you also convey my apologies for the inconvenience. *présenter mes excuses pour ce contretemps*
p Understood, I'll do it without fail. *Entendu je n'y manquerais pas*
q Sorry to have troubled you. *Excusez-moi, de vous avoir derangé.*
r Not at all. You're welcome, sir. *Pas du tout*

5 **Rédaction d'une note de service.**
Vous êtes le/la secrétaire de M. Olivier. Rédigez une note de service en français pour lui expliquer pourquoi Mr Sanderson avait téléphoné.
Indiquez:
· l'heure du rendez-vous fixé au préalable
· les raisons pour lesquelles il faut le changer
· le jour et l'heure du nouveau rendez-vous
· les regrets de Mr Sanderson
Commencez la note: Mr Sanderson de chez Solpex à Londres a téléphoné ...

**Téléphoner en France:
indicatifs des zones**

Grammar

Section B

1 **Future tense**
Le futur

a **Formation**	*Future stem*	+	*Future Endings**
Regular verbs	Formed by taking the infinitive up to final 'r', ie		Same for all verbs:
			je **-ai**
			tu **-as**
			il **-a**
	arriver → arriver-		elle **-a**
	finir → finir-		nous **-ons**
	vendre → vendr-		vous **-ez**
			ils **-ont**
			elles **-ont**

Irregular Verbs	No rule. Stems must be learned separately, eg	*(Note: a convenient way of remembering these endings is to think of the present tense of avoir)
	être → **ser-** avoir → **aur-** faire → **fer-** aller → **ir-**	

b Use

(i) Translates 'shall/will do':

Je **partirai** la semaine prochaine — *I shall leave next week*

S'il pleut, elle **restera** à la maison — *If it rains, she will stay at home*

(ii) To express the 'concealed' future when implied after *quand, dès que, aussitôt que*, etc.:

Quand j'**aurai** 18 ans j'**irai** en faculté — *When I am 18 I shall go to university*

Dès que je **saurai** je vous le **ferai** savoir — *As soon as I find out I'll let you know.*

Note that the immediate future is usually expressed in the same way as in English, ie by the present tense of *aller* + inifinitive (see p. 12):

Qu'est-ce que vous allez faire maintenant? — *What are you going to do now? I'm going to phone him*
Je vais lui téléphoner

② Conditional tense
Le conditionnel

a Formation

Future Stem + Imperfect Ending
See p. 104.   See p. 48.

Conditional of *avoir:*

j'aurais	nous aurions
tu aurais	vous auriez
il aurait	ils auraient
elle aurait	elles auraient

b Use

(i) Translates 'should/would do':

Je **voudrais** une chambre — *I would like a room*

Si nous voulions apprendre le français, nous **irions** en France — *If we wanted to learn French we would go to France*

Note the idiomatic form:

Vous me le **demanderiez** mille fois, je n'**accepterais** pas — *If you asked me a thousand times I wouldn't accept.*

(ii) With *bien* to express 'could just do (with)'/'would really like to':

Je **mangerais bien** quelque chose de bon	*I could just eat something good*
Je **fumerais bien** un cigare	*I could just smoke a cigar*
Nous **resterions** bien quelques jours de plus	*We would really like to stay a few more days.*

(iii) In reporting (newspapers, etc.) to imply rumour/hearsay:

Il y a eu un accident de voiture, les occupants **seraient** grièvement blessés	*There has been a car accident, it seems/it would appear the passengers are seriously injured*

(iv) Direct Speech → Indirect Speech.

As in English, if the future tense is used in direct speech, this becomes conditional in indirect (reported) speech:

> *Direct Speech*:   'J'arriverai à 09h00' *I **shall arrive** at 09h00*
> *Indirect Speech*:   Il a dit qu'il **arriverait** à 09h00 *He said he **would arrive** at 09h00*

The same rule applies with the concealed future (see notes on future tense 1(b)(ii) above):

> *Direct Speech*:   'Appelez-moi quand vous **serez** au bureau!'
> *Indirect Speech*:   Il m'a dit de l'appeler quand il **serait** au bureau.

Structural exercises

A *Le futur*

En vous servant des verbes de la liste et en utilisant les formes qui conviennent, remplissez les blancs.

être	recevoir	partir	s'en occuper	écrire	avoir	donner
	joindre	aller	faire			

a We shall leave at about 11 o'clock.
  Nous ...... vers 11 heures.

b There will be oysters on the menu this month.
  Il y ...... des huîtres au menu ce mois-ci.

c He won't be free at that time.
  Il ne ...... pas libre à cette heure-là.

d When you go to see them, say hello from me.
  Quand vous ...... les voir, vous leur ...... le bonjour de ma part.

e As soon as I receive the figures, I'll let you know.
  Dès que je ...... les chiffres, je vous le ...... savoir.

f When we write to you, we'll enclose a catalogue.
  Quand nous vous ...... , nous ...... un catalogue.

g You'll see to it, won't you?
  Vous vous en ...... , n'est-ce pas?

B *Le conditionnel*

Complétez les phrases en mettant un verbe au conditionnel qui convient.

a Est-ce que vous ...... m'aider, s'il vous plaît?

b Je ...... parler avec Mademoiselle Mercier s'il vous plaît.

c Monsieur Laroche ne ...... pas libre demain à 14h00 par hasard?

d Non, je n'aurai pas le temps de rappeler; je ...... laisser un message si possible.

e J'...... mieux repousser notre rendez-vous.

C *Le conditionnel avec 'bien'*

On vous propose certaines choses dont vous avez vraiment envie. Répondez en utilisant le verbe qui convient.

Exemple: Vous voulez une bière?

Réponse: Oui, je **boirais bien** une bière!

Continuez:

a Vous voulez une cigarette?
   Oui, je ...... bien une cigarette!

b Vous voulez un gâteau?
   Oui, je ...... bien un ......!

c Vous voulez aller en France?
   Oui, j'...... bien ......!

d Vous voulez voir mes échantillons?
   Oui, je ......!

e Vous voulez faire le tour de l'usine?
   Oui, ...!

D *Le conditionnel avec 'si'*

Exemple: Et si vous étiez riche? (acheter une grosse voiture)

Réponse: Si j'étais riche, **j'achèterais** une grosse voiture!

Continuez:

a Et si vous parliez plusieurs langues? (trouver une meilleure situation)

b Et si vous ne pouviez pas venir? (annuler le rendez-vous)

Continuez, en donnant des réponses qui conviennent:

Et si c'était un jour férié?

Et si les prix augmentaient?

Et s'il y avait un imprévu?

Avec 800 euros, je me ferais plaisir: 11%

Imaginons que vous ayez une rentrée d'argent de 800 euros. Quelle serait l'utilisation principale que vous feriez?

Vous l'utiliseriez pour vous équiper (maison, automobile)	26
Vous feriez un autre type de placement (actions, obligations, etc.)	23
Vous l'utiliseriez pour améliorer votre ordinaire (alimentation, vêtements)	18
Vous vous feriez plaisir (sorties, cadeaux)	11
Vous l'utiliseriez pour partir en vacances	9
Vous achèteriez des actions des sociétés privatisables	4
Autres réponses	7
Sans réponse	2

Ce sondage a été effectué par la Sofres pour «le Nouvel Observateur» sur un échantillon national de 1 000 personnes représentatif de l'ensemble de la population âgée de 18 ans et plus interrogées en face-à-face, par la méthode des quotas.

E *Le conditionnel dans le style indirect*

Voici l'agenda de Monsieur Olivier pour la semaine prochaine.

lun. **2 sept.**	matin	*prévenir Zurich de notre arrivée vendredi; retenir 2 chambres Hôtel Fürstenhof.*
	après-midi	*envoyer télex à Londres; écrire à Daumont et Frères, Marseille.*
mar. **3 sept.**	matin	*faire visiter l'usine aux Allemands.*
	après-midi	*emmener les Allemands à l'aéroport 14h30; passer coup de fil à Charles.*
mer. **4 sept.**	matin	*envoyer lettre aux concessionnaires.*
	après-midi	*organiser programme pour réunion des concessionnaires le 18 oct.*
jeu. **5 sept.**	matin	*commander nouveau photocopieur.*
	après-midi	*déjeuner avec rep. de chez Barillac; rencontrer Directeur Général 15h00.*
ven. **6 sept.**	matin	*taxi à l'aéroport 11h00; rencontrer Charlotte bureau Air France 12h15.*
	après-midi	*prendre vol AF180 pour Zurich; dép. C. de G. 14h00 arr. Zurich 15h30.*

Vous êtes la/le secrétaire de M. Olivier et vous recevez un coup de téléphone de son associé Charles Bosson, qui veut savoir ce qu'il a prévu pour la semaine prochaine.

Répondez à ses questions en consultant son agenda. Commencez toutes vos réponses par: Il a noté que (qu') ...

Exemple:

Bosson   Quand est-ce qu'il va **rencontrer** le Directeur Général?

Secrétaire   Il a noté qu'il le **rencontrerait** jeudi après-midi à 15h00.

🔊 *Jeu de rôle 1*   WRITING.

Vous téléphonez chez Delmas SA pour repousser votre rendez-vous du jeudi 11, 12h30, avec M. Ilien au mardi suivant même endroit, même heure. C'est la standardiste qui répond.

Standardiste   Allô, la Société Delmas. Bonjour.   *le poste,*
- *Good morning, could you have ext. 198 please.*

Standardiste   Oui, un instant ... Voilà, vous êtes en ligne.
- *Hello, you would like to speak to M. Ilien please.*

Secrétaire   C'est de la part de qui?
- *Give your name and firm.*

Secrétaire   Ne quittez pas. Je vais voir si M. Ilien est disponible ... Allô, je suis désolée, mais il vient juste de sortir. Pourriez-vous le rappeler vers 14h00 à son retour au bureau, ou plus tard dans l'après-midi si cela vous convient mieux?   *rendez-vous d'affaires*
- *At 2.00 pm! Unfortunately you have a business appointment at that time, and later it will also be difficult for you to ring back.*   *rappeler*

Secrétaire   Voudriez-vous parler à son associé?
- *No thank you. There's no need to disturb him. Could you leave a message?*   *C'est ne pas la peine de le déranger.*

Secrétaire   Un message? Mais certainement. Qu'aimeriez-vous lui dire?   *lourde*
- *Could she tell M. Ilien that you are very sorry but you won't be able to meet him as arranged at 12h30 on Thursday 11th as you must see*   *doit voir* *one of your agents on that day to sort out an urgent problem.*   *régler*

Secrétaire   Ne vous inquiétez pas; je lui ferai la commission et je suis sûre qu'il comprendra. Voulez-vous prendre un autre rendez-vous?   *simplement   repousser   pas annuler*
- *Yes; you just wanted to postpone the meeting, not cancel it.*

Secrétaire   Alors, quelle heure et quel jour vous conviendraient le mieux?   *le mardi suivant   bureau*
- *What about the following Tuesday in his office — at about 12h30? So that would be at the same time and place, if that's all right with him.*   *donc*

Marginal handwritten notes:
- *à 14h heures / à cette heure là*
- *Pourriez vous dire à comme prévu concessionaire*
- *Pourquoi pas*
- *Le même endroit, même heure. S/ce lui convient / (cela)*

Secrétaire   Attendez que je consulte son agenda pour vérifier s'il est bien disponible ce jour-là ... Oui, pas de problème, il est libre à partir de midi. Donc, disons le 16 à 12h30 dans son bureau.
  • *That's right.*

Secrétaire   Alors, entendu. C'est noté et je lui dirai sans faute, mais au cas où il y aurait un imprévu où pourrait-il vous joindre pour vous prévenir? Pouvez-vous me donner vos coordonnées?[3]
  • *At your hotel, you are staying[4] at the Arcade, Paris Cambronne, Room 179 but you will give her your mobile number. It's 07-78-13-48-350.*

Secrétaire   Très bien, c'est noté.
  • *You will be leaving the hotel early on the morning of the 16th – probably at about 09h00 as you intend to return to England later that day[5] and you'll have several things to do before leaving.*

Secrétaire   Soyez tranquille, s'il y avait un imprévu, je vous passerais un coup de fil avant mardi.
  • *That's very kind of her. Thank her.*

Secrétaire   Je vous en prie.
  • *Apologise for having disturbed her and say good-bye.*

[1] résoudre
[2] simplement
[3] donner ses coordonnées *to give one's whereabouts/address and telephone number*
[4] use 'être'
[5] dans la journée

 Jeu de rôle 2

Avec un(e) partenaire imaginez une conversation téléphonique dans laquelle vous annulez un rendez-vous.

Expliquez pourquoi et fixez-en un autre pour une autre date dans un lieu de rencontre différent.

Votre partenaire doit refuser/repousser au moins une fois ce que vous suggérez et expliquer pourquoi ces dates ne conviennent pas.

Section C

Reading, listening and reacting

A *Les jours fériés de l'Europe*

Complétez le tableau pour les douze pays cités dans l'article. Classez-les par ordre décroissant en commençant par le pays qui a le plus de vacances par an.

LES JOURS FERIES DE L'EUROPE

Ah! les jours fériés du mois de mai. Fournisseurs, clients, salariés, tous absents. Il faut anticiper ou rattraper. France fêteuse ou France paresseuse? Comparée aux différents pays de la Communauté, avec 13 jours fériés (dont les dimanches de Pâques et de Pentecôte), la France et l'Italie occupent le milieu du tableau. Championne du minimum de jours fériés: l'Irlande, avec 10 jours. Championne du maximum: l'Espagne, avec 18 jours, tout près de l'Allemagne (17 jours). Mais bien loin de la Grèce et des Pays-Bas (11), du Danemark (12), de la Belgique et du Portugal (14), de la Grande-Bretagne et du Luxembourg (15). (Dans certains pays, il y a des jours fériés de portée régionale qui ne figurent pas dans ces moyennes.)

L'Entreprise

---

	pays	nombre de jours fériés par an
a		
b		
c		
d		
e		
f		
g		
h		
i		
j		
k		
l		

Les Vacances des Français

La France étant un pays de tradition catholique, la plupart des jours de congé sont des fêtes religieuses plutôt que civiles. En général, si le jour férié tombe un mardi ou un jeudi, les Français 'font le pont', et ne travaillent pas le lundi ou le vendredi pour avoir quatre jours de congé de suite.

Les Français ont droit à cinq semaines de vacances par an (les Britanniques n'ont que trois semaines en moyenne). Beaucoup d'entre eux prennent quatre semaines de vacances l'été – surtout en juillet ou en août, et une semaine l'hiver (parfois à la neige). Beaucoup de commerçants ferment leur magasin en septembre.

Calendrier des fêtes

1er janvier	le Jour de l'An
mars ou avril	Pâques* le lundi de Pâques
1er mai	la Fête du Travail
8 mai	la Fête de la Liberté et de la Paix (commémorant la victoire de 1945)
mai (un jeudi)	L'Ascension
mai ou juin	la Pentecôte le lundi de Pentecôte
14 juillet	la Fête Nationale (commémorant la prise de la Bastille)
15 août	L'Assomption
1er novembre	la Toussaint
11 novembre	la Fête de la Victoire (commémorant l'armistice de 1918)
25 décembre	Noël

* le vendredi saint n'est pas un jour de congé en France, sauf en Alsace où il y a une tradition protestante.

B Internet – qu'est-ce que c'est ?

Internet est un énorme réseau d'ordinateurs reliés entre eux via les lignes téléphoniques et le câble. Ce réseau véhicule l'information au niveau mondial et permet d'envoyer et de recevoir des messages de toute la planète. Les origines d'Internet remontent à 1957, l'année où l'ARPA (Advanced Research Project Industry), qui dépend du Département de la Défense américaine, relie entre eux ses centres de recherche via quatre gigantesques ordinateurs pour devenir ARPANET. Le caractère militaire d'ARPANET disparaît peu à peu et la NSF (National Science Foundation) s'engage à relier les différents réseaux. Résultat – mille ordinateurs reliés au réseau.

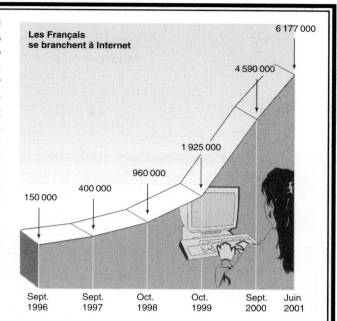

Les Français se branchent à Internet

| 150 000 | 400 000 | 960 000 | 1 925 000 | 4 590 000 | 6 177 000 |
| Sept. 1996 | Sept. 1997 | Oct. 1998 | Oct. 1999 | Sept. 2000 | Juin 2001 |

En 1988 la France via l'INRIA (Institut National de la Recherche Informatique Appliquée) se connecte pour la première fois au réseau. ARPANET devient INTERNET, réseau mondial dédié à la recherche civile. Cependant, il faut attendre 1991 et le World Wide Web (littéralement "*toile d'araignée mondiale*" pour voir apparaître les fournisseurs d'accès privés. Ces derniers démocratisent le Web en ouvrant potentiellement les portes de l'internet à tout détenteur de micro-ordinateur. Peu à peu le bout du monde est à portée de main. Envoyer un e-mail à l'autre bout du monde, vagabonder sur les routes de l'information, découvrir les Iles Caïman depuis son propre fauteuil, acheter, vendre, troquer . . . tout est désormais possible sur la "*Toile*". Et le réseau n'a pas fini de s'agrandir. En l'an 2000 on estimait à 10 millions le nombre de sites dans le monde et les prévisions pour 2005 s'élèvent à 200 millions. Le nombre de pages Web disponibles est estimé à 2,1 milliards dont 85% seraient créées aux Etats-Unis et 4% francophones. Les différentes études menées sur le sujet estiment que chaque jour se créent entre un million et huit millions de nouvelles pages. On estimerait à 550 milliards le nombre de documents qui circulent sur le net. Il y a 300 millions de connectés à surfer sur le net et les prévisions pour le nombre d'utilisateurs Web dans le monde pour 2005 s'élèverait à 500 millions. Fin 2000 le nombre de comptes e-mail était estimé à 891 millions, soit une augmentation de 67% par rapport à 1999. En septembre 2000 la France comptait 11 millions d'utilisateurs soit 18% de la population mondiale d'internautes. 17% des foyers seraient connectés en France dont 52% utilisent principalement le courrier électronique.

J'économise

1 Vrai (v) ou faux (f)?

a The Internet owes its origins to American military research. (.✓.)

b The National Science Foundation undertook the task of linking the various networks. (......)

c INRIA set up a French version of the Internet in the 1980s. (......)

d French PC users gained access to the Web in 1988. (......)

e More people in France go on-line to send and receive e-mail than for web-browsing. (......)

2 To what do the following figures refer
a 200 millions (l. 30) b 85% (l. 31) c 500 million (l. 35)
d 67% (l.36) e 18% (l.37)

3 Trouvez dans le texte l'équivalent français des mots ou des expressions suivants.
a (the) web, b net surfer, c (service) providers, d anyone with a PC, e e-mail, f computer network.

C *L'Internet à votre service*

Entreprendre & Réussir sur internet avec
le Groupe Touati

Création d'entreprise	Franchise	Vente Directe
WWW. EntrepriseLine .com	**WWW. FranchiseLine .com**	**WWW. VenteDirecteLine .com**
Tout savoir pour créer et développer son entreprise	Le portail Officiel de la Franchise	Tout sur la Vente Directe et le Marketing de Réseaux
Acheter	**Emploi**	**Planète**
WWW. Jeconomise .com	**WWW. EmploiLine .com**	**WWW. EnterpriseLine .com**
Le passeport pour faire des affaires sur internet	Pour trouver ou créer son propre emploi	Businessmen's International Site
Services	**Entreprendre**	**Réussir**
WWW. UniversBusiness .com	**WWW. CapBusiness .com**	**WWW. GroupeTouati .com**
Le site du business to business (B to B)	Idées, concepts, créneaux, opportunités et partenariats	Le portail de la micro-entreprise

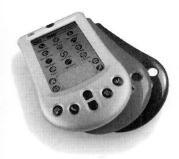

Regardez les neuf sites sur Internet proposés par le Groupe Touati à la page 114. Quel site faudrait-il visiter pour:

a acheter à meilleur prix un lecteur DVD (www. ....).
b monter sa propre affaire de livraison à domicile (www. ....).
c chercher du travail dans le secteur de la grande distribution (www. ....).
d savoir quelles sont les démarches à faire pour ouvrir une succursale de McDonalds (www. ....).
e se mettre en contact avec un collaborateur éventuel pour réaliser un projet en commun (www. ....).

D La crise du téléphone mobile

Listen to the interview between a journalist from the Radio Station *Europe 1* and Dominique Roux and answer the following questions:

a Who is Dominique Roux?
b To what do the following figures refer? (i) 8.4% (ii) 96 million.
c According to Dominique Roux what two factors are likely to increase demand for mobile phones in the near future ?
d Compared to France, which of the developed countries mentioned have
  (i) a higher level of mobile phone ownership ?
  (ii) a lower level of mobile phone ownership ?
  (iii) about the same level of mobile phone ownership ?
e For sales of mobile phones which countries, according to Dominique Roux, make up (i) the 'mature' market? (ii) the 'new' market?

Note: GPRS (General Packet Radio Service): see *Petit Guide des Sigles*

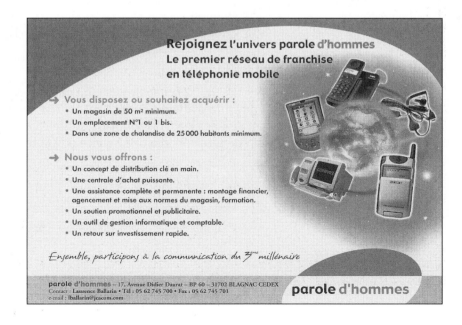

Rejoignez l'univers parole d'hommes
Le premier réseau de franchise
en téléphonie mobile

→ Vous disposez ou souhaitez acquérir :
  • Un magasin de 50 m² minimum.
  • Un emplacement N°1 ou 1 bis.
  • Dans une zone de chalandise de 25 000 habitants minimum.

→ Nous vous offrons :
  • Un concept de distribution clé en main.
  • Une centrale d'achat puissante.
  • Une assistance complète et permanente : montage financier, agencement et mise aux normes du magasin, formation.
  • Un soutien promotionnel et publicitaire.
  • Un outil de gestion informatique et comptable.
  • Un retour sur investissement rapide.

Ensemble, participons à la communication du 3ème millénaire

parole d'hommes – 17, Avenue Didier Daurat – BP 60 – 31702 BLAGNAC CEDEX
Contact : Laurence Ballarin • Tél : 05 62 745 700 • Fax : 05 62 745 701
e-mail : lballarin@jcacom.com

parole d'hommes

Faisons le point sur . . .

La Poste et France Télécom

Depuis 1990, la Poste et France Télécom sont deux organismes indépendants. Ces services sont placés sous la tutelle du Ministère de Postes, des Télécommunications et de l'Espace, et emploient environ 480 000 personnes.

La Poste

La Poste est aujourd'hui l'un des premiers groupes européens de services. Elle opère dans 3 grands métiers:
— *le courrier*
— *le colis et la logistique*
— *les services financiers*
Le service courrier, sous ses formes physique et électronique, est le numéro trois européen. Le service colis et logistique comprend:

- Chronopost: système ultrarapide d'acheminement des lettres ou des petits colis.
- Poste éclair: service de télécopie proposé au public dans les guichets.
- TAT Express: au service des entreprises pour raccourcir les délais entre les chargeurs et leurs clients.

Les services financiers:

- Les CCP (Comptes Courants Postaux): avec plus de dix millions de CCP la Poste est le deuxième établissement financier de France.
- La Caisse Nationale d'Epargne offre différentes formules d'épargne, dont une formule d'épargne logement, et des PEP (Plan d'Epargne Populaire).
- La Poste propose des SICAV sur le marché de l'épargne boursière.

France Télécom

Avec 189 000 collaborateurs, 77 millions de clients dans le monde, et un chiffre d'affaires de 33,7 milliards d'euros en 2000, France Télécom est l'un des leaders mondiaux des télécommunications: mobile, Internet, téléphonie fixe, service aux entreprises.

Le Groupe France Télécom est organisé en huit branches qui rassemblent un ensemble de filiales et entités:

- Sous la bannière Orange (marque rachetée aux Britanniques en 2000) France Télécom est le numéro un de *la téléphonie mobile* en France, devant SER et Bouygues Télécom (sociétés privées), le numéro deux en Europe et il est présent dans vingt-deux pays du monde avec 33,1 millions de clients.
- La branche *Internet Grand Public* avec Wanadoo est le numéro un des fournisseurs d'accès en France et le numéro deux en Europe. Ses

nombreuses filiales comme Etendard gèrent à la fois les services d'Internet pour le grand public en France, en Espagne, en Belgique, au Pays-Bas et au Maroc, et un bon nombre de services en ligne, par exemple les Pages Jaunes. Le service Intelmatique vous propose les 25 000 services Minitel[1] via votre PC (i-Minitel).

- La branche *Services Fixes Grand Public* assure le marketing de tous les produits et services, terminaux et moyens de paiement liés a l'accès fixe de la maison, du lieu de travail ou de la ville (cabines téléphoniques).

- La branche *Distribution* gère tous les canaux de vente des produits et services destinés au grand public aussi bien que le réseau des agences France Télécom (quelque 700 points de vente).

- *Entreprises* est dédiée à la gestion de la clientèle des entreprises de toutes tailles (PME ou multinationale), assurant le marketing et la vente de solutions voix et données (Equant, Transpac ...).

- La branche *Développement* s'occupe de la recherche et du développement de son outil informatique.

- *Réseaux* exploite et supervise les réseaux nationaux et internationaux. Ses principales filiales sont France Télécom Marine et France Télécom Longue Distance.

- *Ressources* assure des missions d'expertise pour le groupe dans les domaines de la finance, de la gestion, de la comptabilité et de l'audit.

[1]Voir aussi Chapitre 10 page 171.

Activité de recherche

1 Trouvez les numéros qu'il faut composer en France:

a pour appeler d'urgence

- la police
- les pompiers
- le SAMU*

b pour obtenir un numéro en Angleterre sur le réseau BT soit en PCV* soit sur carte de crédit téléphonique.

2 Quels sont les différents types de télécartes en France et où sont-elles en vente?

3 Trouvez un service proposé par France Télécom qui n'a pas d'équivalent en Grande-Bretagne.

*Voir *Petit Guide des Sigles* (p. 261, 266).

7 Reparlons affaires

Reparlons affaires

Scénario

Après avoir mangé, Mr Sanderson continue à parler affaires avec Mme Legrand.

 Ecoutez le dialogue et répondez aux questions de la Section A pour commencer.

Vocabulaire

bas(se)	*low*
rivaliser	*to compete*
concurrent (m)	*competitor*
fusionner (avec)	*to merge (with)*
PME: Petites et Moyennes Entreprises	
informatiser	*to computerise*
fabrication (f)	*manufacture*
procédé (m)	*procedure*
emballage (m)	*packaging*
dorénavant	*from now on*
délais (de livraison) (m.pl)	*(delivery) schedule/times*
cadre (m)	*manager*

ouvrier (m)	*worker*
patronat (m)	*employers*
syndicat (m)	*trade union*
concertation (f)	*consultation (between management and workers)*
conflits sociaux (m.pl)	*industrial unrest/action*
chômage (m)	*unemployment*
chômeur (m)	*unemployed person*
les pays en voie de développement (m.pl)	*developing countries*
débouché (m)	*(sales) outlet/opportunity*
écouler (marchandise)	*to sell (goods)*
haut/bas de gamme	*top/bottom of the range*
chiffre d'affaires (m)	*turnover*
faire remarquer (qch à qn)	*to point (sthg) out (to sbdy)*
embaucher	*to take on (staff)*

Qu'avez-vous compris?

🔟 **1 Répondez en français.**

a De combien les prix ont-ils augmenté?

b Quels sont les concurrents à redouter?

c Depuis combien de temps le nouveau procédé d'emballage existe-t-il?

d Pourquoi la secrétaire a-t-elle dérangé Mme Legrand?

e Que dit M. Sanderson à propos du chiffre d'affaires?

2 **Pour rappeler les points principaux du dialogue complétez les phrases a–f en ajoutant les phrases (i)–(vi) qui correspondent.**

a Les produits les meilleur marché se vendront surtout dans les pays du Tiers-Monde …	(i) … grâce aux bons rapports entre la direction et les employés.
b Leurs prix ont légèrement augmenté …	(ii) … à cause du nouveau système d'emballage.
c Il est évident qu'ils se sont bien adaptés aux temps modernes …	(iii) … mais ils sont toujours moins chers que ceux de leurs concurrents.
d Les clients recevront leurs commandes plus rapidement …	(iv) … puisque cela est indépendant de leur volonté.
e Il ne peuvent pas garantir les livraisons en cas de grève …	(v) … alors que pour les produits haut de gamme, ce seront les pays européens qui seront ciblés.
f Le risque de grève est très faible …	(vi) … étant donné la restructuration des deux entreprises et l'informatisation de leurs services.

3 **Comment diriez-vous en français?**

a In several fields.
b At the present time.
c One must move with the times.
d We have just introduced a new packaging process.
e Within the shortest possible time.
f In the event of a strike.
g I'm sorry to interrupt.
h Would you please excuse me a moment?
i Where were we?
j That's outside our control/not of our making.
k Our manager–worker relations are good.
l Let's hope so!
m It can't happen overnight.
n It's still too early to say.
o But to get back to your company ...
p How's business?
q As far as we're concerned ...
r I would also point out ...
s Business is good.
t It (business) is improving.

Grammar

1 **Has/have been doing ... for**
   Depuis

a **Depuis + present tense** = *has/have been doing ... for ...*

J'apprends le français **depuis** cinq ans	*I have been learning French **for** five years*
Depuis combien de temps **travaillez-vous** ici?	*How long **have you been working** here?*

b **Depuis + imperfect tense** = *had been doing ... for ...*

Il **était** là **depuis** dix minutes quand je suis arrivé	*He **had been** there **for** ten minutes when I arrived*
Depuis quand attendaient-ils?	*How long **had they been waiting?***

2 Have just/had just
Venir de + *l'infinitif*

a The same tenses are used with *venir de* + infinitive to express 'have/has just done' (present tense) and 'had just done' (imperfect tense):

Je **viens de voir** le directeur	*I **have just seen** the manager*
Il **vient de trouver** une bonne situation	*He **has just found** a good job*
Elle **venait d'arriver** quand le téléphone a sonné	*She **had just arrived** when the telephone rang*

3 Imperfect[1] and perfect[2] together
L'imparfait avec le passé composé

Imperfect	**Perfect**
'Background' tense to set scene and describe:	To express action ie what happened:

Pendant que j'**attendais**, le soleil **brillait** et il **faisait** très chaud. Les gens **étaient** assis à des tables et **discutaient**. Tout d'un coup une voiture **s'est arrêtée**, deux hommes **sont descendus** et m'**ont demandé** si je

savais où **se trouvait** la banque. Comme ils **portaient** des masques et des révolvers je me **suis rendu** compte qu'il **allait** se passer quelque chose et je leur **ai indiqué** le chemin du ... commissariat de police!

[1] See *Grammar* in Chapter 3 for more detailed explanation of uses of the imperfect (p. 48).
[2] See *Grammar* in Chapter 4 for more detailed explanation of uses of the perfect (p. 61).

Structural exercises

A *'Venir de' au présent* + *l'infinitif*

Répondez aux questions en précisant qu l'action *vient d'avoir lieu* ...

Exemple: Avez-vous **inauguré** un nouveau système d'emballage?
Réponse: Oui, nous **venons d'inaugurer** un nouveau système d'emballage.

Continuez:

a Ont-ils restructuré les deux firmes?
Oui, ils viennent de ......

b A-t-il vendu ses produits?
Oui, il vient ......

c Avez-vous vu le directeur?
Oui, je ......

d Est-ce que leur chiffre d'affaires a atteint 1,5 milliards d'euros?
Oui, il ......

e Est-ce que les secrétaires se sont présentées?
Oui, elles ......

B *'Venir de' à l'imparfait* + *l'infinitif*

Vous expliquez à un(e) client(e) français(e) ce qui *venait d'avoir lieu* quand certains employés ont commencé à travailler pour l'entreprise.

Exemple:

nouveau PDG	amélioration des rapports cadres-ouvriers

Réponse:
Quand le nouveau PDG a commencé à travailler chez nous, on **venait d'améliorer** les rapports cadres-ouvriers.

Continuez.

a

nouveau chef du marketing	fusion avec Seymore & Company

b

nouvelle secrétaire	informatisation de tous les services

c

nouveau directeur commercial	implantation dans plusieurs pays étrangers

d

nouveau chef du personnel	embauche de 50 ouvriers supplémentaires

C *Depuis + le présent*

On vous demande depuis combien de temps la situation actuelle existe.

Exemple: Depuis combien de temps utilisez-vous des ordinateurs? (**for 8 years**)

Réponse: Nous utilisons des ordinateurs depuis huit ans.

Continuez:

a Depuis quand l'usine a-t-elle 2000 employés? (**since 1998**)
L'usine a ......

b Y a-t-il un bon système d'emballage? (**for a long time**)
Il y ......

c Est-ce que votre chiffre d'affaires dépasse 1,5 milliards d'euros?
(**since last year**)
Notre ......

Maintenant les réponses sont données et c'est à vous de poser la question!

Exemple: Il a une bonne situation depuis l'année dernière.
Réponse: Depuis quand a-t-il une bonne situation?

d Ils font de bonnes affaires depuis la création du Marché unique.
e Nous pratiquons la concertation depuis notre fusion avec Seymour.
f Les affaires vont mal depuis l'annulation d'une grosse commande,
il y a deux ans.

D *Depuis + l'imparfait*

Répondez aux questions pour dire depuis combien de temps la (les) personne(s) faisai(en)t certaines choses quand vous l'(les) avez vu(e)(s) pour la dernière fois.

Exemple: Est-ce qu'il travaille en ville? (**two years**)
Réponse: Oui, quand je l'ai vu, il **travaillait** en ville depuis deux ans.

Continuez

a Est-ce qu'ils font de bonnes affaires? (**several years**)
Oui, quand je les ai vus ......

b Est-ce que la secrétaire apprend l'anglais? (**six months**)
Oui, quand je l' ......

c Est-ce qu'elles habitent Londres? (**a few weeks**)
Oui, quand ......

d Est-ce qu'ils fabriquent des pièces détachées? (**a long time**)
Oui, ...

E *L'imparfait et le passé composé*

Mettez un des verbes au passé composé et l'autre à l'imparfait et, en vous servant des conjonctions *parce que/quand/lorsque/pendant que* qui conviennent, réunissez les deux phrases en une seule.

Exemple: Ils (visiter) l'usine.
               Ils (faire) la connaissance du directeur.
Réponse: Pendant qu'ils **visitaient** l'usine, ils ont **fait** la connaissance du directeur.

Continuez

a Ils (travailler) chez Ford.
   Ils (recevoir) une forte augmentation.
b Elle (être) en Angleterre.
   Elle (acheter) un pullover.
c Je (aller) en France.
   Il y (avoir) une place de libre.
d Nous (regarder) les chiffres.
   Nous (voir) que nous (pouvoir) faire un bénéfice.

F *Thème/exercice d'interprétation*

For interpreting practice, the passage is recorded on the accompanying cassette with pauses at the points marked / followed by the suggested French version. A written translation is provided in the Support Book.

Mr Sanderson's company SOLPEX / merged with Seymore & Co. / some years ago / and was now completely restructured and computerised. / According to Mr Sanderson / they had the most up-to-date production methods / and had just introduced a new packaging system / to speed up deliveries.

Mr Sanderson said that they couldn't guarantee to deliver / in the event of industrial action, / but for several years now / their manager-worker relations had been good.

When Mme Legrand asked if business was good, / he said it was much better. / They had two new products, / and, with an increase in turnover of 20%, / had just taken on extra staff. / They were now concentrating* more and more on exports, / not only in the EU countries, / where there was a market for their top-of-the-range products, / but also in the developing countries / where they hoped to sell their new bottom-of-the-range product.

*se tourner (vers qch.)

🔲 *Jeu de rôle 1*

Jouez le rôle de Mr Sanderson qui parle affaires avec Mme Legrand.

Legrand   Vous parliez d'une augmentation de vos prix n'est-ce pas?
Sanderson   • *Yes, 2.5%, but your prices are very competitive. They are still the lowest on the market and excellent value for money.*
Legrand   Et êtes-vous capables de rivaliser avec les Chinois qui dominent de plus en plus le marché?
Sanderson   • *Yes, because in 1996 your company merged with another firm, and the new company was completely restructured and computerised.*
Legrand   Ça a dû être une tâche énorme! Quels changements avez-vous apportés?
Sanderson   • *You use the most up-to-date manufacturing methods, and your new packaging system didn't exist before 1999!*
Legrand   Quel avantage ce procédé offre-t-il?
Sanderson   • *It speeds up dispatch and deliveries.*
Legrand   J'allais justement vous demander ... Il faut prévoir combien de temps pour recevoir les commandes? Quels sont vos délais de livraison?
Sanderson   • *About a fortnight, three weeks at the outside.*
Legrand   Et vous garantissez la livraison même en cas de grève?
Sanderson   • *No, as this would be outside your control. But for many years your management-worker relations have been very good.*
Legrand   Et en ce qui concerne le chômage, comment est la situation actuelle? Est-ce qu'elle s'aggrave ou est-ce qu'elle s'améliore chez vous?
Sanderson   • *For some time now the number of unemployed has been going down.*
Legrand   Mais pour en revenir à votre société ... Vous traversez une période de croissance en ce moment?
Sanderson   • *Yes, business is much better. Turnover is up 20% and you have just taken on extra staff.*
Legrand   Est-ce que les exportations ont joué un grand rôle dans cette croissance?
Sanderson   • *Of course. You are concentrating more and more on exports. You have just brought out* two new products, and you hope to sell one in the EU and the other in the developing countries.*
Legrand   Alors, j'espère que vous y parviendrez!
Sanderson   • *Let's hope so!*

* sortir

Jeu de rôle 2

Travaillez avec un(e) partenaire. Partenaire A joue le rôle d'un(e) client(e) français(e) at Partenaire B prend le rôle d'un(e) représentant(e) d'une société exportatrice britannique.

B essaie d'obtenir une nouvelle commande auprès de A, qui n'est pas encore décidé(e) à en passer une. B doit essayer de le (la) convaincre.

Servez-vous du tableau qui suit mais n'hésitez pas à y ajouter vos propres arguments ...

Ⓐ	Ⓑ
– augmentation récente de prix	– très faible/prix encore compétitif
– concurrents espagnols (même produit/moins cher)	– qualité/finition
– dernière livraison/délais pas respectés	– nouveau système d'expédition
– grèves fréquentes en GB	– nouveaux accords avec les ouvriers
– pas assez de choix	– élargissement de la gamme (3 nouveaux modèles)
– ?	– ?

Reading, listening and reacting

A *La France en 2010*

La France en 2010

▲ Davantage de services et d'électronique, moins d'agriculture et de textile: la physionomie de l'économie française devrait changer assez sensiblement d'ici à l'an 2010. Telle est l'une des principales conclusions du Bipe*, qui vient de faire tourner pour la première fois un modèle de prévisions sectorielles à long terme baptisé Diva. Dirigée par Hervé Passeron, chef du département mésoéconomie et économétrie du Bipe, et par Fabrice Hatem, économiste à EDF*, cette étude, qui a pour but d'aider les entreprises à mieux lire l'avenir, se fonde sur un scénario de référence de l'évolution de l'économie mondiale.

Celle-ci croîtrait de 3,1% en moyenne au cours de la période contre 2,6% pour l'Europe et un peu moins encore pour la France, laquelle bénéficierait toutefois d'une accélération progressive d'ici à la fin du siècle. De cette étude, riche d'informations et de chiffres, il ressort que l'arsenal industriel de la France demeurerait assez complet après le cap de l'an 2000: nous continuerions d'être un pôle important de production de voitures et d'avions, tout en conservant un certain nombre d'atouts dans la plupart des industries de base (par exemple la parachimie ou les métaux non ferreux). Globalement, c'est l'agriculture qui serait la grande perdante des vingt-cinq prochaines années en matière de croissance, tout en parvenant cependant à gagner des parts de marché sur le Vieux Continent.

R.D.

L'Expansion

PALMARES DES SECTEURS

(taux de croissance annuels moyens entre 1995 et 2010)

LES LOCOMOTIVES

Télécommunications	+5,3%
Matériel électrique et électronique	+4,9%
Services financiers	+4,7%
Construction aéronautique et navale	+4,0%
Assurances	+3,8%
Parachimie	+3,2%
Electricité-gaz	+3,2%

LES TRAINARDS

Charbon	−5,7%
Sidérurgie	0%
Pétrole	+10,8%
Textile-habillement	+10,9%
Agriculture	+10,9%
Chimie	+11,4%
BTP	+11,8%

*See *Petit Guide des Sigles*, pp. 261, 266.

According to the article above, between now and 2010 ...

a Which sectors of the French economy are likely to decline?
b Which sectors are likely to increase in importance?
c What is the predicted growth of (i) the world economy (ii) the French economy?
d What manufactured goods will France still continue to produce?
e What other industries will still be profitable?

B *Entre emploi et chômage – les CES*

Une des nombreuses mesures gouvernementales pour faire reculer le chômage, le CES (Contrat Emploi Solidarité), créé en 1989, est un emploi à mi-temps (20 heures par semaine) rémunéré la moitié du SMIC*. Le contrat peut aller de trois à 36 mois. Il permet à l'employeur de bénéficier d'exonération de charges sociales et l'Etat assure entre 65% et 85% du salaire. Les CES sont réservés au secteur non-marchand (surtout aux établissements publics et aux collectivités locales). Destinés, à l'origine, aux jeunes peu diplômés ayant de grandes difficultés d'insertion, et aux bénéficiaires du RMI,* les CES se voient de plus en plus attribués aux titulaires de BAC* ou de BTS* – voire plus! En 1999 il y avait 447 000 personnes sous Contrat Emploi Solidarité, mais l'introduction de nouvelles mesures gouvernementales plus récentes telles que le Contrat Emploi Consolidé a eu pour résultat une baisse de 13% du nombre de CES qui est passé à 391 000 en 2000.

Ecoutez l'interview avec Patrick, un jeune CES qui parle de son Contrat Emploi Solidarité, de son travail et de ses perspectives. Puis, décidez si les déclarations suivantes sont vraies (v) ou fausses (f).

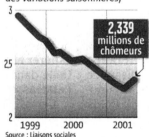

La courbe du chômage hésite

Nombre de chômeurs
(données corrigées
des variations saisonnières)

2,339 millions de chômeurs

Source : Liaisons sociales

a Patrick est un jeune Antillais qui est venu s'installer en France à l'âge de 22 ans.
b Il est venu faire un apprentissage maritime.
c Il n'a trouvé aucun emploi avant d'obtenir son CES auprès de l'assistance publique.
d Il fait essentiellement un travail de porteur dans un hôpital parisien.
e Aucune personne travaillant à temps partiel en France n'est incluse dans les chiffres officiels du chômage.
f D'après Patrick ...
  (i) il n'y a de réelles possibilités d'embauche permanente que si on fait un des stages de formation proposés
  (ii) si on lui proposait le même travail à temps complet, il ne sait pas s'il l'accepterait
  (iii) les CES sont exploités d'une part par les organismes qui les emploient et d'autre part par le gouvernement
  (iv) s'il ne trouve rien à la fin de son contrat, il sera obligé de retourner vivre chez ses parents

*Voir *Petit Guide des Sigles* (pp. 260–66).

Le chômage en France
(taux en % de la population active)

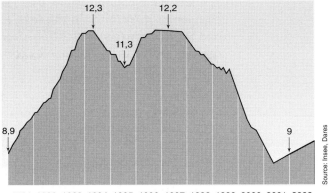

Source: Insee, Dares

1991 1992 1993 1994 1995 1996 1997 1998 1999 2000 2001 2002

C Boycott – la leçon des Anglo-Saxons[1]

L'annonce par le PDG[2] du Groupe Danone[3] de la fermeture de deux unités de production de biscuits à Calais et à Ris-Orangis représente la perte de 570 emplois dans le cadre d'une restructuration européenne qui entraînera au total la suppression de quelque 2 500 postes. La nouvelle a été d'autant plus mal reçue que le Groupe venait d'enregistrer une progression de 5,7% de son profit net.

Les Français s'indignent ... 90 députés de la majorité plurielle appellent au boycott des yaourts et des biscuits Danone. Une trentaine de maires ordonne aux cuisines municipales de chasser tous les produits Danone des plateaux-repas. Près de Rennes un patron de supermarché invite ses clients à éviter les Danette et les Volvic dans ses rayons afin de protester contre *la politique menée par des multinationales visant à satisfaire uniquement l'actionnariat ou quelques fonds de pension au détriment des êtres humains.* Les sanctions tombent. En Ile-de-France le conseil régional décide de geler le financement de la réalisation d'un terrain destiné à l'implantation du centre de recherches mondial de Danone.

Les Français ont-ils donc appris du militantisme des Anglo-Saxons? Les exemples affluent ... Pepsi s'est vu boycotté sur les campus américains par des dizaines de milliers de jeunes qui demandaient que la compagnie quitte la Birmanie, où les droits de l'homme sont violemment bafoués. La campagne contre Nike (accusé d'exploiter les enfants du tiers-monde), connaît son paroxysme dans l'Etat de l'Orégon, siège de la compagnie, alors que la région a retiré de substantiels avantages économiques de Nike. McDonalds, dénoncé pour ses attitudes antisyndicales, a été obligé de mobiliser des armées d'avocats pour prouver sa bonne foi. Aux Etats-Unis les sites Internet appellent au boycott de Microsoft et de son monopole ou de Monsanto à cause de ses produits transgéniques. Là-bas, la menace est toujours prise au sérieux, car les comptes d'exploitation s'en ressentent aussitôt! Autre exemple plus près de chez nous: pour avoir voulu couler, il y a cinq ans, l'une de ses plates-formes pétrolières en mer du Nord, Shell a vu ses ventes plonger de 20% en Allemagne et aux Pays-Bas.

Mais il y a une différence importante. Ces sociétés ont violé ou contourné la loi; chez Danone ce n'est pas le cas. Sa direction ne fait qu'obéir à une logique industrielle et financière implacable. Maintenir des usines en sous-capacité ne permet pas d'améliorer les marges. Sans marges confortables, impossible d'investir. Et sans compétitivité suffisante, le cours de Bourse déprime. Dès lors, la menace est identifiée en trois lettres – OPA.[2] Danone court le risque de passer sous pavillon étranger. L'américain Philip Morris,[3] le néerlandais Unilever[3] ou le suisse Nestlé,[3] pesant chacun deux ou trois fois plus lourd en Bourse, n'attendent qu'un faux pas du champion français.
Le Point

[1] Term used to describe British, Americans, Australians and New Zealanders.

[2] See *Petit Guide des Sigles*.
[3] See Section D.

1 The left-hand column below lists reasons why six of the ten companies mentioned in the text, and listed on the right, have had their product(s) boycotted. Can you match up the six reasons with the six companies concerned?

a monopolistic control of the market
b use of child labour
c antagonism towards trades union membership
d association with genetic modification of crops
e links with regime associated with human rights abuse
f marine pollution

Danone – Nestlé – Microsoft – Nike – McDonalds – Pepsi – Unilever – Shell – Philip Morris – Monsanto

2 Trouvez dans le texte l'équivalent des mots ou des expressions suivants:
a propriétaire de grande surface
b augmentation de ses bénéfices (impôts payés)
c les pays en voie de développement
d la coalition majoritaire des partis de gauche
e caisses de retraite
f usines

3 The following figures occur (in order) in the text. To what do they refer?
a 570, b 2,500, c 5.7%, d 90, e 20%

2001: les grands patinent (croissance du PIB)

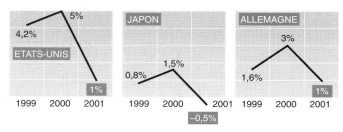

ETATS-UNIS
4,2% 5% 1%
1999 2000 2001

JAPON
0,8% 1,5% −0,5%
1999 2000 2001

ALLEMAGNE
1,6% 3% 1%
1999 2000 2001

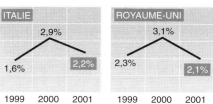

ITALIE
1,6% 2,9% 2,2%
1999 2000 2001

ROYAUME-UNI
2,3% 3,1% 2,1%
1999 2000 2001

Faisons le point sur . . .

L'industrie agro-alimentaire

L'industrie agro-alimentaire française est le prolongement naturel de l'agriculture française, elle-même la première d'Europe.

L'agro-alimentaire se classe au premier rang des industries nationales par son chiffre d'affaires. Elle compte pour 10% du total des exportations nationales. Dans les échanges extérieurs, elle connaît l'un des excédents les plus élevés du commerce extérieur, comparable à celui de l'industrie automobile. Elle jouit d'un savoir-faire reconnu dans de nombreux domaines, en particulier celui des fromages (plus de 350 variétés), des vins et spiritueux et des conserves. L'industrie laitière occupe le premier rang national avec plus de 25% du chiffre d'affaires total, suivie

- de l'industrie de la viande 19% (on note cependant que la production de viande bovine a été très touchée par la maladie de la vache folle)
- des activités provenant de la transformation des grains (pâtisseries, pâtes) 17%
- des conserves 6%
- du sucre 6%
- des eaux minérales, etc

On trouve l'industrie agro-alimentaire un peu partout en France, répartie en fonction des ressources agricoles des régions (fromages, lait, sucreries, céréales, etc.) ou bien à proximité des grands centres de consommation. Six régions[1] comptent parmi les plus importantes. Ce sont:
- l'Ile de France qui représente de loin le premier marché de consommation
- trois régions de l'Ouest: la Bretagne, le Pays de la Loire, la Basse-Normandie (grandes zones de cultures et d'élevage)
- le Nord-Pas de Calais et Rhône-Alpes sont à la fois des marchés de consommation et des zones de production

En ce qui concerne l'excédent agro-alimentaire de la balance commerciale française, le secteur boissons et alcools (vins, apéritifs, champagnes, bières, eaux minérales) occupe une place prépondérante. Par contre, le secteur des céréales est faible étant donné que la France est le premier producteur céréalier européen.

La France vend les deux tiers de ses exportations de produits agro-alimentaires à l'UE: surtout à l'Allemagne, à l'Italie, à la Belgique, au Royaume-Uni.

Les industries agro-alimentaires sont extrêmement dispersées et comptent plus de 4 250 entreprises privées et coopératives agricoles de 10 salariés ou plus. Elles souffrent donc d'une concentration insuffisante. Parmi les plus connues on trouve, pour les produits laitiers, Yoplait (Menu Minceur, Calin, Frutos, Petits Filous); pour les eaux minérales Castel (Vichy St-Yorre, Cristaline, Neptune). Mais, à l'exception de BSN-Danone, il n'existe pas de véritables multinationales telles que Nestlé, Unilever, Cadbury-Schweppes ou Philip Morris (Nabisco). Cependant la situation est en train de changer.

Les groupes

En 1994 **BSN** le numéro un français de l'agro-alimentaire, prend le nom de sa marque la plus connue – Danone. Le groupe se resserre sur trois secteurs: les produits laitiers frais, les boissons et les biscuits. Trois marques internationales deviennent les vitrines de ces secteurs: Danone, Evian et Lu. Le groupe revend en 1997, 1998 Panzani (pâtes), Maille, Amora (moutardes et condiments), les conserves William Saurin et en 1999 Danone cède son secteur de bières (Kronenbourg) pour ne garder que l'eau minérale (Evian, Volvic, Badoit). Désormais numéro deux mondial de l'agro-alimentaire derrière Nestlé, Danone est présent dans 120 pays avec 170 usines et environ 86 000 salariés. Avec 8,2% du marché mondial du biscuit, Danone est le leader planétaire. C'est cependant sur ce secteur que le groupe réalise sa plus faible marge.[3]

LVMH[2]: situé initialement dans le haut de gamme de l'agro-alimentaire avec Moët Hennessy (le champagne Moët et Chandon, Veuve Cliquot et Dom Pérignon), les grands vins (Château d'Yquem), le cognac (Hennessy) il s'est récemment orienté vers le haut de gamme de la fabrication des bagages Louis Vuitton. Le groupe LVMH se classe au premier rang mondial des marques de luxe (parfums Dior, Givenchy, Lacroix …). Il possède plus de 440 filiales en France et à l'international et emploie plus de 53 000 personnes à travers le monde.

Pernod Ricard intervient dans tous les segments de la boisson (160 marques) en dehors de l'eau et de la bière. Le groupe produit des apéritifs anisés, des vins australiens (Jacobs Creek), des whiskies écossais, irlandais et canadien.

Perrier contrôle la source du même nom ainsi que l'eau minérale Vittel, et des fromageries (Roquefort).

[1] Voir carte des régions, Chapitre 10.
[2] Voir *Petit Guide des Sigles*.
[3] Voir Section C Ex. C.

France : le paysage s'assombrit

La croisssance (PIB)...

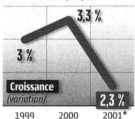

3,3 %

3 %

Croissance
(variation)

2,3 %

1999   2000   2001*

... dépend de la consommation des ménages...

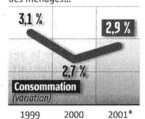

3,1 %

2,9 %

2,7 %

Consommation
(variation)

1999   2000   2001*

... alors que les investissements des entreprises se tassent.

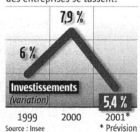

7,9 %

6 %

Investissements
(variation)

5,4 %

1999   2000   2001*
Source : Insee   * Prévision

Activité de recherche

En vous inspirant du texte sur l'économie française à la page 127 dressez une liste des points forts et des points faibles des différents secteurs de l'économie britannique.

8 | Au centre commercial

Au centre commercial

 Scénario

Mr Sanderson visite le centre commercial de Parly 2 où il demande conseil à une vendeuse pour l'achat de cadeaux.

 Ecoutez le dialogue et répondez aux questions de la Section A pour commencer.

Vocabulaire

conseiller	*to advise*
foulard (m)	*scarf*
soie (f)	*silk*
coloris (m)	*shade/colour*
impression (f)	*pattern*
motif (m)	*design*
inattendu	*unusual*
rayon (m)	*department/counter (of large store)*
maroquinerie (f)	*fancy/fine leather*
peau (f)	*hide/leather*
pochette (f)	*slim (evening) handbag*
veau (m)	*calf-skin*

verni	patent (leather)
fermeture (f)	fastener; clasp
dépenser	to spend
bénéficier (de)	to get the benefit (of)/to enjoy
frais (m.pl)	costs/expenses
doublé	lined
confiserie (f)	confectionery, sweets

Qu'avez-vous compris?

1 Associez la réaction de Mr Sanderson (colonne de droite) aux différentes possibilités de cadeaux pour sa femme (colonne de gauche).

a maroquinerie	(i) en achète à chaque visite
b porte-monnaie	(ii) préfère quelque chose de moins courant
c foulard en soie	(iii) trop cher
d parfum	(iv) parfait!
e pochette en veau	(v) bonne idée!

2 A quoi correspondent les chiffres suivants?
a 39,50 €, **b** 115 €, **c** 10%, **d** 7,5%.

3 Remplissez les blancs.
Finalement Mr Sanderson a décidé d'acheter le (a) ...... pour sa
(b) ...... parce que la (c) ...... que la (d) ...... avait (e) ...... était trop (f) ...... pour
(g) ...... D'ailleurs pour (h) ...... du bon de (i) ...... proposé par le magasin il
fallait (j) ...... plus de 150 €.

Pour le deuxième (k) ...... à (l) ...... à des amis (m) ...... qui il (n) ...... invité à
dîner, la vendeuse (o) ...... a conseillé soit des (p) ...... soit de la (q) ...... Elle
lui a indiqué un fleuriste au (r) ...... étage de la (s) ...... et lui a dit de
revenir chercher son (t) ...... quand il (u) ...... choisi ses fleurs.

4 Comment diriez-vous en français?
a I would like to surprise her.
b Something that might appeal to her.
c I hadn't thought of that.
d Would your wife like it (f)?
e How much is that one (f)?
f Let me think for a moment ...
g How much would I have to spend?
h You are entitled to 10%

i This one (m) is 39,50 €.
j I'll wrap it up nicely for you.
k Could you advise me?
l It's customary to give flowers.
m To think I went past a florist this morning!
n See you later!

Grammar

① The pluperfect tense
Le plus-que-parfait

a Formation

Imperfect of auxiliary verb (*avoir/être*) + past participle.
Il **avait parlé.**
Elle n'**était** pas **venue.**

b Uses

(i) To express 'had done':
Je n'y **avais** pas **pensé!**   *I **hadn't thought** of that!*
(ii) In 'if' clauses when the verb in the main clause is in the conditional perfect (see below under Uses (ii) of the conditional perfect).
(iii) Special use:
Je vous l'**avais** bien **dit**!   *I **did** tell you!* (ie implying forewarning)

② The conditional perfect
Le conditionnel passé

a Formation

Conditional tense of auxiliary verb (*avoir/être*) + past participle.
Il **aurait parlé.**
Elle ne **serait** pas **venue.**

b Uses

(i) To express 'should/would have done':
J'**aurais préféré** quelque chose de plus joli   *I **would have preferred** something prettier*
(ii) In main clauses when the verb in the 'if' clause is in the pluperfect:
Si j'**avais vu** un rayon maroquinerie, je lui **aurais acheté** un beau sac à main   *If I **had seen** a leather goods department I **would have bought** her a beautiful handbag*
(iii) To express something conjectured or alleged:
Il avait l'air de quelqu'un qui **aurait** beaucoup **travaillé** dans sa vie   *He looked like someone who **had worked** a great deal in his life*

Note: Occasionally, for greater emphasis, the imperfect is used instead of the conditional perfect:

Une minute de plus et ils se **manquaient**   *Another minute and they* ***would have missed*** *each other.*

③ The future perfect
Le futur antérieur

a Formation

Future of auxiliary verb (*avoir/être*) + past participle
Ils **auront fini**.
Tu **seras parti(e)**.

b Uses

(i) To express 'shall/will have done':
D'ici la fin du mois, vous **aurez reçu** la commande   *Between now and the end of the month you **will have received** the order*

(ii) When implied:
Je paierai quand **j'aurai reçu** la marchandise   *I shall pay when I **have received** the goods*

④ Demonstrative pronouns
Pronoms démonstratifs

a Formation

	Singular	Plural
Masc.	celui-ci	ceux-ci
	celui-là	ceux-là
Fem.	celle-ci	celles-ci
	celle-là	celles-là

b Use

(i) To express 'this (one)', 'that (one)', 'these', 'those':
Des deux cadeaux, je préfère **celui-ci**   *Of the two presents I prefer t**his one***

Ces fleurs sont très belles, mais **celles-ci** sont plus fraîches que **celles-là**   *These flowers are very beautiful, but **these** are fresher than **those***

(ii) To express 'the former' (*-là*), and 'the latter' (*-ci*):
M. Sanderson a pris rendez-vous avec M. Dupont, mais **celui-ci** a été retardé   *M. Sanderson made an appointment with M. Dupont but **the latter** was delayed*

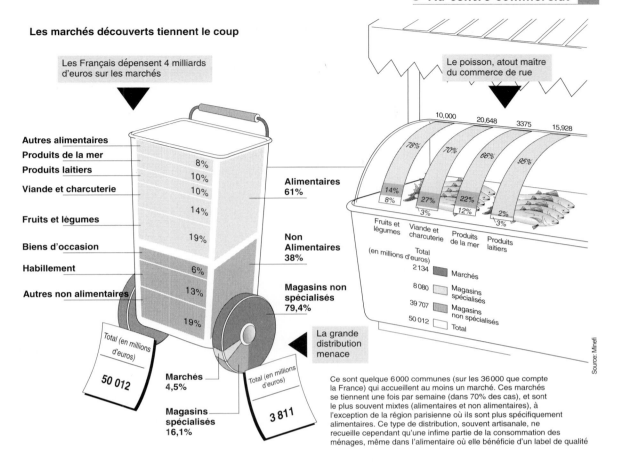

Les marchés découverts tiennent le coup

Les Français dépensent 4 milliards d'euros sur les marchés

Le poisson, atout maître du commerce de rue

Autres alimentaires
Produits de la mer
Produits laitiers — 8%
Viande et charcuterie — 10%
— 10%
Fruits et légumes — 14%
— 19%
Biens d'occasion
Habillement — 6%
Autres non alimentaires — 13%
— 19%

Alimentaires 61%

Non Alimentaires 38%

Magasins non spécialisés 79,4%

Total (en millions d'euros)
50 012

Marchés 4,5%

La grande distribution menace

Total (en millions d'euros)
3 811

Magasins spécialisés 16,1%

10,000   20,648   3375   15,928

78%   70%   66%   95%

14%   27%   22%
8%   12%   2%
3%   3%

Fruits et légumes | Viande et charcuterie | Produits de la mer | Produits laitiers

Total (en millions d'euros)
2 134   Marchés
8 080   Magasins spécialisés
39 707   Magasins non spécialisés
50 012   Total

Source: Minefi

Ce sont quelque 6 000 communes (sur les 36 000 que compte la France) qui accueillent au moins un marché. Ces marchés se tiennent une fois par semaine (dans 70% des cas), et sont le plus souvent mixtes (alimentaires et non alimentaires), à l'exception de la région parisienne où ils sont plus spécifiquement alimentaires. Ce type de distribution, souvent artisanale, ne recueille cependant qu'une infime partie de la consommation des ménages, même dans l'alimentaire où elle bénéficie d'un label de qualité

Structural exercises

A *Le plus-que-parfait avec 'si'*

Si seulement les choses **s'étaient passées** autrement! Répondez aux questions suivantes en exprimant vos regrets.

Exemple: Il est venu vous voir, n'est-ce pas?
Réponse: Ah, **si** seulement il **était venu** me voir!

Continuez:

a Elle a trouvé un joli cadeau, n'est-ce pas?
b Ils ont choisi quelque chose de pas trop cher, n'est-ce pas?
c La vendeuse vous a conseillé, n'est-ce pas?
d Vous vous êtes renseigné sur les prix d'abord, n'est-ce pas?
e Vous avez pu payer par carte de crédit, n'est-ce pas?

B *Le plus-que-parfait avec le conditionnel passé*

Quelle malchance! Vous n'étiez pas au courant des réductions proposées par ce grand magasin. Regardez le tableau pour voir les occasions que vous avez manquées et exprimez vos regrets!

Exemple:

Si **j'avais su** qu'il y avait une réduction de dix pour cent sur les chemises, **j'en aurais acheté** une.

	−10%	chemises
a	−15%	manteaux
b	−20%	appareils-photos
c	−25%	disques
d	−30%	chaussures (une paire)
e	−40%	montres

C *Le futur passé*

Exemple: (nous) manger au restaurant → aller au cinéma

Ⓐ   Est-ce que nous mangerons au restaurant avant d'aller au cinéma?
Ⓑ   Oui, quand nous aurons mangé au restaurant nous irons au cinéma.

Continuez:

		Ⓐ	Ⓑ
a	(elle)	faire ses courses	→ quitter le centre-ville
b	(ils)	choisir des fleurs	→ rendre visite à leurs amis
c	(elles)	se renseigner sur les prix	→ se décider
d	(nous)	attendre une demi-heure	→ s'en aller
e	(vous/je)	parler de la hausse des prix	→ faire voir le catalogue au client

D *Celui-ci/celle-là, etc.*

On vous conseille sur l'achat de certains articles. Faites le choix logique.

Exemple: **Ce foulard-ci** est plus soyeux que **ce foulard-là**.
Réponse: Bon, si c'est ça je vais prendre **celui-ci**.

Continuez:

a Cette pochette-ci est moins jolie que cette pochette-là.
b Ces pièces-ci ne sont pas aussi solides que ces pièces-là.
c Ce cadeau-ci est plus utile que ce cadeau-là.

d Ces gants-ci sont moins à la mode que ces gants-là.

e Cette voiture-là est sortie l'année dernière, cette voiture-ci est le dernier modèle.

E *Le conditionnel passé dans les reportages*

Dans la presse, le reportage d'événements se fait souvent au conditionnel passé. Imaginez dans la colonne de droite la phrase qui, dans un journal, exprimerait le grand titre de la colonne de gauche.

Sondages – changements d'opinions	**D'après les sondages, les opinions auraient changé.**
Journaux – augmentation du nombre de leurs lecteurs	**D'après les journaux, le nombre de leurs lecteurs aurait augmenté.**
a Pouvoirs publics – baisse des impôts	
b Experts – détérioration de la situation	
c Ingénieurs – amélioration du système d'emballage	

F *Au magasin du Printemps*

Ecoutez l'enregistrement et indiquez en anglais quelles sont les huit autres bonnes affaires à ne pas manquer dans les soldes du Printemps.

	Floor	Goods	Reduction
	ground	Lancôme and Chanel cosmetics	20%
a			
b			
c			
d			
e			
f			
g			
h			

Jeu de rôle 1

1ère partie

Vous cherchez un cadeau pour votre femme/sœur et vous demandez quelques conseils à la vendeuse pour savoir ce qu'il faut offrir à vos amis français chez qui vous êtes invité(e) à manger ce soir.

Vendeuse   Vous désirez Monsieur/Madame?
* • *You're looking for a present for your wife/sister and you would like some advice.*

Vendeuse   Que pensez-vous d'un foulard? Regardez ceux-ci! Ils ont eu beaucoup de succès auprès de nos clientes.
* • *She has lots of scarves. You wanted something a bit more unusual.*

Vendeuse   Et de la maroquinerie? Un joli sac à main, par exemple?
* • *A good idea! You hadn't thought of that. How much is that one?*

Vendeuse   Celui-là est assez cher. C'est du cuir. Il fait 122 €.
* • *How much must you spend to get the discount coupon?*

Vendeuse   Si vos achats dépassent 150 € vous avez droit à 10% sur les articles de luxe, autrement c'est 7,5%.
* • *You didn't want to spend so much. The handbag would be too expensive.*

Vendeuse   Ce porte-monnaie coûte moins cher: 27 €. Il est très joli, vous ne trouvez pas?
* • *Thank her. She's been very helpful; you'll think it over.*

Vendeuse   Je vous en prie.

2ème partie

Au rayon voisin 'Bijoux fantaisie'.

Vendeuse   Vous désirez? Vous cherchez un cadeau peut-être?
* • *Yes, for your wife/sister. Something unusual ... not too 'classical'.*

Vendeuse   Alors ce collier peut-être avec les boucles d'oreille assorties? Ce serait, à mon avis, un cadeau idéal. Regardez, ces bijoux sont à la fois d'une conception originale et cependant de tons neutres. Qu'en pensez-vous?
* • *Yes, they are very pretty. They would make a good present.*

Vendeuse   Tout à fait. Et l'avantage c'est qu'ils iraient avec n'importe quelle couleur et n'importe quel vêtement, sport ou habillé. Ce genre de bijou ne fait jamais clinquant; ils ont toujours énormément de cachet.
* • *The two together would be how much?*

Vendeuse   Alors, 29 € pour le collier, et 22,50 € pour les boucles.

• *Recap to make sure you have understood.*

Vendeuse   C'est ça, 51,50 € en tout.

• *Repeat the amount and say that's fine, you'll take them.*

Vendeuse   D'accord, je vais vous faire un joli paquet, puisque c'est pour offrir.

• *You are invited out to dinner at the home of some friends. Could she advise you on what gift you should take?*

Vendeuse   Quand on est invité chez des amis en France il est de coutume d'offrir des bonbons ou des chocolats, ou bien encore des fleurs coupées ou en pot.

• *Cut flowers might be a good idea. What a pity! You went by a florist's this morning. You could have bought some!*

Vendeuse   Ne vous inquiétez pas, il y en a un à deux pas d'ici de l'autre côté de la galerie sur la droite. Il y a un escalier, et c'est au premier étage à gauche.

• *Recap on the directions.*

Vendeuse   C'est ça. Vous avez le temps d'y aller pendant que je finis votre paquet.

• *Thank her. She's been most helpful. You'll be back to collect it when you've bought your flowers.*

Vendeuse   Entendu, à tout à l'heure!

 Jeu de rôle 2

Un(e) Français(e) de passage dans votre ville vous demande conseil pour le choix de cadeaux typiquement anglais/gallois/écossais/ irlandais pour les différents membres de sa famille.

Vous parlerez:

• du nombre et du type de cadeaux (pour qui? âge? goûts? la somme qu'il/elle veut mettre?)
• des possibilités (confiserie, maroquinerie, vêtements, produits typiques de la région)
• du choix des magasins (boutiques, grands magasins, affaires, soldes)

Imaginez la conversation avec un(e) partenaire.

Reading, listening and reacting

A *Les cartes des grands magasins*[1]

1. Etudiez à la page 143, les conditions qui s'appliquent aux différentes cartes de grands magasins, puis remplissez les blancs dans le tableau ci-dessous.

		Samaritaine	Printemps
Cost of card		free	
Introductory offer			
Max. APR (spend)		( )	(→ 1526,70 €)
Min. APR (spend)		6.49%* ( )	(1526,70 €)
Interest-free repayments	no. of payments		
	minimum spend		152,67 €
Free parking	time allowed		n/a
	minimum spend	30 €	n/a
Other stores/outlets where card may be used		n/a	

*What additional condition is attached to this rate?

2. **Comment diriez-vous en français?**
   a These department store cards, which are usually free and valid in a whole range of outlets, give you a renewable credit account.
   b APR and monthly repayments vary according to (*selon*) the total amount of your purchases.
   c Some cards entitle you to free parking and interest-free repayments in 3 or 4 instalments.

Les cartes des grands magasins

Samaritaine

Cette carte, réservée au seul magasin Samaritaine, est gratuite et vous donne un compte de crédit renouvelable au TEG annuel de 16,80%[2]. Elle vous permet également, à partir de 150 € d'achats, de payer en dix fois pour seulement 3% de plus (TEG annuel de 6,49%), ou en quatre fois sans frais pour tout achat de plus de 300 €. Vous bénéficiez de jusqu'à deux heures de parking gratuit à partir de 75 € d'achats (sauf alimentation). Le montant sera déduit de vos achats sur présentation de votre ticket.

Printemps

Une première attention privilégiée sous forme d'une réduction de 10% sur tout le magasin vous attend le jour de l'ouverture de votre compte. Vous pouvez choisir de payer soit au comptant soit en douceur par mensualités minimum au TEG annuel de 19,56% jusqu'à 1526,70 €; et de 17,40%[3] au-delà. Votre carte vous accorde également d'autres facilités: le paiement en trois fois sans frais à partir de 152,67 € d'achats ou le report de paiement gratuit pouvant aller jusqu'à trois mois lors de certaines opérations promotionnelles. Sur demande vous pouvez obtenir une deuxième carte, également gratuite, délivrée à la personne de votre choix et rattachée au même compte Printemps que la vôtre. La carte vous offre en plus la possibilité de régler vos achats chez une multitude de partenaires du Printemps: Fnac, la Redoute, Conforama chez qui elle est également valable.

[1] Voir *Activité de recherche (2)* à la page 149.
[2] Barème et conditions en vigueur au 18/04/02 susceptibles de variation.
[3] Taux en vigueur au 01/08/2001.

PLAN DU MAGASIN GALERIES LAFAYETTE

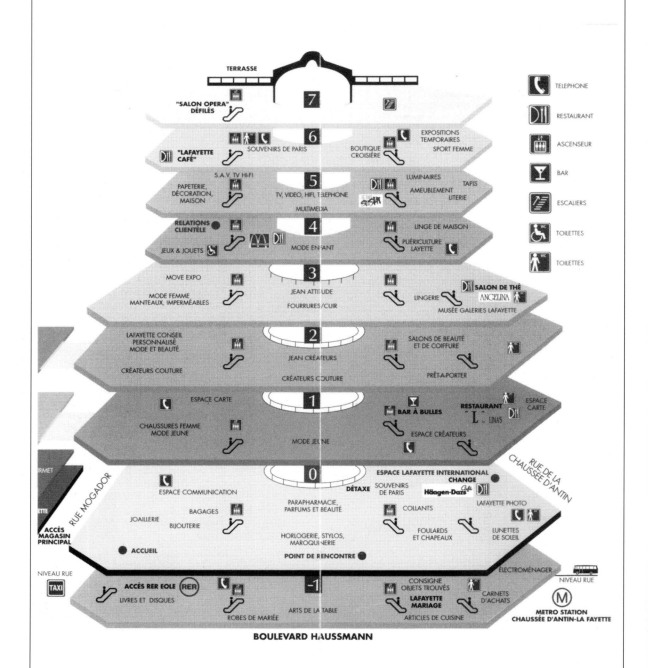

TERRASSE

7

"SALON OPERA" DÉFILÉS

6
"LAFAYETTE CAFÉ" SOUVENIRS DE PARIS BOUTIQUE CROISIÈRE EXPOSITIONS TEMPORAIRES SPORT FEMME

5
PAPETERIE, DÉCORATION, MAISON S.A.V. TV HI-FI TV, VIDÉO, HIFI, TELEPHONE MULTIMEDIA LUMINAIRES AMEUBLEMENT TAPIS LITERIE

4
RELATIONS CLIENTÈLE JEUX & JOUETS MODE ENFANT LINGE DE MAISON PUÉRICULTURE LAYETTE

3
MOVE EXPO MODE FEMME MANTEAUX, IMPERMÉABLES JEAN ATTITUDE FOURRURES/CUIR LINGERIE SALON DE THÉ ANGELINA MUSÉE GALERIES LAFAYETTE

2
LAFAYETTE CONSEIL PERSONNALISÉ MODE ET BEAUTÉ CRÉATEURS COUTURE JEAN CRÉATEURS CRÉATEURS COUTURE SALONS DE BEAUTÉ ET DE COIFFURE PRÊT-A-PORTER

1
ESPACE CARTE CHAUSSURES FEMME MODE JEUNE MODE JEUNE BAR À BULLES RESTAURANT L LINAS ESPACE CARTE ESPACE CRÉATEURS

0
ESPACE COMMUNICATION JOAILLERIE BAGAGES BIJOUTERIE ACCUEIL ESPACE LAFAYETTE INTERNATIONAL CHANGE DÉTAXE SOUVENIRS DE PARIS Häagen-Dazs Café LAFAYETTE PHOTO PARAPHARMACIE, PARFUMS ET BEAUTÉ COLLANTS FOULARDS ET CHAPEAUX LUNETTES DE SOLEIL HORLOGERIE, STYLOS, MAROQUINERIE POINT DE RENCONTRE RUE DE LA CHAUSSÉE D'ANTIN

ACCÈS MAGASIN PRINCIPAL RUE MOGADOR RMET

ELECTROMÉNAGER NIVEAU RUE

NIVEAU RUE TAXI

-1
ACCÈS RER EOLE (RER) LIVRES ET DISQUES ROBES DE MARIÉE ARTS DE LA TABLE CONSIGNE OBJETS TROUVÉS LAFAYETTE MARIAGE ARTICLES DE CUISINE CARNETS D'ACHATS METRO STATION CHAUSSÉE D'ANTIN-LA FAYETTE

BOULEVARD HAUSSMANN

TELEPHONE

RESTAURANT

ASCENSEUR

BAR

ESCALIERS

TOILETTES

TOILETTES

B *Le centre commercial de Parly 2*

Deux minutes pour aller du Printemps au BHV dans le grand centre commercial de Parly 2

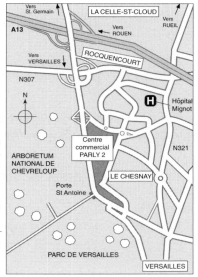

A Parly 2 il ne faut que deux minutes pour aller du Printemps au BHV. Et ces deux minutes-là seront bien remplies car les plus grands magasins de la capitale et les plus connus se trouvent réunis en un seul et même endroit – un authentique condensé du meilleur commerce parisien sur 60 000 m². La surface de vente des 200 magasins est égale à celle de toutes les boutiques du quartier des Champs-Elysées, de l'Etoile à St Philippe du Roule et du Pont de l'Alma au Rond Point et accueille aujourd'hui 20 millions de visiteurs par an.

Une unique manière d'acheter

Les magasins du centre commercial qui empruntent leur luxe au plus nobles matériaux – granit noir, acier, bois précieux et verre de couleur – s'étagent sur deux niveaux, desservis par des escaliers roulants. Ils s'ouvrent directement sans l'obstacle de vitrines, sur le mail couvert et climatisé, que les cascades, les bassins et les jardins exotiques métamorphosent en un agréable jardin d'hiver. C'est l'endroit où l'on donne rendez-vous à ses amis, où l'on aime venir faire quelques pas pour le seul plaisir d'admirer le spectacle toujours renouvelé des boutiques illuminées. On peut aussi confier son enfant au Mini-club où sont organisés des jeux et des manifestations les mercredis et les samedis de 13h à 19h (service payant). Pour les tout petits on peut s'adresser au service 'prête-poussette' et il existe aussi un service 'fauteuil roulant'.

Jusqu'au diamant de 25 carats …

Depuis la boîte de sardines jusqu'au diamant de 25 carats on y trouve absolument tout sous la signature des plus célèbres commerçants de Paris. Aux deux extrémités du mail, le Printemps et le BHV ont installé une quintessence de leurs rayons parisiens. Dans tout le centre commercial les arts et les loisirs se mêlent à la vie quotidienne et le supermarché n'exclut pas les salles de cinémas et les galeries d'art. Les magasins restent ouverts jusqu'à 22h – les 'nocturnes'. Les cafétérias s'ajoutent aux restaurants et avec les bars dans le mail, ils recréent l'atmosphère d'une rue animée.

On se gare une fois pour 200 magasins

Quand on arrive à Parly 2 on gare sa voiture sans problème sur l'un des parkings gratuits qui entourent le centre commercial. Pour ceux qui le désirent il existe un service le samedi où les voituriers prennent en charge gratuitement votre véhicule. La station-service propose des ateliers de montage ultra-rapide ou de mise au point électronique, chaîne de lavage automatique, auto-école, agence de location de voitures.

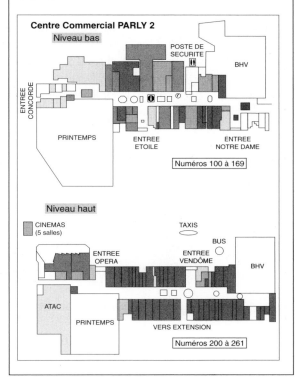

From the information provided in the article on p. 145 and using the headings suggested below, what arguments would you use to persuade a family with a young child and an elderly relative and travelling by car to choose Parly 2 rather than Paris itself for a Saturday shopping trip?

- shopping area (size, number and type of shops/range of goods)
- setting (quality of buildings and decoration/layout)
- facilities for shoppers arriving by car
- other services to shoppers

 C *Décisions difficiles pour le groupe Galeries Lafayette*

Ecoutez l'interview avec Philippe Houzé, co-président du Groupe Galeries Lafayette et répondez aux questions suivantes.

① (répondez en anglais!)
a Which operations forming part of the Galeries Lafayette Group are being discussed?
b To what does the figure of $3\frac{1}{2}$% refer?
c What is the opinion of Philippe Houzé on on-line supermarket provision for the Paris area?

② Trouvez dans le texte l'équivalent français de:
a core business, **b** home delivery is very costly, **c** operational costs, **d** food sales, **e** the more you sell the bigger your losses.

③ Recopiez la section:

Alors la vente en ligne . . . .

. . . .

. . . . d'exploitation.

Faisons le point sur . . .

La grande distribution

La grande distribution se compose de quatre grands types d'entreprise.

1 Les grands magasins et les magasins populaires

Le groupe **Galeries Lafayette** est prédominant dans ce secteur avec des enseignes telles que Nouvelles Galeries, Monoprix et BHV. L'autre géant du secteur est le groupe **Pinault-Printemps-La Redoute (PPR)**. Les grands magasins sont les précurseurs de la distribution moderne. Ils se caractérisent par leur implantation systématique au cœur de Paris

(*Les Galeries Lafayette* et *Le Printemps*, Boulevard Haussmann; *La Samaritaine*, Quai du Louvre) et d'autres grandes villes et, plus récemment, dans les centres commerciaux à la périphérie,[1] la diversité des produits commercialisés, et leur expansion dans d'autres secteurs de la distribution (voir plus bas).

2 Les succursales et les chaînes de grande surface

Elles regroupent trois catégories:

- La première catégorie comprend d'anciennes entreprises succursalistes qui se sont ensuite orientées vers la grande distribution (supermarchés, hypermarchés) tout en conservant leur réseau de petits établissements. Par exemple **Casino** qui a 6 650 magasins dans 15 pays plus son enseigne *Géant*.
- La deuxième catégorie se compose d'entreprises fondées à l'origine par des personnages tels que Edouard Leclerc ou Jean-Pierre Le Roch qui ont regroupé des distributeurs indépendants sous une enseigne (**Centres Leclerc** pour le premier, **Intermarchés** pour le second) pour créer, malgré l'opposition de la part des petits commerçants, des fournisseurs et même quelquefois du gouvernement, un réseau de supermarchés discounter grand public. Les 560 Centres Leclerc – hypermarchés, supermarchés et magasins spécialisés et les 1500 *Inter-* et *Ecomarchés* sont présents partout en France.
- Dans la troisième catégorie on trouve des entreprises qui se sont développées avec la création de très grandes surfaces. C'est le cas de **Carrefour** qui a inventé les hypermarchés. En prenant le contrôle d'*Euromarché*, de *Champion*, *Shopi* et en fusionnant avec **Promodès**, il a usurpé la place de leader à Leclerc. Il regroupe 9 000 magasins dans 31 pays – 8 en Europe, 5 en Amérique Centrale et du Sud et 8 en Asie. **Auchan**, avec 820 super- et hypermarchés dans 14 pays appartient aussi à cette catégorie d'entreprises qui se sont implantées à l'étranger et donc occupent une place non négligeable sur le plan international. Certains groupes ont aussi conclu des accords avec des groupes étrangers. C'est le cas de Carrefour avec *Métro* et de Casino avec le groupe britannique *Argyle*.

3 Les chaînes commerciales spécialisées

Ce secteur fait souvent partie de l'évolution des grands groupes cités ci-dessus et représente une part toujours croissante de leur chiffre d'affaires. Citons par exemple l'acquisition par le groupe PPR de *la Fnac*, premier distributeur de biens culturels et de loisirs, de *Conforama* (mobilier, confort ménager), de *Rexel* (électrique), et de *Guilbert* (fourniture de mobilier de bureau). Le groupe Galeries Lafayette lance de nouvelles chaînes – *Andaska* (sports et plein air) et *Box & Co.* (spécialistes du rangement). Intermarché par sa filiale *Bricomarché* occupe le premier rang européen pour le bricolage, un secteur en pleine croissance dans lequel on trouve également la chaîne **Monsieur**

Part de marché des grandes surfaces
(ensemble des produits commercialisables en 2000, hors automobile)

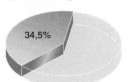

34,5%

Bricolage et **Castorama**. Le secteur de l'électroménager, téléphonie, informatique, vidéo, TV, hi-fi, est dominé par **Darty** qui a pris également une participation dans la société **But** (meubles et électrodomestique).

4 Le commerce électronique (e-commerce)

Le successeur naturel de la VPC (vente par correspondance) le commerce électronique compte parmi ses pionniers les leaders de la VPC – *la Fnac* et, surtout *La Redoute*. Le groupe PPR est ainsi capable de lancer en 1995 *PPR Interactive* qui propose les premiers sites Internet marchands. Depuis 2000 *Fnac.direct.com* propose plus de 3 000 produits techniques et La Redoute était le premier site à proposer un centre d'appels en ligne «Alloweb». En 2000 le groupe PPR a réalisé un chiffre d'affaires Internet de plus de 195 milliards d'euros. Pour leurs ventes en ligne *Alcapage* (biens culturels) et *Marcopoly* (équipement maison) ont l'avantage d'être des filiales de **Wanadoo**, premier fournisseur d'accès à Internet français. Leclerc lance en 1999 trois sites de commerce en ligne, et la plupart des magasins et des chaînes de distribution se veulent 'cyber-commerçants' en développant leurs propres sites. Mais le secteur est encore dans son enfance et certains résultats jusqu'à présent ont été décevants – par exemple ceux de *Télémarket*[2] le service alimentaire en ligne du groupe Galeries Lafayette. Prometteur à long terme, le commerce électronique doit faire face pour l'instant à des problèmes de défaillance logistique, de relations avec le client et de sécurisation des paiements.

[1] Voir Section C Ex. B.
[2] Voir Section C Ex. C.

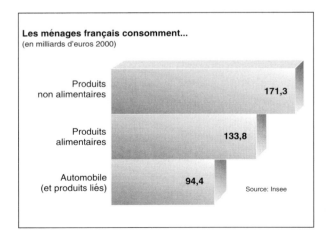

Les ménages français consomment...
(en milliards d'euros 2000)

Produits non alimentaires : 171,3
Produits alimentaires : 133,8
Automobile (et produits liés) : 94,4

Source: Insee

La Samaritaine est le célèbre grand magasin de la rue de la Monnaie. Son nom provient d'une pompe située au niveau du Pont Neuf qui alimentait le Louvre en eau, et où l'on pouvait voir une sculpture de la Samaritaine versant l'eau au Christ.

Activité de recherche

1 Renseignez-vous sur l'implantation d'une chaîne ou d'un groupe de magasins britanniques en France (par exemple Laura Ashley, Bodyshop, etc.)

- Combien de succursales y a-t-il en France? Où sont-elles situées?
- Est-ce que les magasins en France vendent les mêmes produits qu'en Grande-Bretagne?
- Quels sont les articles/produits qui ont le plus de succès auprès des consommateurs français?

Rédigez votre rapport en français.

2 Consultez les sites web des deux grands magasins parisiens qui font l'objet de l'exercice A Section C:

- Samaritaine (www.lasamaritaine.com)
- Printemps (www.printemps.com)

Renseignez-vous sur:

- les dernières nouveautés proposées
- les offres courantes
- les prochaines soldes
- les autres avantages de la carte du magasin

9 Dîner chez des amis

 Section A ## Scénario

Mr Sanderson arrive à l'appartement de son ami Monsieur Dubois chez qui il est invité à dîner.

 Ecoutez le dialogue et répondez aux questions de la Section A pour commencer.

Vocabulaire

immeuble (m)	*apartment block*
embouteillage (m)	*traffic jam*
pardessus (m)	*(man's) overcoat*
déménager	*to move house*
auparavant	*previously*
banlieue (f)	*suburbs*
trajet (m)	*journey*
étagères (f.pl)	*shelving, shelves*
bricoler	*to do odd jobs (about the house)*
bricoleur (m)	*handyman (DIY specialist)*
se détendre	*to relax*
goût (m)	*taste*

se gêner	*to stand on ceremony*
aîné(e)	*eldest (child)*
licence (f)	*university degree*
cadet(te)	*youngest (child)*
pension (f)	*boarding school*
rôti (m)	*roast (meat)*
régal (m)	*treat*
déçu (p.p. décevoir)	*disappointed*

Qu'avez-vous compris?

1 **Remplissez les blancs.**

a Mr Sanderson a ...... l'immeuble des Dubois sans difficulté parce qu'il a ...... très aidé par leur ...... du quartier.

b Les Dubois .... obligés de changer d' ...... à la ...... de ...... deuxième enfant.

c Ils ...... la banlieue mais c'est plus ...... de leur lieu de travail que leur ...... appartement du centre-ville.

d Monsieur Dubois ...... pour se ...... et Mr Sanderson a admiré les ...... qu'il a ...... pour le ...... appartement.

e Le ...... aîné des Dubois a toujours ...... intéressé par les ...... et il ...... faire une licence d'anglais quand il ...... le lycée après son ....

f Quand la fille de Mr Sanderson a ...... l'école primaire ...... femme a ...... son travail, mais à temps ....

g Mr Sanderson a dit qu'il n'avait pas du tout ...... déçu par Parly 2 et qu'il ...... pu y ...... le cadeau qu'il ...... pour sa femme.

2 **Comment diriez-vous en français?**

a You didn't have too much trouble?

b Let me introduce my wife.

c How very kind!

d It's the least I could do.

e You've got a nice home.

f On the whole we like it here.

g Despite the commuting.

h If you'd like to sit here.

i Don't stand on ceremony!

j Make yourself at home!

k Are your children of school age?

l He would like to take a degree in English.

m It's a real treat.

n I must get back.

o Thank you for a pleasant evening.

6 PIECES 125 m²

C'est un appartement de très grand standing. Le séjour peut être réuni à l'une des quatre chambres pour former une immense réception encore agrandie par la terrasse. L'une des chambres, celle des parents sans doute, desservie par une salle de bains et un placard, peut être isolée du reste de l'appartement. Toutes les chambres donnent de plain-pied sur le long balcon qui prolonge la terrasse. Avec deux salles de bains, un dressing-room et deux vastes placards, le "6 pièces" dispose vraiment du plus grand confort.

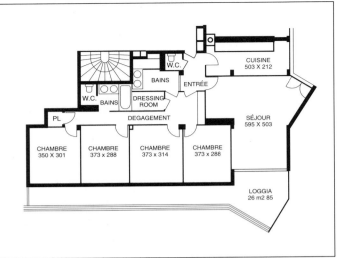

Grammar

① The passive
La forme passive

a Formation

As in English, ie appropriate tense of *être* + past participle

Elle **est invitée**	She ***is invited***
Elle **a été invitée**	She ***has been invited*/*was invited***
Elle **sera invitée**	She ***will be invited***

b Use

Generally it is advisable to use the active voice whenever possible (see note 2). However the passive is used:

(i) In cases where the past participle is a common adjective, especially when expressing emotion:
Ils **ont été choqués** de voir leur réaction.
Elle **a été étonnée** par la hausse des prix.
Il **sera ravi** de faire votre connaissance.

(ii) When the agent is expressed after *par*:
La lettre **a été écrite** par votre secrétaire.
Il **est invité** par ses amis.
Les automobilistes **avaient été** très **gênés** par les embouteillages.

2 **Avoidance of passive**
Comment éviter la forme passive

a 'on'

(i)   In certain common expressions:

On dit que ...   *It is said that ...*
On croit que ...
On pense que ...   *It is thought that ...*

(ii)   When the agent is not mentioned specifically:

On ouvre le magasin à 9.00   *The shop is opened at*
        heures   *9.00 o'clock*

(iii) To translate passive expressions involving an indirect object:

On leur a montré l'appartement   ***They were shown*** *the flat*
On nous a servi un excellent repas ***We were served*** *an*
                                                         excellent meal

On lui a demandé s'il connaissait   ***He was asked*** *if he knew*
        le chemin   *the way*

b Reflexive

Il **s'appelle** John Sanderson   *He **is called** John*
                                                         Sanderson

Le vin rouge **se boit** à la température   *Red wine **is drunk** at room*
        ambiante   *temperature*
Cela ne **se fait** pas!   *That **isn't done!***

Structural exercises

A *Forme active → forme passive*

Voici des questions posées à la forme active. Complétez les réponses en utilisant la forme passive et en faisant attention au temps et à la personne.

Exemple: Les prix vous **surprennent** je suppose?
Réponse: Bien sûr que je **suis supris** par les prix!

Continuez:

a Le rayon cadeaux vous a déçu(e), je suppose?
    Bien sûr que j'ai été .... !
b Parly 2 a impressionné Monsieur Sanderson, je suppose?
    Bien sûr qu'il .... !
c Le plan avait aidé vos amies, je suppose?
    Bien sûr qu' .... !
d Mr Sanderson invitera les Dubois un jour, je suppose?
    Bien .... !
e Les langues intéresseraient votre fille, je suppose?
    .... !

B *Forme passive au conditionnel*

Pourquoi les différentes personnes ont-elles fait ce qu'elles ont fait? Parce que sinon il y aurait eu des problèmes.

Exemple: Pourquoi M. Sanderson a-t-il accepté l'invitation des Dubois? (offensé)

Réponse: Parce que sinon ils **auraient été offensés**.

Continuez.

a Pourquoi avez-vous suivi des cours d'informatique? (embauché)
b Pourquoi a-t-il lancé un emprunt? (ruiné)

Maintenant complétez en trouvant vos propres exemples:

c Pourquoi a-t-il voulu trouver un cadeau pour sa femme?
d Pourquoi ont-ils baissé les prix de leurs produits?
e Pourquoi a-t-elle décidé d'acheter des chaussures avant que les prix augmentent?

C *On + forme active*

Répondez à l'affirmatif aux questions qui sont posées à la forme passive en utilisant 'on' suivi de la forme active et en substituant le nom en italique par un pronom.

Exemple: *'La Tour d'Argent'* **est considéré*** comme un des restaurants les plus célèbres de Paris, n'est-ce pas?

Réponse: Oui, **on** *le* **considère** comme un des restaurants les plus célèbres de Paris.

Exemple: La *lettre* **a été postée** ce matin, n'est-ce pas?

Réponse: Oui, on *l'***a postée** ce matin.

Continuez.

a L'*apéritif* a été servi tout de suite, n'est-ce pas?
b Notre *patron* était bien estimé dans le monde des affaires, n'est-ce pas?
c Le *contrat* sera signé demain, n'est-ce pas?
d Les *représentants* avaient été envoyés en Allemagne, n'est-ce pas?
e La *commande* aura été reçue avant la fin de la semaine, n'est-ce pas?

*Gender is decided by *restaurant* (m) not *Tour* (f).

D *On + verbe réfléchi*

Répondez aux questions en utilisant le verbe réfléchi.

Exemple: Comment **boit-on** le vin rouge? (à la température ambiante)

Réponse: Le vin rouge **se boit** à la température ambiante.

Continuez:

a Comment boit-on le vin blanc? (très frais)
b Où trouve-t-on les sacs à main? (au rayon maroquinerie)
c Comment appelle-t-on les amis de Mr Sanderson?
d Quand mange-t-on les croissants?
e Comment écrit-on votre nom?

E *Le voyage d'affaires*

Le voyage d'affaires effectué en Angleterre par Monsieur Gérard a été un grand succès. Il le raconte à un collègue de bureau ...

1 S'il l'avait raconté en anglais, il aurait utilisé les 12 phrases à la forme passive que vous trouverez dans le tableau ci-dessous. A vous de trouver les phrases françaises qui correspondent (le premier exemple vous est donné).

2 Identifiez les phrases françaises exprimées à la forme passive.

I was met at the airport	On est venu me chercher à l'aéroport
a I was taken straight to head office	
b I was introduced to the Managing Director	
c He was very interested	
d I was shown round	
e which had been built	
f which will be opened	
g I was assured	
h could be installed there	
i I was invited	
j I had always been told	
k I was served (an excellent meal)	

F *Une invitation*

Traduisez en français.

I had been invited several times by some friends of mine called Dupont, who live near Versailles, to have dinner with them during one of my frequent visits to Paris. But somehow, each time, I had been prevented from accepting their kind invitation. However, last August I was able to visit them and I was impressed by their new flat which had been beautifully decorated by M. Dupont, who is a first class handyman. I was served an excellent meal and Mme Dupont, who had never been to England, asked me if it was true that wine was not often drunk at mealtimes, despite the fact that it could be bought in most supermarkets. I told her that in fact every year, despite its ever-increasing price, more and more wine was being bought. Unfortunately, it was all too soon time to go, and after goodbyes had been said, I was driven back to my hotel by M. Dupont.

📞 *Jeu de rôle 1*

Jouez le rôle d'Eric Farrar en voyage d'affaires à Paris. Vous avez visité un client ce matin. Après avoir fait quelques courses à Parly 2 l'après-midi, vous allez dîner chez un collègue, M. Mauclerc.

M. Mauclerc   Bonsoir, Eric. Enchanté de vous voir. Vous avez trouvé notre immeuble sans difficulté j'espère?
 • *No problem, his map was a great help.* Votre plan etait tre utile.

[handwritten: Pas probleme, j'ai ete tres aide por votre plan de quartier]

M. Mauclerc   Je suppose qu'il y avait beaucoup de circulation à cette heure-ci? J'ai quitte mon hotel de bonheur pour
 • *Yes, but you were careful to leave your hotel early to avoid*[1] *the traffic.* eviter la circulation.

M. Mauclerc   Vous avez bien fait. Permettez-moi de vous présenter ma femme. Chérie — Eric Farrar, mon collègue britannique qui parle très bien le français!

Mme Mauclerc   Heureusement, car je ne comprends pas bien l'anglais! Enchantée monsieur!
 • *You are pleased to meet her. Offer the flowers you bought in Parly 2.*

[handwritten: Enchante madame, voilà les fleurs j'achete]

Mme Mauclerc   C'est pour moi? Que c'est gentil! Vous n'auriez pas dû!
 • *Don't mention it. It's the least you could do.*

[handwritten: Je vous en prie c'est la moindre de]

Mme Mauclerc   Chéri, veux-tu servir l'apéritif, et après nous pourrons passer à table. Un Martini pour moi!

M. Mauclerc   D'accord. Qu'est-ce que je vous offre Eric?
 • *State your preference, and say you like their flat.*

M. Mauclerc   Oui, l'appartement nous plaît assez. Nous avons eu de la chance de le trouver. Vous n'habitez pas en appartement je suppose. Les Anglais dans l'ensemble ont des maisons, n'est-ce pas?
 • *Yes, that's very true. You have a detached house*[2] *in the suburbs which you like a lot. It's an old house but you like working on it when you have the time.* j'aime y bricole

Mme Mauclerc   On peut manger. Mettez-vous là Monsieur Farrar, et ne vous gênez pas. Faites comme chez vous! J'espère que ça vous plaira …
 • *Thank her. It looks delicious. Ask if they have any children.*

M. Mauclerc   Oui, nous en avons deux. Une fille de 17 ans et un fils de 11 ans. Ils sont en vacances chez leurs grands-parents en ce moment. Et vous, vous avez des enfants?
 • *Yes. Two girls. The eldest is just*[3] *five and the youngest is three.*

en age d'aller à l'ecole

Mme Mauclerc   Alors votre épouse ne travaille pas?

• *No. When the children are old enough to go to school she will perhaps go back to part-time work.*

M. Mauclerc   Et qu'est-ce que vous avez pensé de Parly 2? Avez-vous pu trouver ce que vous cherchiez?

• *You were very impressed. You found the present you were looking for. The sales assistant was very helpful.* sensable

Mme Mauclerc   Tant mieux. Vous garderez donc un bon souvenir de votre journée à Parly.

• *Yes, and of your evening with them of course!*

Mme Mauclerc   Mais nous aussi, nous avons été très heureux de votre visite. Encore du café? rentrer

• *No, it's late and you must get back. Thank them for an excellent meal and a very pleasant evening. You hope they will come and visit[4] you in England.*

M. Mauclerc   Ce sera avec plaisir ... En effet, il est tard et vous devez être fatigué. Je finis mon café, puis je vous raccompagne.

[1] éviter
[2] maison individuelle
[3] venir de (avoir)
[4] rendre visite

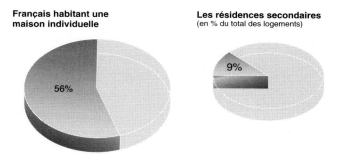

Français habitant une maison individuelle

56%

Les résidences secondaires
(en % du total des logements)

9%

Jeu de rôle 2

Travaillez avec un(e) partenaire. Vous avez fait la connaissance d'un(e) jeune Français(e) qui est venu(e) faire un stage dans une entreprise de votre ville. C'est la première fois qu'il/elle vient en Angleterre et vous l'invitez à dîner chez vous.

Pour améliorer votre français vous vous êtes mis(es) d'accord pour ne pas parler un mot d'anglais de toute la soirée! Votre partenaire joue le rôle du (de la) Français(e) qui arrive (selon la coutume française) avec un petit cadeau. Imaginez la conversation!

Résumé

Servez-vous de l'aide-mémoire et faites un résumé oral ou écrit de la soirée de Mr Sanderson chez ses amis.

Mr Sanderson est arrivé chez ses amis
- à l'heure – aucun mal – plan du quartier – précautions – embouteillages

M. Dubois lui a présenté sa femme
- fleurs – pardessus

On lui a offert l'apéritif
- son choix

Ils ont parlé de l'appartement
- compliments de Mr Sanderson – satisfaits – plus grand – en banlieue

Ils sont passés à table
- enfants – visite de Mr Sanderson à Parly 2

Ils est parti
- remerciements – proposition de M. Dubois

Section C — Reading, listening and reacting

A *Ce que consomment les Français*

Regardez le tableau et remplissez les blancs dans le résumé qui suit. Attention, un blanc ne représente pas nécessairement un seul mot ou chiffre!

Ce que consomment les Français
Part du budget total en%

	Alimentation, boissons, tabac	Habillement	Logement, chauffage, éclairage	Équipement et entretien du logement	Santé	Transports et télécommunication	Loisirs	Autres biens et services
1960	33,3%	11%	10,4%	11%	5%	11,6%	5,5%	12,2%
1970	26%	9,6%	15,3%	10,2%	7,1%	13,4%	6,4%	12%
1980	21,4%	7,3%	17,5%	9,5%	7,8%	16,6%	6,9%	13%
1990	19,3%	6,5%	18,9%	8%	9,5%	17%	7%	13,8%
2000	17,6%	5,5%	21,3%	9,7%	10%	17,2%	8%	10,2%

Source: Insee

En 1960 les Français dépensaient le (a) ...... de leur budget pour se nourrir, (b) ...... et (c) ...... – presque deux fois plus que ces dernières années. Le seul autre secteur où la part du budget a diminué progressivement au fil des années est celui de (d) ....

Par contre, se (e) ...... , se (f) ...... et voir clair en 2000 leur coûtent plus que (g) ...... fois (h) ...... qu'(i) ...... 40 ans et au cours de cette même période le prix de leur (j) ...... a doublé.

Pour (k) ...... et se (l) ...... dans le monde moderne ils sont obligés de consacrer (m) ...... % de leur budget comparé aux 13,4% il y a une (n) ...... d'années et les (o) ...... destinées aux (p) ...... n'ont (q) ...... que de 2,5% (r) ...... 1960.

📼 B L'été en or du commerce de détail

Ecoutez l'interview avec Monsieur Cochaud, puis répondez aux questions ci-dessous (en anglais pour les deux premières):

1. Match up the sectors and the percentage increase or decrease in the turnover of independent retailing outlets in the Rhône-Alpes region reported for the month of June by completing the grid below:

Sector	% (+/−)
overall average	
	+ 9.9
	+ 12.3
toys and gifts	
sports goods	
	+ 12.7
	+ 6.9
photography	

2. a Who is Mr Cochaud?
   b Why are the summer sales figures not included in the report?
   c What reasons are given for the increased spending on
      (i) leisure pursuits? (ii) DIY?
   d What four reasons did Mr Cochaud give for feeling confident that the introduction of the euro had not lead to an overall increase in prices?

③ Transcribe the section.

A partir du 1ᵉʳ janvier 2002 ....

....

....

....

.... assez inquiétante.

C *Vers la fin des bac+2*

① Basé sur l'enregistrement, le schéma à la page 165 et le *Petit Guide des Sigles* à la fin du livre, mettez dans les cases ci-dessous les diplômes qui correspondent.

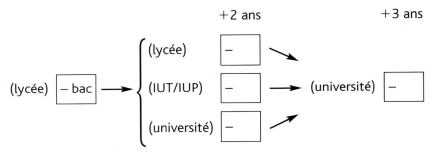

② Vrai (v) ou faux (f)?

a About 70% of students gaining a DUT continue to study for a higher qualification.

b Students are opting for longer periods of study because the bac+2 programmes have been unsuccessful.

c The introduction of the vocational degree is the third stage in the process of harmonising qualifications throughout the European Union.

d Vocational degree courses will be available to both full and part-time students.

③ Trouvez dans l'enregistrement l'expression française qui exprime:

a property management, **b** world of work (trouvez *deux* expressions), **c** management level, **d** up-dating of IT skills, **e** retail management, **f** training needs, **g** organisational management, **h** sales staff.

Toujours pas 80% de bacheliers

Pour parvenir à l'objectif des 80% de bacheliers, la nation a consenti des efforts budgétaires considérables. Pourtant, l'objectif n'est pas atteint. Il se heurte principalement à la stagnation des effectifs en bacs professionnels. La volonté de travailler au plus vite mène les jeunes en CAP, BEP ou en apprentissage. Ou nulle part. On a ainsi noté une augmentation des abandons d'études à la suite de la tempête de 1999: la pénurie de main-d'œuvre a mené des patrons à la porte des lycées professionnels. L'appel de la fiche de paie, même provisoire, a été plus fort que l'attrait du diplôme.

M.-S.S.

Le Point

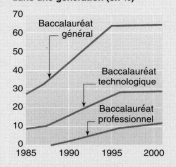

Proportion de bacheliers dans une génération (en %)

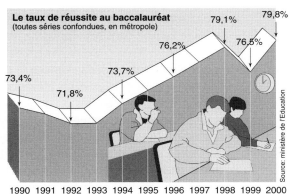

Le taux de réussite au baccalauréat
(toutes séries confondues, en métropole)

Source: ministère de l'Education

 Section D

Faisons le point sur . . .

Le système éducatif français

Les grands principes remontent à 1789, date de la Révolution française. L'instruction est publique et «commune à tous les citoyens» et comprend trois degrés: primaire, secondaire et supérieure.

C'est la Troisième République qui réalisera les principes directeurs de la Révolution. En 1882 avec Jules Ferry, l'enseignement primaire devient laïque, gratuit et obligatoire. Chaque commune a son école primaire, souvent rattachée à la mairie. L'enseignement est sous la tutelle du Ministère de l'Education nationale qui fixe les programmes.

1 L'enseignement primaire

L'école maternelle est fréquentée par les enfants de deux à six ans; en 2001, 99,6% des enfants âgés de trois ans étaient scolarisés, 35,4% seulement pour ceux âgés de deux ans (activités d'éveil, travaux manuels, initiation à la vie de groupe; l'apprentissage de la lecture n'est abordé qu'en fin de cycle). Les enfants de deux ans sont encore accueillis dans des crèches mises en place par les communes.

L'enseignement devient obligatoire à partir de six ans, âge auquel les enfants entrent à *l'école élémentaire*. L'enseignement comprend trois cycles: cours préparatoire (CP) un an, cours élémentaire (CE1, CE2) deux ans, cours moyen (CM1, CM2) deux ans.

2 L'enseignement secondaire

Il est organisé en trois cycles sur quatre ans et s'adresse à tous les élèves; la formation a lieu dans *les collèges*:

- le cycle d'adaptation, dans la classe de 6e. Les élèves bénéficient du même enseignement de base: français, maths, langues étrangères, éducation civique, artistique, manuelle et sportive.
- le cycle central dans les classes de 5e (Central 1) et de 4e (Central 2).
- le cycle d'orientation, dans la classe de 3e. En plus de l'enseignement commun, les élèves sont orientés vers des options générales, technologiques ou professionnelles qu'ils choisissent. Les connaissances sont testées par un contrôle continu. A la fin de la 3e, ils passent le Brevet ou, dans le cas des élèves connaissant des difficultés d'apprentissage, le Certificat de Formation Générale. Les élèves peuvent choisir une troisième technologique implantée en lycée professionnel en fonction de leur intérêt pour le domaine professionnel.

A l'issue de la 3e les élèves sont orientés soit vers *le lycée d'enseignement général et technologique* soit vers *le lycée professionnel (LP)* ou *le Centre de Formation d'Apprentis (CFA)*. Dans le premier cas, les élèves préparent un baccalauréat général ou technologique ou brevet de technicien sur trois ans en classes de seconde, première et terminale.

Dans les autres cas, ils préparent sur deux ans un Certificat d'Aptitude Professionnelle (CAP) ou Brevet d'Etudes Professionnelles (BEP) avec l'option de continuer (classes de première et de terminale professionnelles) pour obtenir le baccalauréat professionnel (Bac pro), ou dans le cas des CAP pour obtenir un BEP.

Pour le baccalauréat les élèves de lycée général et technologique ont le choix entre:

a trois séries générales:
- L (littéraire)
- ES (économique et sociale)
- S (scientifique)

b quatre séries technologiques:
- STT (sciences et technologies tertiaires)
- STI (science et technologies industrielles)
- STL (science et technologie de laboratoire)
- SMS (sciences médico-sociales)

c La préparation de baccalauréats technologiques spécifiques: hôtellerie, techniques de la musique et de la danse

d La préparation du Brevet de Technicien (BT) qui donne une qualification de technicien spécialisé dans un domaine précis: mécanique, électricité, chimie, verrerie, céramique, bâtiment et travaux publics, industries alimentaires, de l'habillement, des transports, du tourisme, de l'ameublement.

Dans l'enseignement secondaire, on trouve aussi un certain nombre d'établissements d'enseignement confessionnel, principalement catholiques, '*les écoles libres*' (privées) qui assurent l'éducation d'environ 17% de la population scolaire.

3 La formation continue

C'est le terme attribué aux actions de formation pour adultes et aux stages professionnels organisés pour les salariés dans les entreprises. Ces programmes sont, dans bien des cas, assurés par les *GRETA (Groupements des établissements publics d'enseignement)* qui fédèrent leurs ressources en locaux (lycées et collèges) et en enseignants pour mieux répondre aux différents besoins de formation.

4 L'enseignement supérieur

Pour entreprendre des études supérieures, il est nécessaire de posséder un baccalauréat ou un titre jugé équivalent.[1] Seuls les disciplines médicales, odontologiques et pharmaceutiques pratiquent la sélection.

Certains *lycées* se spécialisent sur deux ans dans la préparation aux différents Brevets de Technicien Supérieur (BTS) et les concours d'entrée dans les Grandes Ecoles.

Les Instituts Universitaires de Technologie
Les IUT sont rattachés aux universités et
dispensent une formation professionnelle
de haut niveau. Les études durent
normalement deux ans (bac+2) et sont
sanctionnées par le Diplôme Universitaire de
Technologie (DUT).

Les Universités   On compte plus de 71
universités qui regroupent environ 1000 Unités
de Formation et de Recherche (UDFR). Ces
établissements offrent toutes les disciplines et
un choix d'études et de cursus et assurent la
formation des professeurs de collège et de
lycée.

- le premier cycle, d'une durée de deux ans (bac+2), prépare au
  Diplôme d'Etudes Universitaires Générales (DEUG) ou également au
  Diplôme d'Études Universitaires Scientifiques et Techniques
  (DEUST) pour faciliter l'entrée directe dans la vie professionnelle
- le deuxième cycle mène à la licence (DEUG+1) et à la Maîtrise
  (licence +1)
- le troisième cycle (de un à cinq ans) mène, soit à une plus grande
  spécialisation – (DESS) Diplôme d'Etudes Supérieures Spécialisées,
  (DRT) Diplôme de Recherche Technologique (licence +2), soit à la
  recherche – (DEA) Diplôme d'Etudes Approfondies (licence +2),
  Doctorat (licence +5)

Les Ecoles Supérieures de Commerce   Ce sont des écoles privées,
souvent gérées par les chambres de commerce et d'industrie. Elles
assurent la formation des futurs cadres dans les entreprises. Entrée par
concours.

Les Grandes Ecoles   Les plus prestigieuses des écoles supérieures –
Ecole Polytechnique, Ecole Nationale d'Administration (ENA), etc.[2] –
auxquelles on accède par concours d'entrée et sélection. Elles assurent
la formation des futurs cadres supérieurs, chefs militaires et dirigeants
du pays.

---

[1] Entry to higher education for people who do not have the *bac* but have
  been in work and have professional experience is possible through a system
  of *Validation d'Acquis Professionnels (VAP)*, roughly equivalent to our
  Accreditation of Prior Learning (APL).
[2] See *Petit Guide des Sigles*.

L'ENSEIGNEMENT EN FRANCE — ONISEP

www.onisep.fr
Bienvenue sur le site des métiers et des formations

SUPÉRIEUR

DOCTORAT (niveaux 6 à 11)

- DE Docteur médecine spécialisée
- DE Docteur médecine générale
- DE Docteur en chirurgie dentaire + spécialisation
- DE Docteur en pharmacie + spécialisation
- DE Docteur en chirurgie dentaire
- DE Docteur en pharmacie
- Doctorat
- DEA — DESS — Magistère — DRT — Ingénieur
- Maîtrise / MST - MSG
- Maîtrise + Ingénieur maître
- Diplôme grande école (Ingénieur, Lettres, Gestion-commerce)
- Diplôme d'architecte
- Diplôme d'art
- Diplôme école spécialisée*
- Diplôme d'État santé social

MASTAIRE* (niveaux 5)

- IUFM
- Licence
- Licence professionnelle

LICENCE (niveaux 1 à 4)

- IUFM
- DEUG
- IUP 3 — IUP 2 — IUP 1
- DEUST — DUT — BTS
- Classe Prépa — Prépa intégrée
- PCEM 1 — PCEP 1

| UNIVERSITÉ | IUT | LYCÉE | ÉCOLES |

SECONDAIRE

- Bac général — Bac technologique — BT — MC — Bac pro — MC — MC
- BEP — CAP

	LYCÉE	LP ou CFA
CYCLE TERMINAL 2	Terminale générale	Terminale technologique	Terminale professionnelle
CYCLE TERMINAL 1	Première générale	1ère technologique / 1ère d'adaptation	Première professionnelle
CYCLE DE DÉTERMINATION	Seconde générale et technologique	Terminale BEP / 2ème année CAP
		Seconde professionnelle / 1ère année CAP

- Brevets — CFG

	COLLÈGE	
CYCLE D'ORIENTATION	Troisième	3ème techno LP — 3ème SEGPA
CYCLE CENTRAL 2	Quatrième	4ème SEGPA
CYCLE CENTRAL 1	Cinquième	5ème SEGPA
CYCLE D'ADAPTATION	Sixième	6ème SEGPA

ÉLÉMENTAIRE — ÉCOLE ÉLÉMENTAIRE

CYCLE DES APPROFONDISSEMENTS 3	Cours moyen 2
CYCLE DES APPROFONDISSEMENTS 2	Cours moyen 1
CYCLE DES APPROFONDISSEMENTS 1	Cours élémentaire 2
CYCLE DES APPRENTISSAGES FONDAMENTAUX 3	Cours élémentaire 1
CYCLE DES APPRENTISSAGES FONDAMENTAUX 2	Cours préparatoire

PRÉ-ÉLÉMENTAIRE — ÉCOLE MATERNELLE

CYCLE DES APPRENTISSAGES FONDAMENTAUX 1	Grande section
CYCLE DES APPRENTISSAGES PREMIERS 2	Moyenne section
CYCLE DES APPRENTISSAGES PREMIERS 1	Petite section
	Année des tout petits

SCOLARITÉ OBLIGATOIRE DE 6 À 16 ANS

Apprentissage
Tous les diplômes technologiques et professionnels, du CAP au diplôme d'ingénieur, se préparent aussi par la voie de l'apprentissage.

*Le grade de mastaire est délivré de plein droit aux diplômés de DEA, DESS, DRT, écoles d'ingénieurs.

Les flèches indiquent les principaux changements de filières. Il existe d'autres passerelles.

Concours

Sigles
Bac pro Baccalauréat professionnel
BEP Brevet d'études professionnelles
BT Brevet de technicien
BTS Brevet de technicien supérieur
CAP Certificat d'aptitude professionnelle
CFA Centre de formation d'apprentis
CFG Certificat de formation générale
DE Diplôme d'état
DEA Diplôme d'études approfondies
DESS Diplôme d'études supérieures spécialisées

DEUG Diplôme d'études universitaires générales
DEUST Diplôme d'études universitaires scientifiques et techniques
DRT Diplôme de recherche technologique
DUT Diplôme universitaire de technologie
IUFM Institut universitaire de formation des maîtres
IUP Institut universitaire professionnalisé
IUT Institut universitaire de technologie
LP Lycée professionnel
MC Mention complémentaire après CAP, BEP, BT, Bac pro...
MSG Maîtrise de sciences de gestion

MST Maîtrise de sciences et techniques
PCEM Premier cycle des études médicales
PCEP Premier cycle d'études pharmaceutiques
SEGPA Section d'ens. général et professionnel adapté

*Écoles spécialisées : transport, communication, fonction publique, vente...

© ONISEP 2001/2002
Une information, un renseignement...
01 64 80 38 00
5€

MINISTÈRE DE L'ÉDUCATION NATIONALE

Activité de recherche

En prenant comme modèle le schéma sur le système éducatif français et le curriculum vitae à la page 184, préparez un exposé sur le système britannique de 11 jusqu'à 18 ans. Prenez comme exemple un(e) jeune Anglais(e) qui désirerait faire des études supérieures de langues et de commerce.

Indiquez quel(le)s sont:

■ les établissements scolaires à partir de 16 ans qu'il/elle pourrait choisir pour faire ses études
■ les matières qu'il/elle serait obligé(e) d'étudier
■ les examens qu'il/elle devrait réussir (GCSE/GNVQ/AS level/A level) pour faire des études supérieures
■ les différents établissements d'enseignement supérieur qui lui seraient ouverts ainsi que des exemples de programmes d'études qui lui seraient proposés

10 Lettre d'affaires

Lettre d'affaires

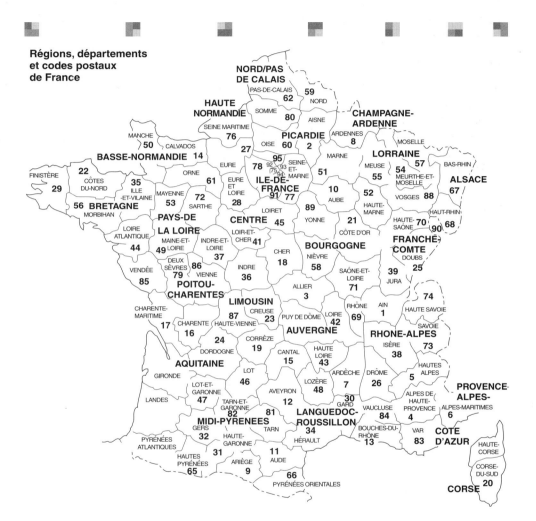

Régions, départements
et codes postaux
de France

Scénario

**De retour en Angleterre Mr Sanderson écrit à
Mme Legrand pour confirmer sa commande et pour
l'inviter à visiter l'usine.**

Ecoutez le dialogue et répondez aux questions de la Section A
pour commencer.

Vocabulaire

lors de	*at the time of*
être en mesure de faire qch	*to be in a position to do sthg*
délai (m)	*time (schedule)*
affiche (f)	*poster*
rabais (m)	*rebate*
escompte (m)	*discount*
paiement comptant	*cash payment*
accueillir	*to welcome*
prochainement	*soon*
accuser réception	*to acknowledge receipt*
s'occuper de qch	*to see to sthg*
régler (une facture)	*to settle (a bill)*
sur le champ	*on the spot*
résoudre	*to solve*

Note: For complimentary closes to business letters see pp. 174–5.

Qu'avez-vous compris?

1 **Comment diriez-vous en français?**
a Would you like me to read it back?
b I trust you.
c It's in your mother tongue.
d Please acknowledge receipt.
e I'll see to it straight away.
f I'll see to the fax as well.
g We are doing our best.

2 **Transcription**
Transcribe Mr Sanderson's letter to Mme Legrand.

[Handwritten notes in left margin:]
- Voulez-vous que je relise
- Je vous fais confiance.
- C'est dans votre langue maternelle.
- Veuillez accuser réception.
- Je vais m'en occuper tout suite.
- Je vais m'occuper aussi.
- Nous faisons de notre mieux.

La lettre commerciale

La mise en page

The usual layout for French business letters follows the French standard NF Z 11.00., as shown below.

1 L'en-tête *My edress*	
	2 La vedette *Person's address*
3 Les références	
	4 La date
5 L'objet	
6 Les pièces jointes	
7 L'appel	
	8 Le corps de la lettre
9 La formule de politesse	
	10 La signature

Note: see p. 176 for an example

① L'en-tête (see notes on pp. 170–71)

② La vedette (addressee)

Either a person: Monsieur Jean ANNICK
                   39, rue du Docteur Temporal
                   01230 ST. RAMBERT EN BUGEY

or a firm: Etablissements LACOSTE
                   16, avenue Leclerc
                   BP 76–75
                   69832 LYON CEDEX

MICHELIN

Agence, Service, Département
Adresse
CODE POSTAL
Téléphone
Télécopie

Votre réf. :

Le :
Objet

Fenêtre destinataire

Début de frappe du texte

①

②　　　③　　　④　　　⑥　　　⑤

Manufacture Française
des Pneumatiques Michelin

Place des Carmes - Déchaux
63040 CLERMONT-FERRAND CEDEX 9
FRANCE

Téléphone: (33)4 73 32 20 00
Télécopie : (33)4 73 32 22 02
Internet : http:\\www.michelin.com
Minitel : 3615 Michelin

Société en commandite par actions
au capital de 304 000 000 d'Euros
Michelin et Cie.
855 200 507 R.C.S. Clermont-Ferrand
Place des Carmes-Déchaux
63040 CLERMONT-FERRAND CEDEX 9 FRANCE

1 Name of company.

2 Five-figure postcode. The first two digits indicate the *département* (see map p. 167), and the last three digits the distributing office. The number of *bureaux distributeurs* per *département* varies between 30 and 250.

3 CEDEX (*Courrier d'entreprise à distribution exceptionnelle*). Large firms and organisations receiving considerable amounts of mail have individual CEDEX sorting codes.

4 Minitel was the highly successful French precursor of the Internet set up by France Télécom in the 1980s. Using a simple fold-away screen and keyboard (originally provided free of charge) linked to the telephone, the Minitel gave access, initially, to the electronic directory and subsequently, via Télétel, to a wide range of interactive, on-line services (banking, shopping, travel, weather, traffic information, etc). Minitel peaked in the mid-nineties but since then has been gradually overtaken by the Internet to which its services can now be linked via Wanadoo. (See also Chapter 6 Section D.)

5 The company's number on the commercial register and city where registered.

6 Type of company. *Société en commandite par actions*: partnership limited by shares. Note also SA (*Société Anonyme*): public limited company; SARL (*Société à responsabilité limitée*): private limited liability company. By law companies must show their share capital minimum 39,000 € for an SA and 8,000 € for other types).

③ Les références

votre (vos) référence(s) → usually abbreviated to v/réf.
notre (nos) référence(s) → usually abbreviated to n/réf.

④ La date

Always in lower case, and always preceded by the town from which the letter originates. For example:
Paris, le 25 janvier 2...   Londres, le 1er juin 2...

⑤ L'objet (purpose of letter)

Keep words to a minimum, avoiding articles and adjectives. For example: v/lettre du 20 mai; demande de renseignements; rappel; n/commande réf. SF135.

⑥ Pièces jointes (enclosures)

Normally abbreviated to PJ.

⑦ Appel/formule d'interpellation (salutation)

• To a business organisation	Messieurs,
• To an individual whose name you do not know	Monsieur, Madame, Mademoiselle*
• To an individual whose name and sex you do not know	Madame/Monsieur,
• To a person with whom you are acquainted	Cher Monsieur, Chère Madame, etc.

*If in doubt, use *Madame*.

- If you are on good terms

Cher Monsieur
Olivier,
Chère Madame
Legrand, etc.

Note also: Madame la Présidente (even if she is not married)
Maître (to a lawyer or solicitor)
Monsieur le Directeur

⑧ Le corps de la lettre (main body of letter)

a Opening
b Middle
c Close

Useful phrases

a Opening

• En réponse à
• Je vous remercie de
• Nous vous accusons réception de
• Nous nous référons à

votre

• lettre
• courrier
• offre

du 9 mai.

- Comme suite à notre

• entrevue
• conversation

b Middle

(i) *Requests:*

• Nous vous serions reconnaissants de bien vouloir
• Auriez-vous l'obligeance de
• Pourriez-vous

nous

• envoyer
• faire parvenir
• fournir

• de la documentation.
• des renseignements.
• des échantillons.
• une liste de vos prix.
• des précisions sur …

- Veuillez également nous

• faire savoir
• indiquer
• préciser

quel(le)s sont vos

• modalités et conditions.
• délais de livraison.

(ii) *Offers:*

| • Nous vous prions de
• Veuillez | trouver
ci-joint | • nos prix actuels.
• notre dernier catalogue. |

| • Nous avons l'honneur de vous faire parvenir
• Nous vous adressons   par ce pli
       sous pli séparé
       par ce même
         courrier | • la documentation souhaitée.
• une description de toute la gamme de nos produits. |

- Nous pouvons effectuer livraison dans un délai de 30 jours.
- Nous apporterons tous nos soins à l'exécution de votre commande.

(iii) *Orders:*

- Nous avons | • le plaisir
• l'honneur | de vous | • passer
• transmettre | la commande suivante

- Nous vous confirmons notre | • commande
• accord | pour la livraison de …

(iv) *Apologies:*

- Nous vous prions de nous | • excuser pour ce retard.
• pardonner cette erreur.

- Nous regrettons vivement | • cette négligence
• ce malentendu, etc. | de notre part.

- Nous vous présentons nos excuses les plus sincères.
- L'erreur était due à des circonstances indépendantes de notre volonté.

- Nous espérons que | • cette erreur
• ce contretemps | n'aura pour vous aucune conséquence fâcheuse.

(v) *Complaints:*
- Nous avons le regret de vous informer que …
- Nous vous rappelons que vous nous aviez promis de …

- Nous ne sommes pas du tout satisfaits de la | • qualité
• finition

de la marchandise livrée.

- Nous avons constaté plusieurs erreurs dans les chiffres cités.
- Nous ne sommes pas d'accord sur le montant facturé.
- Nous ne nous expliquons pas la différence de prix.
- Nous serons obligés de nous adresser ailleurs.
- Nous comptons sur vous pour rectifier la situation

> - par retour de courrier.
> - par ce même courrier.

c Close

(i) It is necessary to lead into the final complimentary close (*formule de politesse*) with a suitable phrase. This will depend on the nature of the letter. For example:

If a reply is needed:

- Dans l'attente

> - de recevoir bientôt de vos nouvelles ...
> - d'une réponse   favorable, ...
>   rapide, ...
> - de vous lire, ...

If you can be of further assistance:
- Nous restons à votre entière disposition pour tout renseignement complémentaire, ...

To thank them for their interest:

- En vous remerciant de l'intérêt que vous portez à

> - nos produits
> - notre maison

If you are looking forward to doing business with them:
- Dans l'espoir que nous pourrons traiter affaires ...

If you wish to sell them your services and assure them of your best attention:
- Dans l'attente de recevoir votre commande à laquelle nous apporterons tous nos soins, ...

If you wish to repeat an apology made earlier in the letter:

- Nous vous renouvelons toutes nos excuses pour ce

> - malentendu
> - contretemps

et vous prions de ...

To thank in anticipation:
- En vous remerciant d'avance, ...

To reassure:

- En vous assurant

• de notre bonne volonté, ...
• que nous ferons tout notre possible pour résoudre ce problème, ...

(ii) *Formule de politesse (complimentary close)*
Following on immediately from the 'lead-in' shown in (i) above, there are several permutations possible, most of them involving *salutations*, *sentiments* or *considération*. The title used (*Messieurs*, *Madame*, etc.) must be the same as in the salutation. The following suggestions should help you cope with most letters, and they can all be safely translated by 'Yours sincerely' or 'Yours faithfully' as appropriate.

To a customer or supplier:

• Veuillez
• Nous vous prions d'

agréer, Monsieur/Madame, l'expression de nos sentiments

• dévoués (customer).
• respectueux (supplier).
• distingués.

To a superior:

• Veuillez
• Je vous prie d'

agréer, Monsieur le Directeur, l'expression de mes sentiments les plus dévoués.

To be polite and pleasant, but matter-of-fact:
- Recevez, Madame, mes salutations les meilleures.

To be polite, but nothing more (ie to express dissatisfaction or annoyance)
- Recevez, Messieurs, nos salutations.

Style

The question of style is very important in the presentation of business letters. Although you may come across the expressions on the left below, you are more likely to see, and you should aim at using, the alternatives on the right.

Avoid		Use	
Pouvez-vous nous dire	→	Pourriez-vous nous	faire savoir indiquer signaler
Merci pour votre lettre	→	Je vous remercie de votre	courrier lettre
Nous nous excusons pour cette erreur	→	Nous vous prions de nous excuser pour cette erreur	

J'aimerais avoir de la documentation	→ Je souhaiterais recevoir de la documentation
Envoyez-nous votre catalogue, s'il vous plaît	→ Nous vous prions de bien vouloir nous faire parvenir votre catalogue
D'habitude/généralement	→ Dans l'ensemble/en général
Je vous écris en espérant que ...	→ Je m'adresse à vous dans l'espoir de ...

Part One: Examples of business letters

Demande de renseignements

---

1 **Aux Quatre Gourmands**
37, rue du Bourg
03000 MOULINS
Tél: 04 91 32 81 77 Télécopie: 04 93 46 71 87

3 V/réf.:
N/réf.: PD/1

2 Confiseries de France
21, bd. Bellini
BP 5035
34032 MONTPELLIER Cedex

4 Moulins, le 25 mai

5 *Objet: demande de renseignements*

6 PJ: 2 dépliants

7 Messieurs,

Vos affiches publicitaires ayant attiré notre attention, nous souhaiterions obtenir de plus amples renseignements sur vos produits.

8 Auriez-vous l'obligeance de nous envoyer votre dernier catalogue, une liste de prix* et quelques échantillons. Veuillez aussi nous faire savoir quels sont vos modalités et conditions de paiement,* ainsi que vos délais de livraison.

Nous vous en remercions d'avance et avons le plaisir de joindre à ce courrier de la documentation sur notre maison.

9 Dans l'attente d'une réponse rapide, recevez, Messieurs, nos salutations les meilleures.

10 *P. Delacroix*

P. Delacroix

---

*See pp. 179–80.

Note: Voir *La mise en page* p. 169.

Offre

CALOREX FRANCE – appareils de chauffage – chaudières
S.A.R.L. au capital de 16 millions d'euros
18, rue Jean Jaurès – Zone Industrielle – BP 119 –
92303 COURBEVOIE CEDEX
téléphone: (1) 45 98 51 32 télécopie: 34 43 21 50

Domestic Appliances Ltd
3, Home Park
SIDCUP
Kent
Angleterre DA12 6SJ

vos réf: JS/GB
nos réf: GC/DAT

Courbevoie, le 15 mars

objet: v/lettre du 6 mars

p.j.: 1 catalogue
1 liste de prix
1 bon de commande

à l'attention de Mr Stanley

Monsieur,

Nous vous remercions de votre courrier du 6 ct. et de l'intérêt que vous portez à nos produits.

Veuillez trouver ci-joint notre catalogue, ainsi que notre liste de prix et un bon de commande.

Pour tout paiement comptant vous bénéficierez d'un escompte de 3% et nous serions prêts à vous accorder un rabais spécial de 2,5% à l'occasion de votre première commande. Nos prix s'entendent franco à bord* Calais.

Nos délais de livraison sont de trois semaines maximum à dater de la réception de votre commande dans nos bureaux.

Notre représentant Monsieur Vincent sera en Angleterre à partir du 15 avril et serait heureux de vous rendre visite, soit le 18, soit le 19. Veuillez nous faire savoir quelle est la date qui vous convient le mieux.

Pour tout renseignement complémentaire n'hésitez pas à vous mettre en rapport avec nous; nous sommes à votre entière disposition.

Dans l'espoir que nos conditions vous permettront de nous passer commande, veuillez agréer, Monsieur, l'expression de nos sentiments dévoués.

le Directeur Commercial

Jean-Louis Lemoine

Jean-Louis Lemoine

---

*See pp. 187–8.

Commande

TAMAR WINE SUPPLIES
22 Armada Street
Tavistock
DEVON
PL19 7AH
Tel: 01822 823906
Fax: 01822 823679

> VINS FINS DE SAVOIE
> Domaine Dupasquier
> Aimavigne
> 73170 Jongieux
> France

N/réf: R.H. 1895
V/réf:
Objet: commande de vins

Tavistock, le 23 octobre

Messieurs,

Suite à notre conversation téléphonique du 10 octobre, nous avons le plaisir de vous passer la commande d'essai suivante:

20 cartons de 12 bouteilles de Roussette
15 cartons de 12 bouteilles d'Apremont
12 cartons de 6 bouteilles de Seyssel Mousseux
10 cartons de 4 bouteilles de Marestel

Nous espérons que vous serez en mesure de nous faire parvenir la marchandise dans les délais les plus brefs, au plus tard avant la mi-novembre, afin que nous puissions faire connaître à nos fidèles clients ces excellents vins de Savoie. Il importe en effet que nous soyons livrés avant la période cruciale précédant les fêtes de fin d'année et la soirée "dégustation" prévue pour le 8 novembre.

Veuillez confirmer votre accord par fax selon lequel les prix cités dans votre brochure et l'escompte accordé seront maintenus jusqu'au Jour de l'An. Pour notre part, nous nous engageons à régler la facture D/A[1], à 30 jours fin de mois comme convenu.

Nous souhaitons vivement que vos vins plaisent aux consommateurs et aux connaisseurs britanniques afin que nos deux maisons puissent continuer à traiter affaires.

Dans l'espoir d'une réponse rapide dont je vous remercie d'avance, nous vous prions d'agréer, Messieurs, l'expression de nos sentiments distingués.

Le Directeur du Service Achats

Ray Heale

M. Ray Heale

[1]See *Expressions utiles: 1 Les prix.*

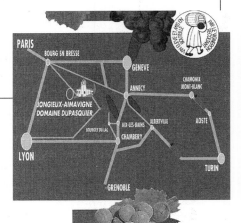

Réclamation

Beachgear U.K.
3 Oldham Road, Manchester M6 3NP
Tel: 0161 841607   Fax: 0161 841638

Aux 100,000 Maillots
Quai Jules Ferry
69000 LYON CEDEX
France

v/réf: *BG/J-JS*
n/réf: *NA/MF*

Manchester, le 2 mai

objet: réclamation 476 du 15 mars

Messieurs,

Nous avons dû attrendre votre livraison pendant de nombreuses semaines et la non-observation des délais de livraison a eu pour nos affaires les plus graves conséquences, notre commerce étant saisonnier. Nous avons insisté plusieurs fois sur l'urgence de la livraison. Si nous ne pouvons pas nous fier à vos promesses, nous nous verrons à l'avenir dans l'obligation de nous adresser à d'autres fournisseurs.

De plus, au déballage, nous avons constaté plusieurs erreurs dans le choix des teintes parmi certains articles que nous vous retournons en port dû.

Enfin nous ne sommes pas d'accord sur le montant facturé. Vous nous aviez laissé entendre que vous prendriez à votre charge les frais d'emballage, mais nous constatons d'après votre facture qu'il n'en est pas ainsi, et nous vous prions de nous fournir des éclaircissements à ce sujet.

Recevez, Messieurs, nos salutations.

Expressions utiles   (See also *Petit Guide des Sigles*)

1 Les prix

D/A 60-document contre acceptation à 60 jours à vue	*D/A 60 days-document against acceptance at 60 days from sight*
départ usine/sortie usine	*ex works*
devis (m)	*estimate*
(en) port dû	*carriage forward*
frais d'emballage en sus	*packaging charge extra*
franco à bord	*free on board*
franco de port	*carriage paid*
franco domicile	*carriage paid to customer's warehouse*
franco frontière française	*free French frontier*
ht (hors taxe)	*not including VAT (also used to express 'duty free')*
montant (m)	*total amount*
redevance douanière	*customs' handling charge*
relevé (m)	*statement*
timbre de connaissement (m)	*bill of lading stamp*

2 Les modalités et conditions de paiement

acompte (m)	*part payment/instalment*
arrhes (f.pl.)	*deposit*
comptant contre documents	*cash against documents (CaD)*
comptant contre remboursement	*cash on delivery (CoD)*
paiement à la commande	*cash with order*
paiement avant (après) l'expédition	*payment before (after) despatch*
paiement à réception de facture	*payment on receipt of invoice*
paiement à tempérament	*payment by instalments*
paiement par relevé mensuel	*monthly settlement*
payer à terme	*to buy on credit*
payer comptant	*to pay cash*
quittance (f)	*receipt*
transfert de fonds (m)/ virement (m)	*(bank) transfer*
trente jours fin de mois	*within 30 days of the end of month of receipt of invoice*

Part Two: Les fax

Bien que la lettre occupe une place importante dans le monde des affaires et que le courrier électronique devienne de plus en plus courant, le fax est une activité quotidienne de la communication commerciale.

Deux facteurs primordiaux d'économie et de rapidité déterminent le style du fax. Savoir répondre à des requêtes ou émettre des demandes dans un délai très bref est un moyen efficace mais coûteux comparé à la lettre d'affaires. Il est donc essentiel d'adopter un style concis, clair, moins formel et rapide.

En général, chaque entreprise ou organisation a un pro-forma de fax qui permet d'éviter les mots superflus. Il suffit parfois de cocher les cases.

En plus de l'avantage évident que représente l'usage d'un fax quand il s'agit de confirmer des dates, des heures, des prix, etc., les pages 181 et 182 démontrent aussi comment le contenu d'une lettre peut être exprimé clairement mais avec une grande économie de mots. Comparez la lettre au fax à la page suivante.

THE INTERNATIONAL GARDEN CENTRE

WHITCHURCH STREET
TAVISTOCK
DEVON
PL16 8DJ

Jardinerie COLBERT
Route de Bourg
Belley 01970
FRANCE

V/réf.: MJ316 MC
N/réf.: RS/1349
Objet: demande de renseignements

Tavistock, le 23 septembre
A l'attention de Monsieur Leclerc

Cher Monsieur

Nous accusons réception de votre courrier du 20 courant dans lequel vous nous avez demandé de vous fournir de plus amples renseignements sur notre fauteuil de jardin "Relax".

Nous vous remercions de l'intérêt que vous portez à nos produits et vous prions de trouver ci-joint une photocopie de la page 5 de notre catalogue sur laquelle vous trouverez les précisions souhaitées ainsi qu'une liste de prix. Nous vous expédierons notre catalogue sous pli séparé.

Nous nous permettons d'attirer votre attention sur notre offre spéciale: 10% de réduction sur notre gamme de meubles de jardin valable jusqu'à la fin de ce mois. La clôture de cette offre étant très proche, nous vous prions de nous faxer votre commande le plus rapidement possible.

Dans l'espoir que ces renseignements vous seront utiles et nous permettront de traiter affaires, veuillez agréer, cher Monsieur, l'expression de nos sentiments dévoués.

Robert Speddy   Directeur des Ventes

Tel. 01822 696371   Fax: 01822 696842

THE INTERNATIONAL GARDEN CENTRE

WHITCHURCH STREET
TAVISTOCK
DEVON
PL16 8DJ

Tel. 01822 696371   Fax: 01822 696842

De la part de/From: Robert Speddy, Directeur des Ventes
Destinataire/To: Jardinerie Colbert, route de Bourg, Belley 01970 France.
No de Fax/Fax Number: +(0)479889236
Nombre de pages qui suivent/Number of pages to follow:

☐ Suite à notre entretien téléphonique/
Following our telephone conversation

☐ Suite à votre contact du: avec:
Following our conversation at: with:

☑ Suite à votre lettre/fax du: 23/9
Following your letter/fax dated:

☑ Pour information/ *page 5 de n/catalogue*
For information: *liste de prix, offre spéciale*

☐ Transmission uniquement par fax/
Fax transmission only

☑ Original suivra par courrier/
Original to follow by post

☑ Merci de bien vouloir confirmer la réception de ce fax
Please confirm reception of this fax

☐ Merci de bien vouloir rappeler/
Please call back

☐ Merci de bien vouloir faire le nécessaire/
Please deal with as necessary

MESSAGE: Cher Monsieur Leclerc,
Suite à votre demande de renseignements sur les fauteuils de jardin
"Relax" veuillez trouver ci-joint la documentation en question.
Pour profiter de l'offre spéciale de 10% de réduction, veuillez passer
commande par fax avant le 31.
Merci de votre intérêt.

Part Three: Useful personal letters

Letter A: Hotel reservation

objet: réservation de chambre

Madame/Monsieur,

Je vous prie de bien vouloir me réserver deux chambres individuelles avec salle de bains pour les nuits du 3 et 4 avril aux noms de Messieurs Calavasse et Périer.

Veuillez me faire savoir le prix des chambres et me préciser si le petit déjeuner et le service sont inclus. Pourriez-vous aussi m'indiquer si je dois vous verser des arrhes au préalable.

Je vous en serais reconnaissant si vous pouviez me répondre par retour du courrier.

Je vous en remercie d'avance.
Dans l'attente de vous lire, recevez, Madame/Monsieur, mes salutations les meilleures.

Letter B: Request for work experience

objet: demande de stage

à l'attention du Chef du Personnel

Monsieur,

Je me permets de m'adresser à vous dans l'espoir de trouver un stage rémunéré d'une durée de ... dans votre entreprise.

Je poursuis des études de ... à ... où je suis actuellement en ... année d'un programme qui dure ... ans.

J'ai l'intention de me spécialiser dans ... en dernière année; je souhaiterais, donc, faire mon stage dans ce service. Cependant, si cela s'avérait impossible, je serais prêt(e) à acquérir de l'expérience dans un autre département.

Veuillez trouver ci-joint un curriculum vitae et une photo récente. Je me tiens à votre disposition pour vous fournir tout renseignement complémentaire.

J'espère que vous voudrez bien prendre ma candidature de stagiaire en considération, et je vous en remercie d'avance.

Dans l'attente d'une réponse favorable, je vous prie d'agréer, Monsieur, l'expression de mes sentiments respectueux.

CURRICULUM VITAE

NOM: **HUDSPETH Christopher**

Nationalité: britannique
Etat civil: célibataire
Date et lieu de naissance: **16 juin 1980** Tavistock (Devon)

Domicile permanent: **Rose Cottage, Woodlands**
Tavistock, Devon PL19 9JP, Angleterre
Tél.: 01822 932709

SCOLARITE
1991–1998   **études secondaires, Callington Community School,** Cornwall
1996   **diplôme GCSE** maths, anglais, histoire, géographie, chimie, physique, sciences naturelles, français, allemand, espagnol, dessin, éducation physique
1998   **diplôme GCE** A Level (niveau avancé, équivalent du baccalauréat, qui sanctionne deux années en classes terminales) français, **mention très bien,** allemand **mention bien,** sciences économiques, **mention assez bien,** espagnol, **mention passable**

ETUDES SUPERIEURES/FORMATION
1998–2002   études à **l'Ecole Supérieure de Commerce de Plymouth, University of Plymouth: BAIB, Licence de Commerce International,** marketing, comptabilité, droit commercial, sciences économiques, langues, statistiques, gestion, méthodes quantitatives

reçu avec mention: 2 (i)

2001–2002   de septembre à mars, **stage d'études à l'ESCAE de Brest**

EXPERIENCE PROFESSIONNELLE
1995–96   emploi à temps partiel le week-end dans un grand magasin (vendeur/caissier)
1997 (été) travail temporaire dans une agence de voyages (employé de bureau)
1998 (été) emploi saisonnier de gardien dans un terrain de camping en France
2000 (été) **étude de marché** en vue de la création d'un rayon plongée sous-marine (Aquasports, Plymouth)
2001   avril à fin août, **stage en entreprise** chez **Alcatel** (marketing) étude de qualité du service clients export

COMPETENCES
Langues: **français,** lu, écrit, parlé couramment
allemand, lu, écrit, parlé couramment
espagnol, lu, écrit
italien, rudiments
Informatique: Microsoft Word; Excel; Powerpoint
Permis de conduire: B depuis 2000

PASSE-TEMPS/LOISIRS
Sports d'équipe: capitaine de l'équipe de rugby à l'école
Sports individuels: ski, voile, delta plane
Randonnées, voyages (Allemagne, Etats-Unis, Inde)
Lecture, musique, échecs

Letter C: Job application

objet: demande d'emploi

Monsieur,

Comme suite à l'annonce parue dans le ... du 8 avril dernier, je me permets de poser ma candidature au poste de ... que vous proposez.

J'ai fait des études de ... à ... Je possède une licence/un diplôme de ... Ma langue maternelle est l'anglais, mais je parle couramment le français. En ce moment j'occupe le poste de ... dans une petite entreprise de ... où malheureusement je n'ai pas assez l'occasion de me servir de mes connaissances de français.

Je souhaiterais occuper un emploi qui me permettrait d'utiliser mon désir d'entreprendre et mon sens de l'initiative. Je pense posséder les qualités de dynamisme et de diplomatie auxquelles votre annonce fait allusion. Je travaille bien au sein d'une équipe, et j'espère que mon expérience professionnelle ainsi que mon profil correspondent à la personne que vous recherchez.

Veuillez trouver ci-joint mon curriculum vitae.*

En espérant que ma proposition retiendra votre attention, je vous prie d'agréer, Monsieur, l'expression de mes sentiments les plus respectueux.

*A curriculum vitae (c.v.) should always accompany a letter of application. The example on p. 184 could provide a possible model to follow

Section D Exercises

A *En têtes (see pp. 170–71)*

Study the letter heads of the three companies below and answer the questions which follow.

LEVELEC

Matériels d'électrification pour appareils de levage

Z.I. Nord – 8, rue Jean Moulin, 69431 Vaulx en Velin, Cedex 11
S.A.R.L. au capital de 77 000 ; RC Lyon : B 876 401 632 ; Siren : 876 104 632 002 ;

NAF 878J ; www.levelec.fr ; e-mail : levelec@levelec.sarl.fr
Tél : 04 76 82 76 33   Télécopie : 04 76 88 67 49

INFOGICIEL

services en ingéniérie informatique – développement et commercialisation de logiciels

S.A. au capital de 160 000 – RC Marseille B 198 413 531
Tél : 04 83 71 18 90 – Télécopie : 04 83 71 18 99

Siège social : Immeuble Azur, Bât.C, Ave. Leclerc, 13486 Marseille Cedex 9
http://www infogiciel.fr e-mail : communication@infogiciel.fr

---

Gustave Kaufman s.a. *Matériel pour laboratoires et cliniques*

S.A. au capital de 154 000
25, route de Colmar
B.P. 84
67397 RIQUEWIHR Cedex   **Tél : 03 77 85 43 29**
France   **Fax : 03 77 85 43 39**

R.C.S. Strasbourg B 187 402 698 – Siret 639 104 726 00019 – NAF 793 M
site web : www.kaufman.fr   e-mail : gustave@kaufman.co.fr

	Levelec	Infogiciel	Kaufman
Type of company (plc. etc)			
Share capital			
Products/services			
Region*			
City where registered & commercial register number			
e-mail			
website			

B *Mise en page (see p. 169)*

You are working for HOMEDECOR of Reading. Lay out the beginning of your reply to an enquiry you have received from a Monsieur Jospin, writing on behalf of Ets. Ducor of 3, rue de l'Empereur, BP 36, 03203 VICHY Cedex.

Your reference is MG/YJ and you are enclosing a copy of your catalogue and a price list. The date of your reply is the 4th March.

HOMEDECOR

Windsor Park Road
Reading
Berkshire
tel: 0118 656728   fax: 0118 656714

C *Formules de politesse (see pp. 174–5)*

Write suitable complementary closes with the appropriate 'lead-in' phrase to a letter to:

a a regular customer, Jean Fontugne, whom you have known for several years and who has just placed a large order with you.
b a firm which has written asking for information on your products.
c a recently acquired customer, Madame Laporte, who has written complaining she has been sent the wrong goods.
d the Managing Director of your Paris parent company asking you to sort out a problem.

D *Transcription*

Transcribe the two recorded letters and translate them into good commercial English.

E

Write a reply on behalf of Confiseries de France to the letter on p. 176.

• thanking them for their enquiry
• asking them to find enclosed the information they requested (a sample of your raspberry flavoured sweets is being sent under separate cover)

- payment must be made when placing order, but as a new customer they would be entitled to a 5% discount
- prices quoted are carriage paid
- delivery is guaranteed within two weeks of receipt of written order

Finish with a suitable complimentary close.

F

Reply on behalf of 'Aux 100,000 maillots' to Beachgear UK (see letter on p. 179).

- apologising for the delay in delivery and the errors in the consignment
- on receipt of the goods they are returning you undertake to send, by return, the missing items
- you will draw up a new invoice to take into account your original undertaking to meet packaging costs
- as compensation you will give them a 3% reduction on their next order

Finish with a suitable complimentary close.

G *Réservation de chambres*

Restaurant
***Hôtel
Les Voyageurs

Restaurant Hôtel "Les Voyageurs"
15, avenue Clemenceau, 29200 Brest
tél. 02 98 80 25 73 (lignes groupées)
télécopie 02 98 83 24 73

---

r. c. Brest B 635 720 907
société à responsabilité limitée «Hôtel des Voyageurs»
au capital de 3700 €
siret 635 720 907 016

Write to the Hôtel des Voyageurs, Brest to reserve one double and one single room for the nights of 15th and 16th June.

- You will require bathroom and toilet with the double room and shower and toilet with the single.
- Ask for the price (inc. VAT) of the rooms and breakfast (if not included).
- Do they accept Visa and/or Access credit cards?
- You will be arriving between 18h00 and 20h00 on 15th June by car and would like to know if the hotel has a garage.
- Could they confirm within the next two weeks.

H

☐ By ticking the appropriate boxes and filling in the blanks on the pro-forma fax on page 190, express the content of this letter in the form of a fax.

J Murray & Sons
Crystal, Glass and China Ware
236 High Street
MALDON
Essex CM5 8LM
tel: 01621 993461   fax: 01621 993344

Ets. Quinten S.A.,
196, route de Grenoble
B.P. 161
69802 ST. PRIEST Cedex
France

Maldon, le 12 juin

objet: commande de porcelaine

à l'attention du Chef du Service des Ventes

Monsieur

Les articles que vous nous proposez par votre lettre du 29 mai répondent parfaitement à nos besoins, et vos conditions générales de vente nous semblent satisfaisantes. Donc si vous vous engagez à effectuer livraison le 20 juillet au plus tard, et ce sans augmentation de prix sur le tarif actuel, nous sommes prêts à vous passer ferme commande de:

– 6 services de table, modèle BALLETT, réf. 5119 à 330 €
– 6 services à gâteau, modèle SATURN, réf. 17115 à 197,50 €
– 6 services à café, modèle SATURN, réf. 28596 à 86 €

Ceci à condition que les prix cités soient franco de port et d'emballage.*

Nous vous serions reconnaissants de nous confirmer votre accord sur ces conditions. De notre côté nous réglerons la facture suivant les modalités précisées dans votre dernière lettre.

Dans l'attente de recevoir très bientôt votre lettre de confirmation, recevez, Monsieur, nos salutations les meilleures.

le directeur du service des achats

Martin Webster

Martin Webster

*See p. 179.

FAX:
MURRAY & SONS,
Crystal, Glass and China Ware,
236 High Street, Maldon, Essex, CM5 8LM
Tel: 01621 993461   Fax: 01621 993344

De la part de/From: Monsieur Webster, Directeur du Service des Achats
Destinataire/To: Chef du Service des Ventes, Ets. Quinten

No. de Fax/Fax Number: 18 34 1652 185 379

Nombre de pages qui suivent/Number of pages to follow:

❑ Suite à notre entretien téléphonique/Following our telephone conversation

❑ Suite à votre contact du: avec:
  Following our conversation of: with:

❑ Suite à votre lettre/fax du:
  Following your letter/fax dated:

❑ Pour information/For information:

❑ Transmission uniquement par fax/Fax transmission only

❑ Original suivra par courrier/Original to follow by post

❑ Merci de bien vouloir confirmer la réception de ce fax
  Please confirm receipt of this fax

❑ Merci de bien vouloir rappeler/Please, call back

❑ Merci de bien vouloir faire le nécessaire/Please deal with as necessary

MESSAGE:

Veuillez ...... que les prix ...... s'appliquent et sont franco de ...... et ...... et que vous
pouvez ...... livraison le 20 juillet au plus ...... Si oui, ... nous expédier la marchandise
suivante:
....
....
Nos salutations ....

2 Read the letter from the Hôtel du Théâtre. Using the pro-forma
   on page 192 and a minimum of words write a fax response to
   Monsieur Lambert dated 20th August.

- refer to his letter of the 16th August
- make a booking for the nights of the 3rd and 4th October for 15
  couples (rooms with en suite bathroom and WC) and one member
  of your staff (single room with shower and WC)
- order breakfast for the whole group
- request confirmation of the total price of 1830 € TTC

Hôtel du Théâtre ***NN

2, rue Lumière – 75009 PARIS
Tel: 01 32528791
Télécopie: 01 44327694
e-mail: reserv@hotheatre.fr

Paris, le 16 août

Madame, Monsieur

C'est avec plaisir que nous vous présentons notre Hôtel. L'**Hôtel du Théâtre**, classement trois étoiles, et bien que de construction récente, est situé au cœur même de Paris. Son emplacement à proximité de la Comédie Français, de l'Opéra Garnier et à quelques minutes à pied des Grands Boulevards et des Grands Magasins (Printemps, Galeries Lafayette …) en fait un établissement très recherché.

Notre parking souterrain comprend une trentaine de places et convient aux autocars tout comme aux voitures particulières. A la station de Métro Odéon, ajoutons un excellent service de bus, nos 31, 55, 62, qui dessert notre quartier.

L'**Hôtel du Théâtre** met à la disposition de son aimable clientèle cinquante-cinq chambres qui se conforment aux nouvelles normes de confort et de sécurité. Toutes les chambres possèdent téléphone, télex et télévision, mais elles sont personnalisées grâce à un élégant mobilier de style. Elles sont réparties de la manière suivante:

    20 chambres à 2 lits, salle de bain et WC privés
    20 chambres pour 2 personnes, grand lit, salle de bain, WC privés
     5 chambres pour 3 personnes, grand lit, lit d'appoint, salle de bain, WC privés
    10 chambres pour 1 personne, douche, WC privés

L'**Hôtel du Théâtre** se compose de quatre étages desservis par un ascenseur, un grand escalier et un escalier de secours. L'Hôtel offre au rez-de-chaussée le confort d'un salon spacieux et d'une salle à manger pour le petit déjeuner.

Pour mieux apprécier notre hôtel nous vous invitons à consulter notre site web: http:/www.hotheatre.fr

Notre personnel qualifié, qui parle plusieurs langues, sera heureux de vous accueillir dans notre établissement.

CONDITIONS DE GROUPES de 30 personnes:

Séjour, 2 nuits ou plus	HIVER du **1/10** au **31/3** excepté Fêtes et Salons	ETE à partir du **1/4** jusqu'au **30/9**
chbre double	30,50 €	39 €
chbre individuelle	39 €	45,50 €

Les prix sont par personne et par nuit, taxes, service et petit déjeuner inclus (séjour 1 nuit sup. 10 € /personne). Nous accordons une gratuité pour 30 personnes.

Avec l'assurance de nos soins les plus dévoués pour toutes les personnes que vous voudrez bien nous confier, nous vous prions d'agréer, Madame, Monsieur, l'expression de nos sentiments les meilleurs.

L Lambert

Le Directeur: L. Lambert

FAX

WESTLANDS TRAVEL Ltd
Cathedral Road, Exeter
Devon, EX14 8JP
Tel.: 01392 563710   Fax: 01392 564891
E-mail: gfj;@westrav.co.uk

De la part de: Geoff Jones, Directeur du Marketing

Destinataire:
No de Fax:

Nombre de pages qui suivent:

☐ Suite à notre entretien téléphonique

☐ Suite à votre contact du: avec:

☐ Suite à votre lettre/fax du:

☐ Pour information:

☐ Transmission uniquement par fax

☐ Original suivra par courrier

☐ Merci de bien vouloir confirmer la réception de ce fax

☐ Merci de bien vouloir rappeler

☐ Merci de bien vouloir faire le nécessaire

MESSAGE:

---

1 Offres d'emploi

Traduisez les 3 annonces qui suivent en français. Référez-vous aux offres d'emploi aux pages 194–5 pour trouver les expressions dont vous aurez besoin. Notez que ces annonces précisent pour la plupart 'h/f' (homme ou femme) et sont rédigées au masculin singulier et vous devrez faire pareil pour les trois postes.

1

Subsidiary of fast-growing Engineering Group

needs

Bilingual PA (French–English)

To undertake:

- basic secretarial duties (telephone, typing of correspondence and minutes, diary management, organisation and preparation of meetings, seminars and travel arrangements, data collection)
- establishment and maintenance of filing systems
- liaison with other departments on site and head office

Must be able to work independently, have good interpersonal skills and the ability to prioritise. Thorough command of IT skills essential (Word, Excel, Powerpoint).

At least three years' experience.

Salary in range €24500–30500 depending on qualifications and experience.

2

International Pharmaceutical Group

seeks

Junior accountant (2 posts)

Working with the chief accountant, you will take over the control of incoming and outgoing stock and purchasing invoices and the monitoring of customer and suppliers' accounts.

Ideally you will have worked in an accountancy firm and be meticulous and multifunctional in your approach.

We offer good promotional prospects to suitable candidates and a personal development plan.

Please send handwritten letter of application, CV and photo to . . .

3

Leading soft drinks company

seeks

Regional Account Executive

Your role will be:

- to manage an existing customer portfolio
- to seek out new accounts
- to increase our market share in volume retailing
- to ensure rapid take-up of our new products in hyper- and supermarkets
- to optimise available shelf space for our brands

If you are highly motivated and have experience of volume retailing, we offer an attractive basic salary + commission + expenses + company car.

Activité de recherche

Renseignez-vous auprès d'une société à proximité de chez vous qui traite des affaires avec la France ou d'autres pays francophones sur sa politique en ce qui concerne les communications écrites et téléphoniques avec leurs clients d'outre-mer. Par exemple:

- reçoivent-ils du courrier rédigé en français?
- en quelle langue écrivent-ils à leurs clients francophones?
- combien de fax, lettres, e-mails sont envoyés et reçus par mois en moyenne en français?
- y a-t-il du personnel (de nationalité britannique) capable de:
  - a converser en français au téléphone?
  - b traduire en anglais une lettre, un fax ou e-mail rédigé(e) en français?
  - c rédiger une lettre, un fax ou e-mail en français?

Rédigez votre rapport en français.

11 Visite à l'usine

Visite à l'usine

Section A

Scénario

Mme Legrand a accepté l'invitation de Mr Sanderson qui lui fait visiter l'usine.

Ecoutez le dialogue et répondez aux questions de la Section A pour commencer.

Vocabulaire

ravi	*delighted*
prévenir	*to let know; warn*
usine (f)	*factory*
atelier (m)	*workshop*
aile (f)	*wing*
montage (m)	*assembly*
chaîne de montage (f)	*assembly line*
équipe (f)	*shift*
ouvrier (m)/ouvrière (f)	*worker*
effectuer	*to carry out; perform*

tâche (f)	*task*
aboutir (à)	*to result (in)*
être payé au rendement	*to be paid by output; to be on piece-work*
représentant syndical (m)	*trades union representative*
prime (f)	*bonus*
revendication (f)	*demand; claim*
contremaître (m)	*foreman*
main d'œuvre (f)	*workforce*
expédition (f)	*dispatch*
manutentionnaire (m/f)	*packer; loader*
charger	*to load*
entrepôt (m)	*warehouse*
camionneur (m)	*lorry driver*
licencier	*to make redundant*
recycler	*to retrain*
effectifs (m.pl)	*number (of employees)*
à plein rendement	*at full capacity*
faire face	*to cope*
être débordé	*to be unable to cope/to be 'snowed under'*

1 Répondez en français.

a Qu'a fait M. Sanderson avant de commencer la visite?

b Que trouve-t-on au bâtiment A?

c Pourquoi la chaîne de montage ne s'arrête-t-elle jamais?

d Combien de temps faut-il pour fabriquer une pièce complète?

e Quel a été le résultat de l'accord signé entre les représentants syndicaux et la direction?

f Pour quelle raison a-t-on choisi une femme comme chef du personnel?

g Comment s'effectue l'expédition?

h Comment la direction a-t-elle évité des licenciements chez les manutentionnaires?

i Quel pourcentage de manutentionnaires a-t-il fallu recycler?

j Quels visiteurs sont attendus pour la semaine prochaine?

2 Comment diriez-vous en français?

a Welcome to our factory!

b I'm delighted you invited me.

c I'm looking forward to seeing your factory site.

d I must let my secretary know.

e We have a shift system.

f Every three minutes.

g Are they on piece work?
h With the possibility of working overtime and earning bonuses.
i This type of demand is quite common.
j Your workforce is mainly female.
k Did you have to make staff redundant?
l A pity you don't have more time.
m I must come back another time.
n You seem to be working to full capacity.
o And can you cope?
p You aren't snowed under?

Grammar

1 Present subjunctive
Le présent du subjonctif

Stem

The present subjunctive stem of most verbs is the same as the indicative stem in the 3rd person plural present tense:
donner: donn-
finir: finiss-
vendre: vend-
but note the following common irregular stems:
faire: fass- pouvoir: puiss-
savoir: sach-

Ending

With the exceptions of *être* and *avoir* which must be learned separately (see note 1 below) the endings for **all** verbs in the present subjunctive are as follows:

je	-**e**	nous	-**ions**
tu	-**es**	vous	-**iez**
il	-**e**	ils	-**ent**

eg: je donn**e**, tu finiss**es**, il vend**e**
    nous fass**ions**, vous sach**iez**, ils puiss**ent**

Notes

1 Present subjunctive of *être*: sois, sois, soit, soyons, soyez, soient.
Present subjunctive of *avoir*: aie, aies, ait, ayons, ayez, aient.
2 Certain irregular verbs revert in the 1st and 2nd person plural to a similar form to the imperfect indicative:
aller: aille, ailles, aille, **allions**, **alliez**, aillent
vouloir: veuille, veuilles, veuille, **voulions**, **vouliez**, veuillent
prendre: prenne, prennes, prenne, **prenions**, **preniez**, prennent
venir: vienne, viennes, vienne, **venions**, **veniez**, viennent

2 Imperfect subjunctive
L'imparfait du subjonctif

One of three types based on the past historic endings: **-ai, -is, -us**.

je	parl**asse**	je	descend**isse**	je	f**usse**
tu	parl**asses**	tu	descend**isses**	tu	f**usses**
il	parl**ât**	il	descend**ît**	il	f**ût**
nous	parl**assions**	nous	descend**issions**	nous	f**ussions**
vous	parl**assiez**	vous	descend**issiez**	vous	f**ussiez**
ils	parl**assent**	ils	descend**issent**	ils	f**ussent**

3 Perfect and pluperfect subjunctive
Le passé composé et le plus-que-parfait du subjonctif

Formed by putting the auxiliary verb (*avoir/être*) into the present subjunctive (perfect) and imperfect subjunctive (pluperfect).

Perfect

Je suis désolé que vous n'**ayez** pas **pu** le voir

I'm sorry you weren't able to see him

Pluperfect

Il était déçu qu'elle ne **fût** pas **revenue**

He was disappointed she hadn't come back

4 Tense of the subjunctive
Le temps du subjonctif

In theory the sequence of tenses when the subjunctive is used in the dependent clause is as follows:

Present
il faut
il faudra } que j'y aille
il a fallu

Imperfect
il fallait
il fallut } qu'il restât
il faudrait

However, it is unlikely that you will hear French people use the imperfect subjunctive in speech, and in particular the *-ass-* form should be avoided. Despite the theory shown above, in practice the present subjunctive is nearly always used:

> Elle souhaitait qu'il **reste** avec elle.
> Il faudrait que j'y **aille**.

5 Use of the subjunctive
L'usage du subjonctif

General

Broadly speaking the subjunctive tends to be used where there is an element of doubt/uncertainty/conjecture and therefore tends to convey the idea of:

would
should
could } do
may
might

Hence the subjunctive occurs in clauses dependent on verbs and expressions denoting:

a Desire/wish/emotion/sentiment/preference

wish/desire/preference

vouloir que   aimer mieux que   désirer que   préférer que
souhaiter que

Je préfère qu'il **vienne** un autre jour. (*implies 'would come'*)
Ils voulaient qu'on **aille** les voir demain. (*implies 'should go'*)
Je souhaite que vous **arriviez** sain et sauf. (*implies 'may arrive'*)
Note that the subjunctive is needed above because of the change of subject (je → il, ils → on, je → vous). If there is no change of subject then the infinitive can be used, eg:
Je préfère **venir** un autre jour.
Elle souhaite **arriver** de bonne heure.

emotion/feeling

être heureux/ravi/content que   il est curieux que
être désolé/fâché que   regretter que
c'est dommage/honteux que   s'étonner que

Je suis désolé que vous **n'ayez pas pu** le voir. (*implies 'should not have been able to'*)
C'est honteux que vous ne **puissiez** pas le voir. (*implies 'should not be able to'*)

b Possibility[1]/doubt/necessity/denial

possibility: il est possible que/il est impossible que
               il se peut que
Il se peut que vous **ayez** raison. (*implies 'could/may be right'*)
doubt: il est peu probable que[2]
               je ne crois pas que[2]/je ne pense pas que[2]
               je ne suis pas sûr que[2]
Je ne crois pas qu'il **fasse** ça. (*implies 'would do that'*)
necessity: il est nécessaire que   il est temps que
               il faut que   il vaut mieux que

Il vaut mieux que vous **attendiez**. (*implies 'should wait'*)
denial: nier que
              ce n'est pas que
Vous ne pouvez pas nier que la situation **soit** dangereuse. (*implies 'could be'*)

c Ordering/forbidding/allowing

commander que	exiger que
défendre que	permettre que
ordonner/donner l'ordre que	empêcher que[3]

Il a ordonné que tous ses hommes **soient** prêts. (*implies 'should be ready'*)
Vous permettez que je vous **dise** quelque chose.

[1] Hence the use of the subjunctive after superlatives:
   C'est le plus beau film qu j'**aie** jamais vu.
[2] The indicative is used in the positive form:
   il est probable que
   je crois/je pense que } vous **avez** raison
   je suis sûr que
[3] Requires *ne* before the verb in the subjunctive, eg:
   Empêchez qu'on **ne** parte! *Prevent anyone from leaving!*

Structural exercises

A *Subjonctif (désir, préférence)*

Complétez les réponses.

Exemple: Préférez-vous que l'on **fasse** le tour de l'usine plus tard?
                Oui, je ...... que l'on ...... le tour de l'usine plus tard.
Réponse: Oui, je **préfère** que l'on **fasse** le tour de l'usine plus tard.

Continuez:

a **Voulez**-vous que je vous **prenne** un rendez-vous?
   Oui, je ...... bien que vous me ...... un rendez-vous.
b Est-ce que vous **désirez** que j'**avertisse** le personnel de votre décision?
   Oui, je ...... que vous ...... le personnel de ma décision.
c **Souhaitez**-vous que notre repésentant **vienne** demain?
   Oui, nous ...... que votre représentant ...... demain.

d Vous **voulez** que je vous **fasse** visiter le service d'emballage tout de suite?

Oui, nous ...... bien que vous nous ...... visiter le service d'emballage tout de suite.

e **Aimeriez**-vous mieux qu'on lui **écrive** ou qu'on **aille** le voir?

J'...... mieux qu'on lui ...... d'abord et qu'on ...... le voir par la suite.

B *Subjonctif (émotions, sentiments)*

heureux(euse) que	content(e) que	désolé(e) que	s'étonner que
c'est honteux que	c'est dommage que	fâché(e) que	navré(e) que
surpris(e) que	ravi(e) que	c'est curieux que	c'est bizarre que

Réagissez aux déclarations en vous servant des expressions dans la liste.

Exemple: Elle reçoit chaque année une augmentation de salaire. (happy)

Réponse: **Je suis heureux qu'elle reçoive** chaque année une augmentation de salaire.

Continuez:

a Il a eu un accident de voiture. (very sorry)
b Nos ouvriers font souvent la grève. (astonished)
c Mon collègue a eu des ennuis avec sa nouvelle voiture. (strange)
d Elle est partie avant la fin de la visite. (a pity)
e Ils vont chaque année passer leurs vacances au même endroit. (surprised)
f Les ouvriers immigrés sont souvent mal payés par rapport à leurs homologues français. (scandalous)

C *Falloir + subjonctif*

Vous êtes d'accord avec ce que dit votre collègue, mais vous lui répondez en vous servant du verbe 'falloir' suivi du subjonctif. Faites attention au temps!

Exemple: Elle *est* obligée de partir tout de suite?

Réponse: Oui, **il faut qu'elle parte** tout de suite.

Exemple: Vous *ne serez* pas obligé de la rappeler plus tard?

Réponse: Non, **il ne faudra pas que je la rappelle** plus tard.

Continuez:

a Vous n'êtes pas obligés de réduire vos effectifs?
    Non, il ne f...... pas que nous ....

b Elles ont été obligées de suivre des cours d'informatique?
    Oui, il a f...... qu'....... .

c Il n'était pas obligé d'y rester toute la journée?
    Non, il ne f...... pas ....

d Si ça continuait nous serions obligés de faire quelque chose, n'est-ce pas?
    Oui, si ça continuait, il ....

e Si elle lui avait posé des questions, il aurait été obligé de répondre, n'est-ce pas?
    Oui, si ....

D *Les touristes français boudent l'Angleterre!*

(Le subjonctif pour exprimer une possibilité, un doute, un démenti, une nécessité, un ordre, une interdiction.)

Complétez l'exercice en vous servant des verbes dans la liste. Attention! Tous les verbes ne doivent pas être mis au subjonctif.

Il se peut que le Français moyen ne [(a)] ...... pas souvent en Angleterre pour deux raisons principales. D'abord il est peu probable qu'il [(b)] ...... y trouver le soleil, même au mois de juillet et deuxièmement on ne peut pas nier que la cuisine anglaise dans la plupart des hôtels [(c)] ...... inférieure à celles qu'on trouve en France.

Ce n'est pas qu'il ne peut pas supporter quelques jours de pluie mais s'il n'a que quelques jours de vacances il vaut mieux qu'il [(d)] ...... dans le Midi où il est plus sûr qu'il y [(e)] ...... le beau temps.

Je ne crois pas que la question de la cuisine [(f)] ...... une très grande importance mais un Français exige quand même qu'il y [(g)] ...... un certain raffinement dans ses aliments pour agrémenter ses vacances. Il est donc possible qu'il [(h)] ...... déçu par la nourriture anglaise. Il me semble cependant que depuis quelques années les restaurateurs britanniques [(i)] ...... preuve de plus d'imagination car ils veulent empêcher que les touristes [(j)] ...... mécontents et qu'ils [(k)] ...... d'autres pays pour leurs vacances.

aller	être (×2)	avoir (×2)	venir	pouvoir	faire	repartir
		trouver	choisir			

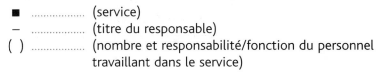 **E** *Stage en entreprise*

Ecoutez la description enregistrée d'une entreprise (fictive) française dans le secteur manufacturier. Puis, en vous servant des renseignements donnés et du modèle à la page 206, complétez l'organigramme en français. Indiquez:

- ■ .... (service)
- – .... (titre du responsable)
- ( ) .... (nombre et responsabilité/fonction du personnel travaillant dans le service)

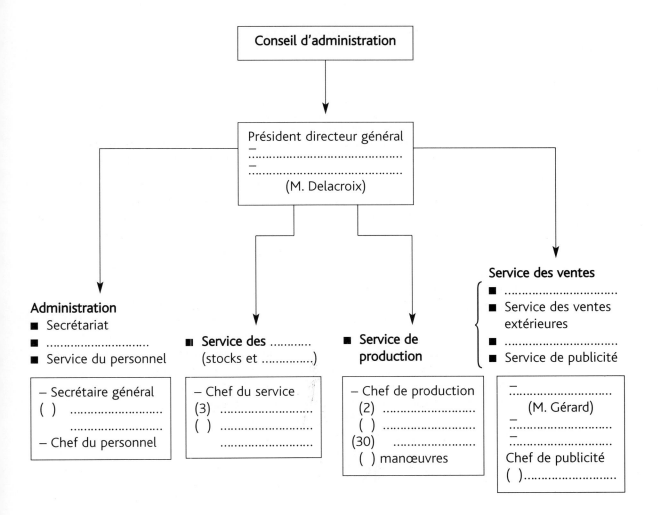

Organigramme d'une entreprise commerciale

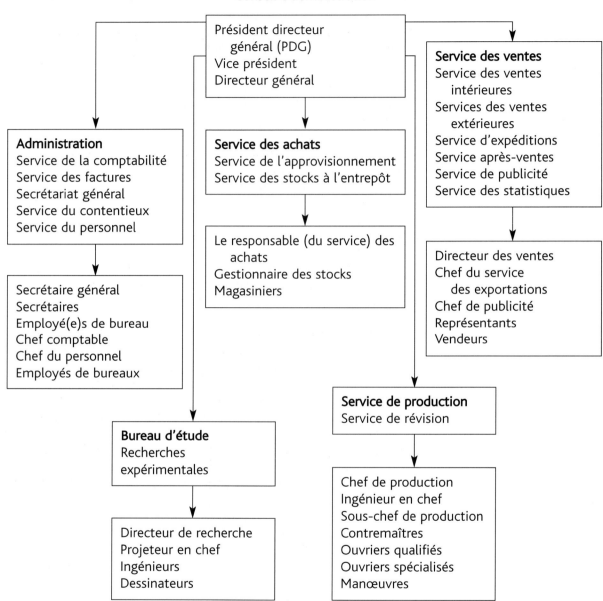

Conseil d'administration

Président directeur
général (PDG)
Vice président
Directeur général

Service des ventes
Service des ventes
intérieures
Services des ventes
extérieures
Service d'expéditions
Service après-ventes
Service de publicité
Service des statistiques

Administration
Service de la comptabilité
Service des factures
Secrétariat général
Service du contentieux
Service du personnel

Service des achats
Service de l'approvisionnement
Service des stocks à l'entrepôt

Le responsable (du service) des
achats
Gestionnaire des stocks
Magasiniers

Directeur des ventes
Chef du service
des exportations
Chef de publicité
Représentants
Vendeurs

Secrétaire général
Secrétaires
Employé(e)s de bureau
Chef comptable
Chef du personnel
Employés de bureaux

Service de production
Service de révision

Bureau d'étude
Recherches
expérimentales

Chef de production
Ingénieur en chef
Sous-chef de production
Contremaîtres
Ouvriers qualifiés
Ouvriers spécialisés
Manœuvres

Directeur de recherche
Projeteur en chef
Ingénieurs
Dessinateurs

NB Une firme ne comprend pas forcément tous les services que nous avons énumérés ci-dessus.

 *Jeu de rôle 1*

On vous a demandé de faire visiter l'usine à une cliente française.

- *Welcome her to your factory!*

Visiteuse Je vous remercie. C'est très aimable à vous de m'inviter.

- *Ask if she would like you to show her around the factory straight away.*

Visiteuse Mais avec plaisir! J'ai hâte de voir vos installations.

- *Say you must let your secretary know where you are. You'll have to leave her a note.*

Visiteuse Je vous en prie.

- *Here's a plan of the factory. The workshops are all in the same wing. You'll go there first.*

Visiteuse D'accord, je vous suis.

- *This is the assembly workshop. The workers on this assembly line work in shifts.*

Visiteuse Vos ouvriers, ont-ils un salaire fixe ou sont-ils payés au rendement?

- *They have a fixed wage for a 39-hour week, but they can work overtime and earn bonuses depending on their output.*

Visiteuse Oui, ce système de rémunération est très courant chez nous aussi.

- *As she can see, your workforce is mainly female. Mr Taylor is the foreman, but your personnel manager is a woman, Mrs Jeffries.*

Visiteuse Ah oui, j'ai fait sa connaissance en arrivant.

- *Say you are now in the quality control department. She will notice it is next to the packaging and dispatch department.*

Visiteuse Vous semblez avoir un service très moderne qui nécessite peu de personnel.

- *Yes, when you modernised it was necessary to retrain some workers, but nobody was made redundant.*

Visiteuse Comment vont les affaires, à propos? Vous n'êtes pas trop débordés?

- *No, business is good. Orders are coming in thick and fast, but you can cope for the moment.*

Visiteuse Déjà 10h30. Que le temps passe! Il ne faut pas que j'oublie mon rendez-vous avec votre directeur du service après-vente, Mr Champness.

- *What a shame she doesn't have time to visit your offices.*

Visiteuse J'en aurai peut-être l'occasion plus tard dans l'après-midi.

- *Good. Would she like you to take[1] her to Champness' office?*

Visiteuse Oui, s'il vous plaît.

- *Here you are. Say you'll see her later at lunch as the managing director wants you to be the interpreter.[2]*

Visiteuse Je vous en serais reconnaissante. Merci d'avance. A tout à l'heure alors?

[1] mener/conduire
[2] faire l'interprète/servir d'interpète

 *Jeu de rôle 2*

Avec un(e) partenaire imaginez que vous lui faites visiter votre lieu de travail/votre école pour la première fois. Répondez aux questions qu'il/elle vous posera sur:

- la date de construction
- le nombre de personnel/étudiant(e)s/enseignants
- les différents services/produits/programmes d'études
- le service administratif
- la hiérarchie dans l'établissement, etc.

Résumé

En vous servant de l'aide-mémoire, enregistrez ou écrivez un résumé du dialogue aux pages 255–6. Commencez votre résumé:

Madame Legrand a accepté l'invitation de Mr Sanderson de visiter l'usine, et a été accueillie par lui.

Maintenant continuez:

... prévenir la secrétaire ... atelier de fabrication et de montage ... travail par équipe ... système de paiement ... contrôle de qualité ... main d'œuvre essentiellement féminine (chef du personnel) ... services d'emballage et d'expédition (conteneurs/camionneurs) ... peu de personnel (licenciements?) ... rendez-vous de Mme Legrand à 11h00 ... regrets de Mr Sanderson ... impressions de Mme Legrand ... réponse de Mr Sanderson.

☎ Exercice d'interprétation

Vous êtes Miss Johnson et vous servez d'interprète entre votre directeur général Mr Wilson et un important client français Monsieur Buron à qui on fait visiter l'usine.

Wilson M. Buron, allow me to introduce Miss Johnson who will act as our interpreter during your visit round our factory. She is one of our bi-lingual secretaries.

Buron Ça fait plaisir de voir qu'il y a des employés qui connaissent le français. Je regrette de ne pas avoir eu l'occasion d'apprendre l'anglais à l'école!

Wilson Well, as you can see M. Buron, all the workshops are grouped in the same wing of the building. Which department would you like me to show you first?

Buron J'aimerais bien voir les ateliers de montage depuis qu'ils ont été modernisés ...

Wilson This is where we manufacture our products. Thanks to these new machines we can make one complete article every four minutes.

Buron Est-ce que vos ouvriers sont payés au rendement dans cet atelier?

Wilson No, the unions have just signed an agreement with the management to do away with piece work. They preferred to be paid a fixed wage for a forty-hour week.

Buron Mais chez nous les taux de paiement varient selon que l'on travaille le jour ou la nuit.

Wilson Yes, of course. The men must work nights one week in three and they receive a higher rate of pay that week, the other two weeks they have the opportunity of working overtime if they wish to. We also have a bonus system.

Buron Si c'est possible avant de partir j'aimerais jeter un coup d'œil au service d'expédition.

Wilson With pleasure . . . After manufacture, the goods must go through quality control, and from there to the packaging department, and from there they come here to dispatch.

Buron Ces conteneurs facilitent énormément le chargement et l'expédition. Vous avez dû licencier des ouvriers je suppose . . .

Wilson No, we retrained most of them. Now, would you like to see our advertising and administrative departments before you leave?

Buron Merci, un autre jour peut-être. C'est dommage que je n'aie pas le temps aujourd'hui, mais il faut que je sois à Manchester ce soir. Je dois avouer que votre usine m'a fait très bonne impression et si vous me faites une remise de 5% et si vous garantissez les délais de livraison convenus, je vous passe commande tout de suite.

Wilson I'm sorry you can't stay longer, but I'm sure we can do business. Normally, we give all clients a 3% reduction for cash payment but for new customers like yourself, and considering the size of the order, we would be pleased to grant 5%. It's unlikely we would give more than that at the present time.

Section C   Reading, listening and reacting

A La semaine de 25 heures ... et la retraite à 70 ans

C'était Paul Lafargue, le gendre de Karl Marx, qui, dès 1880, militait pour que les ouvriers ne travaillent pas plus de trois heures par jour. A une époque où les enfants poussaient les wagonnets de mine douze heures d'affilée, on le prenait pour un illuminé. Un siècle plus tard son message commence à devenir d'actualité. Certes,

3 heures de boulot par jour, c'est encore un peu irréaliste, au regard des exigences de l'économie moderne. Mais il ne paraît plus complètement absurde qu'on y parvienne un jour.

Il suffit de jeter un coup d'œil sur les statistiques pour s'en convaincre. En 1880, la semaine de travail moyenne des Français tournait autour de 70 heures. En 2000, nous étions, légalement, à 35 heures. Si la tendance

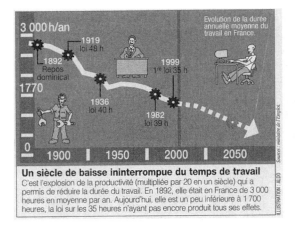

3 000 h/an

Evolution de la durée annuelle moyenne du travail en France.

1919
loi 48 h

1892
Repos
dominical

1999
1ᵉ loi 35 h

1770

1936
loi 40 h

1982
loi 39 h

0

| 1900 | 1950 | 2000 | 2050 |

Un siècle de baisse ininterrompue du temps de travail
C'est l'explosion de la productivité (multipliée par 20 en un siècle) qui a permis de réduire la durée du travail. En 1892, elle était en France de 3 000 heures en moyenne par an. Aujourd'hui, elle est un peu inférieure à 1 700 heures, la loi sur les 35 heures n'ayant pas encore produit tous ses effets.

Cela tombe bien: dans notre société de loisirs, la demande de temps libre n'a jamais été aussi forte. Mais les travailleurs souhaitent aussi – et les entreprises plus encore – mettre en place une nouvelle organisation du travail, à l'opposé du vieux modèle qui a inspiré notre loi* (unique au monde) sur les 35 heures. «Le jour et la semaine ne sont plus les bons repères. Il faudra désormais raisonner sur une base individuelle et annuelle», résume l'économiste Gilbert Cette. Temps partiel, congé parental, formation, année sabbatique … Les salariés pourront choisir de travailler moins ou pas du tout à certaines périodes de leur vie, pour s'adonner à l'éducation de leurs enfants, reprendre des études, vivre une passion sportive, artistique … ou amoureuse!

se poursuit, nous arriverons – en moyenne sur l'année, car l'horaire hebdomadaire ne sera plus la référence – à 17,5 en 2100. Soit à peine plus que les trois heures quotidiennes de notre ami Lafargue!

Pourquoi? Parce que la productivité va continuer d'augmenter. Au siècle dernier, elle a été multipliée par vingt grâce à la mise en place de méthodes de production de plus en plus efficace. Si bien qu'aujourd'hui, les Occidentaux créent dix fois plus de richesses qu'en 1900 tout en travaillant deux fois moins. Grâce aux nouvelles technologies, la tendance va s'accélérer.

Cette organisation souple permettra d'allonger sans douleur la durée d'activité: on travaillera moins, mais plus longtemps, jusqu'à 70 ans, voire plus. Et cette évolution se révélera salutaire pour tout le monde: les plus de soixante ans seront mieux intégrés dans la société (le travail reste le principal lien social), les 25–55 ans auront moins de pression et on pourra plus facilement financer le système de retraite. Vivement demain!

Sandrine Trouvelot – *Capital* (adapted)

*See note p. 99.

☐1 **Complétez les blancs en vous servant, autant que possible, des expressions dans l'article.**

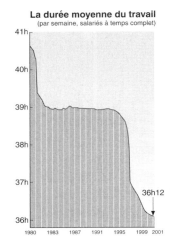

La durée moyenne du travail
(par semaine, salariés à temps complet)

41h

40h

39h

38h

37h

36h12

36h

1980 1983 1987 1991 1995 1999 2001

a En 1880 un ouvrier français ...... en moyenne environ ...... heures par semaine, mais à l'heure actuelle la durée de la semaine de travail n'est que de ...... heures, c'est-à-dire exactement la ......

b La réduction du temps de travail a ...... due à des méthodes de production de plus en plus ...... et cette tendance va s'accélérer grâce à la nouvelle ....

c Pour répondre à la ...... croissante de temps libre des salariés il faudra que la société ...... en place une nouvelle organisation du travail basée sur l'...... et les besoins ....

d Il faudrait que les employés ...... choisir de travailler ...... ou pas du tout à certaines périodes de leur vie.

e L'avantage de cette ...... dans l'organisation du travail c'est qu'elle permettrait d'allonger la ...... d'activité. Ainsi les ...... seraient moins stressés en ...... moins et les ...... âgées ...... continuer à travailler jusqu'à 70 ans, voire plus si elles ....

2 **En vous servant si possible du vocabulaire contenu dans l'article, traduisez les phrases suivantes:**

a In the 1880s, at a time when children were working 12-hour shifts in coal mines, Paul Lafargue, Karl Marx's son-in-law, was considered a crank because he campaigned for a three-hour working day.

b The reduction in working hours comes just at the right time because the demand for time off has never been as strong.

c The new way of working will have to be more flexible than the old model to enable workers to take parental leave, return to full-time study, work part time or take a year off.

Les 12 points
qui font le salarié heureux

Voici les 12 points clés définis par Marcus Buckingham[1] et son équipe comme essentiels dans l'implication des salariés performants.

- Est-ce que je sais ce qu'on attend de moi au travail?
- Est-ce que je dispose des équipements et du matériel nécessaires pour effectuer mon travail correctement?
- Au travail, ai-je chaque jour la possibilité de faire ce que je fais le mieux?
- Durant les sept derniers jours, ai-je reçu des marques de reconnaissance ou des félicitations pour le travail que j'accomplis?
- Est-ce que quelqu'un, à mon travail, soutient mes progrès?
- Est-ce que mes supérieurs ou quelqu'un à mon travail semblent se soucier de moi en tant que personne?
- Est-ce que mon opinion semble avoir de l'importance?
- Est-ce que ma mission ou la finalité poursuivie par mon entreprise me donne le sentiment que mon travail est important?
- Est-ce que mes collègues sont impliqués dans la volonté de faire du bon travail?
- Est-ce que j'ai un véritable ami à mon travail?
- Au cours des six derniers mois, quelqu'un m'a-t-il parlé de mes progrès?
- Au cours de l'année qui vient de s'écouler, ai-je eu l'opportunité d'apprendre et de progresser?

[1]Marcus Buckingham heads a research team for Gallup in the USA.

La cinquième 'nouvelle économie' depuis 1789

1789–1815
Les tout débuts de l'industrialisation
Ils coïncident avec l'introduction des métiers à
tisser Jacquard et avec les nouvelles valeurs de
liberté de la Révolution française. Cette première
ère de prospérité cessera avec Waterloo.

1848–1873
La croissance tirée par les locomotives
Après trente-trois ans de marasme, l'ouverture des
premières lignes de voies ferrées va donner un coup
de fouet à l'économie. La déroute financière des
compagnies ferroviaires mettra fin à cette embellie.

1897–1921
La «Belle Epoque» de l'économie
Alors que l'Europe se déchire, les débuts de
l'aviation et surtout de l'industrie automobile
(ici, les usines Ford en 1911) vont générer une
ère de croissance qui durera jusqu'en 1921.

1948–1974
Les Trente Glorieuses
Une formidable volonté de reconstruction, l'arrivée des premiers ordinateurs et un boom démo-
graphique sans précédent... Jusqu'à la crise
pétrolière, l'économie sera sur un petit nuage.

1994–2020 ?
La révolution Internet
Même si ses effets ont paru s'estomper
un peu ces derniers mois, l'avènement
des «nouvelles technologies de l'information» devrait durablement doper l'activité.

B *L'industrie: que recouvre ce terme?*

1 Situez dans la colonne appropriée les produits dans la liste selon
les définitions (1 à 5) des différentes industries inclues dans
l'article ci-dessous.

> téléviseurs couleurs   voitures diésel   disquettes   ampoules
> électriques   laboratoires de langues   congélateurs   textiles
> tracteurs   stylos à mines   aspirateurs   locomotives électriques
> machines–outils   plastiques

Biens intermédiaires	Biens d'équipement professionnel	Matériels de transport terrestre	Biens d'équipement ménager	Biens de consommation courante

L'industrie: que recouvre ce terme?

Le terme d'industrie est souvent utilisé à tort et à
travers. Ne va-t-on pas parler quelquefois, à tort,
d'industrie hôtelière, alors que cette activité relève des
services? En fait on peut définir l'industrie de deux
manières:
– soit d'une manière exhaustive, en y incluant aussi
bien le secteur de l'énergie que celui des industries
agroalimentaires, prolongement naturel de l'agriculture,
quelquefois même le secteur du bâtiment et des
travaux publics.
– soit d'une manière plus restrictive qui consiste à
limiter l'industrie au secteur manufacturier.
L'Insee divise l'industrie manufacturière en familles et
présente ses comptes selon cette nomenclature ...
1 – l'industrie des biens intermédiaires, appelée
ainsi parce que sa production ne constitue qu'une
étape dans le processus de fabrication. C'est le cas de
la sidérurgie, de l'industrie des métaux non ferreux, de
la chimie, de l'industrie du papier ou des matériaux de
construction;

**2 – l'industrie des biens d'équipement
professionnel,** qui recouvre l'ensemble des
fabrications utilisées par l'industrie: mécanique,
matériel électrique et électronique, etc. ou par
certains moyens de transport: construction navale ou
aéronautique;
**3 – l'industrie du matériel de transport
terrestre,** objet d'une classification particulière du fait
de l'importance considérable prise par l'industrie
automobile.
4 – l'industrie des biens d'équipement ménager,
qui rassemble toutes les industries liées à l'équipement
électrique des foyers: radiateurs, lave-linge, lave-
vaisselle etc.
**5 – l'industrie des biens de consommation
courante** enfin, qui fabrique tous les produits "grand
public" – produits pharmaceutiques, vêtements,
chaussures, meubles, livres etc. – et qui de ce fait est
divisée en une grande variété de branches.

2 Traduisez en français:

a mass consumer products
b building materials
c capital goods
d shipbuilding
e food industries
f steel industry
g The term industry can be defined either in this narrower sense restricting it to the manufacturing sector or in the wider sense to include some services.
h We talk mistakenly about the hotel industry or the tourist industry whereas these activities should come under services.

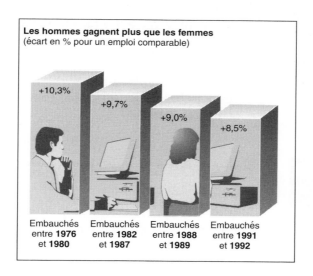

Les hommes gagnent plus que les femmes
(écart en % pour un emploi comparable)

+10,3% +9,7% +9,0% +8,5%

| Embauchés entre **1976** et **1980** | Embauchés entre **1982** et **1987** | Embauchés entre **1988** et **1989** | Embauchés entre **1991** et **1992** |

C *Chômage au féminin – témoignage*

1 Ecoutez le témoignage d'Isabelle Pasquier, puis complétez les blancs dans les phrases à la page 214 avec un mot qui reflète le sens du passage enregistré.

Notes

1 L'Ain – premier département (01) dans la liste alphabétique des départements français, situé dans le sud-est entre Lyon et Genève.
2 CIE (Contrat Initiative Emploi) – voir *Petit Guide des Sigles* p. 266.

a Isabelle ...... 44 ans et ...... depuis ...... ans dans l'...... quand elle a ...... licenciée avec une ...... d'autres femmes dans son atelier.

b Elle ne croit pas que les licenciements ...... dûs à la ...... des charges ou à une réduction dans les ....

c A son ...... l'entreprise veut ...... remplacer par des jeunes ...... pour qu'elle ...... toucher des primes du gouvernement et être ...... de charges patronales.

d Les femmes ont toujours été ...... par rapport aux hommes – que ce ...... les ...... qu'elles font ou les salaires qu'elles ....

e Elle a l'impression que dès qu'il y a une ...... de l'économie, il faut que les femmes quittent leurs ...... pour que l'on ...... les donner aux chômeurs.

2 **Trouvez dans l'enregistrement des mots ou des expressions qui expriment, d'une autre façon, les expressions suivantes:**

a femmes sans emploi
b des effectifs moins bien payés
c on oblige des femmes à redevenir ménagères
d des branches démodées ou pas bien payées
e le monde du travail

Faisons le point sur . . .

Les syndicats français[1]

La reconnaissance du droit syndical a eu lieu en 1884 grâce à la loi Waldeck Rousseau. Chacun est libre d'adhérer ou non à un syndicat, mais, comme dans les autres pays de l'Europe occidentale, le syndicalisme en France est en déclin. Au lendemain de la seconde guerre mondiale, 35% des actifs appartenaient à un syndicat. En 1977 ce chiffre était de 24% et de nos jours il n'est que de 8%.

A l'inverse de la Grande-Bretagne où les syndiqués sont organisés par atelier et par métier, le mouvement syndical français a été marqué par une forte politisation, et recrute ses adhérents dans tous les secteurs.

Les syndicats de salariés

- Affiliée au Parti communiste, la Confédération Générale du Travail (CGT) née en 1885 a été le premier syndicat français et le plus puissant. De nos jours elle connaît, comme le Parti communiste, une baisse spectaculaire: elle n'est plus majoritaire chez Renault, jadis véritable bastion du syndicalisme.
- La Confédération Française des Travailleurs Chrétiens (CFTC), de tendance socio-démocrate, a été fondée en 1919. Elle est restée attachée à sa référence chrétienne après la scission de 1964 lorsqu'est née la CFDT.

- La Confédération Française Démocratique du Travail (la CFDT) se proclame «première centrale syndicale» avec quelque 700 000 adhérents.
- Force Ouvrière (FO): ce syndicat a été constitué en 1948 par les syndicalistes qui avaient quitté la CGT l'année précédente. Elle prône l'indépendance vis-à-vis des partis politiques. Son audience a augmenté depuis la fin des années 70 grâce au secteur tertiaire.
- L'Union Nationale des Syndicats Autonomes (UNSA-Education), successeur depuis 1993 de la Fédération de l'Education Nationale (FEN), a, pour adhérents, les membres de l'enseignement public.

Les syndicats patronaux

- Le Mouvement des Entreprises de France (MEDEF), créé en 1998, succède au CNPF. C'est le syndicat des patrons et représente plus d'un million d'entreprises de toutes tailles et de tous secteurs d'activité (industrie, commerce et services).
- La Confédération Française de l'Encadrement – Confédération des Cadres (CFE-CGC) représente les cadres administratifs et techniques, techniciens et agents de maîtrise.
- Fédération Nationale des Syndicats d'Exploitants Agricoles (la FNSEA) est le plus important groupement de producteurs agricoles.
- La Confédération Paysanne, fondée en 1987, veut encourager la qualité des produits et s'élève contre l'industrie agro-alimentaire qui favorise la surproduction et les cultures OGM.[1]

Le syndicalisme en crise

La récession des années 80, les mutations technologiques, l'informatisation des postes de travail, les restructurations industrielles, l'accroissement des qualifications, le remplacement des cols bleus par les cols blancs, le développement du secteur tertiaire au détriment du secteur manufacturier, la participation aux bénéfices, les mesures sociales mises en œuvre ces dernières années ... tous ces facteurs ont fortement accentué le déclin des syndicats. Les syndicats sont aussi accusés de politisation, et de manque d'unité et d'influence. L'arme principale des grandes centrales autrefois, la grève générale de 24 heures, est de plus en plus rare. Les syndicats contrôlent mal leurs adhérents qui agissent souvent spontanément, par exemple en bloquant des ports ou des usines pour faire valoir leurs revendications.

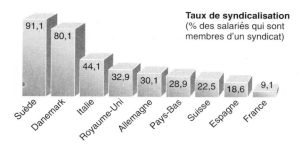

Taux de syndicalisation
(% des salariés qui sont membres d'un syndicat)

91,1 — Suède
80,1 — Danemark
44,1 — Italie
32,9 — Royaume-Uni
30,1 — Allemagne
28,9 — Pays-Bas
22,5 — Suisse
18,6 — Espagne
9,1 — France

Le rôle important des syndicats

En dépit des critiques exprimées ci-dessus, il ne faut surtout pas oublier l'influence capitale que l'action syndicale a eue depuis presqu'un siècle sur les conditions de travail des employés.

- 1906   le repos hebdomadaire
- 1910   la retraite à 65 ans
- 1936   les congés payés de deux semaines; la semaine de 40 heures
- 1945   la mise en place de la sécurité sociale
- 1950   le Salaire Minimum Interprofessionnel Garanti (le SMIG)[1]
- 1956   la troisième semaine de congés payés
- 1969   la quatrième semaine de congés payés, plus dix jours fériés par an
- 1970   le Salaire Minimum Interprofessionnel de Croissance (le SMIC)[1]
- 1971   la loi sur l'éducation permanente
- 1982   la semaine de 39 heures
- 1984   la retraite à 60 ans après 37 ans et demi de service et de cotisations pour tous les salariés
- 1988   la création d'un Revenu Minimum d'Insertion (le RMI)[1]
- 1998   Loi Aubry sur la semaine de 35 heures[2]

[1] See *Petit Guide des Sigles*.
[2] See Note 4 Chapter 5 Section C Ex. D.

Activité de recherche

Lisez le texte ci-dessus et ensuite soit:

1 Vous vous renseignez auprès d'une PME/PMI française sur:

- le pourcentage des effectifs qui sont syndiqués
- les différentes centrales syndicales (CGT, CFDT, etc.) représentées
- le rôle des centrales dans l'entreprise
- les rapports de la direction avec les syndicats

soit:

2 Vous préparez un exposé sur les principales différences entre le mouvement syndical en France et celui de la Grande-Bretagne.

- Y a-t-il plus ou moins de syndiqués en France qu'en Grande-Bretagne?
- Est-ce que les syndicats sont organisés de la même façon dans les deux pays?
- Est-ce que leur rôle est différent dans les deux pays?
- Dans quel pays les syndicats sont-ils plus puissants?
- Combien de journées de travail sont perdues par an à cause de grèves dans les deux pays?
- Pourquoi le pouvoir des syndicats a-t-il diminué au cours des 25 dernières années (surtout en Grande-Bretagne)?

Rédigez votre rapport en français.

12 La publicité et les médias

La publicité et les médias

Les lecteurs au rendez-vous: nombre de lecteurs de journaux par 1000 habitants

NORVEGE 588

FINLANDE 455

SUEDE 430

ALLEMAGNE 456

GRANDE-BRETAGNE 437

JAPON 402

ETATS-UNIS 279

FRANCE 190

BELGIQUE 189

ITALIE 106

ESPAGNE 79

 Section A

Scénario

Mr Sanderson s'entretient avec Monsieur Cochaud sur la publicité dans les différents médias en France.

Ecoutez le dialogue et répondez aux questions de la Section A pour commencer.

Vocabulaire

quotidien national/de province (m)	*national/regional daily (newspaper)*
au même titre	*in the same way*
diffusion (f)	*distribution (NB tirage (m) = circulation)*
hebdomadaire	*weekly*
mensuel	*monthly*
à l'échelon national	*nationwide*

jouir de	*to enjoy*
chaîne (f) (de télévision)	*TV channel*
spot publicitaire (m)	*commercial break*
heures de forte écoute (f.pl)	*peak viewing/listening hours*
part d'audience (f)	*audience share*
périphérique	*peripheral (ie outside France)*
auditeur (m)	*listener*
minute-poste (f)	*minute of advertising time*
plaquette (f)	*publicity folder, pack*
prospectus (m), dépliant (m)	*leaflet*
encart (m)	*insert*
affiche (f)	*poster*

Qu'avez-vous compris?

① Vrai (v) ou faux (f)?

a Une campagne de publicité dans la presse régionale serait plus efficace que dans des quotidiens nationaux.

b D'après leur choix de mensuels et d'hebdomadaires les Français ont l'air de s'intéresser davantage aux programmes télévisés qu'aux questions économiques ou féminines.

c Il n'y a pas de spots publicitaires sur France 2 et France 3 sauf aux heures de forte écoute.

d Entre 20h00 et 22h00 un spot publicitaire coûterait plus cher sur TF1 que sur les autres chaînes.

e La durée moyenne des spots publicitaires à la télévision est de 12 minutes/heure.

f Pour toucher le maximum d'auditeurs français de la radio commerciale, il faudrait s'adresser à des stations de radio basées en dehors de l'Hexagone.

② Traduisez en français.

a Provincial dailies have a higher circulation than national newspapers.

b Weeklies and monthlies, especially TV and women's magazines, are widely read.

c All French TV channels, whether state owned or independent, carry advertising.

d TF1 has the largest audience share of all the channels and advertising rates during peak viewing hours are very high.

e The CSA regulates advertising broadcasts and fixes the length of commercial breaks in any given hour.

f Although the programmes are produced in France and aimed at French listeners, commercial radio is broadcast by peripheral stations in Monte Carlo, the Saar and Luxembourg.

Grammar

① *Les autres usages du subjonctif . . .*

1 . . . après les conjonctions suivantes

bien que quoique } *although*	à condition que	*on condition that*
pour que afin que } *in order that*	que ... que ... } *whether ... or whether*	
supposé que *supposing that*	jusqu'à ce que *until*	
avant que *before*	pourvu que *provided that*	
sans que *without*	non que *not that*	
à moins que[1] *unless*	de peur que[1] *for fear that* de crainte que[1]	

M. Sanderson a invité Mme Legrand **pour qu'elle vienne** visiter l'usine.
Il a attendu jusqu'à ce qu'ils **aient fini** de manager.

② *. . . dans les propositions qui dépendent d'un antécédent négatif ou indéfini*

Il n'y a personne qui **sache** parler français. Connaissez-vous quelqu'un qui **puisse** nous conseiller?

③ *. . . pour exprimer un impératif à la troisième personne*

a **Vive** le roi!
Honni **soit** qui mal y pense!

b With *que:*
Qu'il **vienne** me voir!   *Let him come and see me!*
Qu'elle **attende** un instant!   *Have her wait a minute!*

[1] Requires *ne* before the verb: il devrait être là, à moins qu'il **n'**ait été retardé.

Structural exercises

A *Le subjonctif après certaines conjonctions (1)*

Réunissez en une seule la phrase de gauche et celle de droite à la page 220 en vous servant d'une des conjonctions dans la liste et en apportant au verbe le changement nécessaire. N'utilisez pas la même conjonction plus d'une fois. Attention, il y en a deux de trop!

bien que	pour que	avant que	jusqu'à ce que	pourvu que
	à condition que	supposé que	à moins que	

Exemple:

Mr Sanderson téléphone à Monsieur Cochaud.	Il vient lui parler de la publicité en France.

Réponse: Mr Sanderson téléphone à M. Cochaud **pour qu'il vienne** lui parler de la publicité en France.

Continuez:

a Nous ferons paraître une annonce dans un quotidien.	Vous avez les fonds nécessaires.
b Il ne faut pas décider quoi que ce soit.	Vous avez consulté une agence de publicité.
c Nous allons rester en France.	Nous parlons couramment le français.
d Nous emprunterons le reste de l'argent.	Vous voyez une autre solution.
e Il y a des spots publicitaires sur toutes les chaînes.	Il y en a davantage sur les chaînes privées.

B *Le subjonctif après certaines conjonctions (2)*

Complétez la traduction française des phrases suivantes.

Exemple: Mme Legrand left without having visited the factory.
Mme Legrand est partie **sans qu'** ...

Réponse: Mme Legrand est partie **sans qu'elle ait visité** l'usine.

Continuez:

a I'll lend you the amount you want on condition that you put an advert in a daily (newspaper).
Je vous prête la somme que vous voulez **à condition que** ...
b They decided not to advertise although the magazine enjoys a high circulation.
Ils ont décidé de ne pas faire de la publicité **bien que** ...
c She took an IT course in order to be able to find a better job.
Elle a suivi des cours d'informatique **afin qu'** ...
d I'll show you the rest of the factory unless you don't have the time.
Je vous ferai voir le reste de l'usine **à moins que** ...
e I'm going to take French lessons until I improve.
Je vais suivre des cours de français **jusqu'à ce que** ...

C *Le subjonctif pour exprimer un ordre/une commande à la troisième personne*

Exemple: M. Leroy voudrait venir vous voir ...
Réponse: Mais **qu'il vienne** me voir!

Continuez:

a Mme Legrand voudrait vous téléphoner demain ...
b Elle voudrait faire un stage en Angleterre ...
c Il voudrait prendre une assurance ...
d Notre client ne voudrait pas se décider tout de suite ...
e Nos amis ne voudraient pas aller passer leurs vacances en Italie ...

D *Le subjonctif après un antécédent négatif ou indéfini*

Exemple: Personne ne le connaît ...
Réponse: Mais vous êtes sûr qu'il n'y a personne qui le **connaisse**?

Continuez:

a Aucun employé ne veut accepter ce genre de travail ...
b Rien ne fait effet dans des cas comme ça ...
c Aucune garanti n'est valable plus de deux ans ...
d Personne ne peut vous aider ...

📼 E *Exercice d'interprétation*

Ecoutez l'enregistrement en entier. Ensuite vous l'entendrez une deuxième fois par segments avec une pause après chaque segment pour vous permettre de le traduire en français. Après chaque pause, vous entendrez la bonne traduction qui contiendra le vocabulaire et les constructions suivantes.

lancer un produit sur le marché	en fait
consacrer	s'occuper de leurs problèmes
peu probable	le pays en question

📼 *Jeu de rôle 1*

Le chef du marketing vous a demandé de le renseigner sur les médias en France en vue de monter une campagne de publicité pour relancer vos produits sur le marché français.

Chef   Merci d'être venu(e). J'aimerais vous poser quelques questions sur la publicité et les médias en France, si vous le voulez bien ...
     • *So it has been decided to allocate money to promote your products on the French market?*

Chef   Oui, la décision a été prise à la dernière réunion du conseil d'administration lorsque vous étiez en France. Si nous faisions de la publicité dans un grand quotidien français par exemple, quel journal nous conseilleriez-vous?

• *Point out that a national press, as in England, doesn't really exist in France. Begin with: Voyez-vous ...*

Chef   Mais je croyais que *Le Figaro* et *Le Monde* étaient lus partout en France?

• *True, but their circulation is small. He really needs to advertise in the provincial dailies, but there are about eighteen in all!*

Chef   Ça m'étonnerait qu'on puisse s'offrir le luxe d'une publicité dans une vingtaine de quotidiens de province! Mais il doit y avoir des magazines qui s'adressent à l'ensemble de la population ... ?

• *Indeed, both weeklies and monthlies. With so many on the market, one is really spoilt for choice. Say you'll draw up[1] a list of popular news and women's magazines for him together with[2] their circulation figures.*

Chef   Merci, ça me rendrait service! Donc il y a plusieurs possibilités là. Et je suppose que la télévision en France a des chaînes commerciales comme chez nous?

• *All channels except two are commercial, but all channels, be they state or privately owned, carry advertising, although FR2 and FR3 don't allow advertising breaks in the middle of programmes for the moment.*

Chef   Y a-t-il une radio commerciale?

• *Say there are four main radio stations broadcasting over the whole of France. Give their names, pointing out that the three peripheral stations are commercial. However, in addition, there are a large number of local radio stations broadcasting on FM, many of which carry brand-name advertising.[3]*

Chef   A qui faudrait-il que je m'adresse pour obtenir les tarifs de publicité à la radio et dans les journaux?

• *You will find out the local rates and let him know, but suggest he does nothing before you put him in touch with a good French advertising agency.*

Chef   D'accord, j'attends que vous me mettiez en contact avec une agence. En attendant, je vous remercie d'avoir bien voulu parler de tous ces problèmes avec moi.

[1] dresser une liste
[2] ainsi que
[3] faire de la publicité de marque

Jeu de rôle 2

Un Français vous interroge sur les médias en Grande-Bretagne. Vous parlerez (chiffres à l'appui!):

- de la force de la presse britannique (quotidiens, sérieux et moins sérieux (à scandale), journaux du dimanche, journaux régionaux)
- de la pénurie des magazines d'actualité (raisons?)
- des hebdomadaires et mensuels les plus populaires
- de la télévision (différences avec la France surtout en matière de publicité)
- de la radio

Avec un(e) partenaire imaginez le dialogue.

Section C Reading, listening and reacting

A

TV5, la première chaîne mondiale en langue française

D'Abidjan à Singapour, TV5 s'adresse avant tout aux quelque 3 millions de Français expatriés et, plus largement, aux francophones et francophiles du monde entier. La chaîne est diffusée sur 30 canaux satellite et plus de 6 000 réseaux câblés, ce qui la rend accessible à 130 millions de foyers, soit au bas mot, 600 millions de téléspectateurs potentiels. C'est beaucoup plus que l'anglaise BBC World ou l'allemande Deutsche Welle malgré un budget inférieur d'un tiers.

Mais TV5 n'est pas une chaîne comme les autres. C'est plutôt une sorte de magnétoscope géant, recyclant des cassettes de programmes fournis par les télévisions publiques francophones: France Télévision, Arte, les télévisions publiques belge (RTBF), suisse (TSR) et canadienne (Radio Canada). Pendant longtemps, TV5 a eu à pâtir de ce côté 'patchwork' sans ligne éditoriale claire. Le vrai tournant date de 1998, date à laquelle fut nommé un pro de l'audiovisuel – Jean Stock, qui s'attaque d'abord à la modernisation de l'outil de diffusion grâce au tout numérique. TV5 transmet alors un signal unique dans le monde entier. Mais il ne suffit pas d'être reçu, encore faut-il l'être à la bonne heure . . . Qui va regarder le Journal de 20 heures de France à Bangkok, s'il est programmé à 4 heures du matin en raison du décalage horaire? La réponse viendra du numérique qui permet de faire passer six à huit canaux là où il n'y en avait qu'un. La chaîne transmet désormais depuis Paris des programmes identiques mais à des horaires décalés sur plusieurs zones géographiques: l'Europe, l'Europe francophone (France, Belgique, Suisse), l'Afrique, le Proche et le Moyen-Orient et l'Asie, et le Canada et l'Amérique. Autre avantage du numérique, il multiplie les possibilités de soutitrage dans une langue locale et permet de toucher un public de francophiles ne maîtrisant pas bien le français.

Jean Stock s'est également attaqué aux programmes. Objectif – simplifier la grille et installer des rendez-vous pour fidéliser les téléspectateurs. La nouvelle grille, mise en place depuis 1999, diffuse six heures d'informations par jour plus un entretien quotidien avec une personnalité internationale (TV5 Questions) ou commentaire de l'actualité avec des journalistes étrangers en poste à Paris (Kiosque). D'après la directrice générale «nous ne donnons pas un point de vue unique sur l'information, mais le regard croisé de nos différents partenaires».

Côté programmes proprement dit, TV5 pioche un peu plus de 50% de ses émissions sur les chaînes publiques françaises. La nouvelle grille donne une place plus importante au cinéma qui n'intéresse pas les autres diffuseurs et intègre désormais des programmes sportifs.

TV5 a, à son actif, des productions maison comme *Images de pub* dédiées à la création publicitaire francophone et *24 heures en direct de ...* qui propose un tour du monde des grandes capitales.

En quelques années la chaîne a changé son image et a élargi son public. L'audience moyenne sur l'Europe et l'Afrique du Nord est actuellement de 6,6 millions de téléspectateurs. Dans le monde, la chaîne doit approcher les 14 millions de téléspectateurs chaque jour en dépit de son faible budget.

Télérama

☐1 **Répondez en anglais.**

To what do the following figures refer:

3 millions	130 millions	un tiers	50%	6,6 millions	14 millions

☐2 **Répondez en français.**

Remplissez les blancs:

a TV5, ... sur des ...... satellite et des ...... câblés est ...... aux ...... et francophones partout dans le monde.

b TV5 ...... des programmes non seulement des chaînes ...... françaises mais aussi ...... des trois autres grands pays ...... , c'est-à-dire la ...... , la ...... et le ....

c Un grand avantage du ...... c'est qu'il permet de faire passer ...... canaux au lieu d'un. Ainsi, en ...... des programmes ...... sur plusieurs ...... on ...... le problème du ...... horaire. En plus le ...... rend possible le soutitrage en plusieurs ...... , ce qui ...... aux ...... francophiles qui ne ...... pas bien le français de ...... les programmes.

☐3 **Cherchez dans le texte l'équivalent français des mots ou des expressions suivants:**

video player/recorder	digital broadcasting	time difference
French-speaking viewers	state-owned channels	broadcaster
programme schedule(s)		

Principales chaînes terrestres

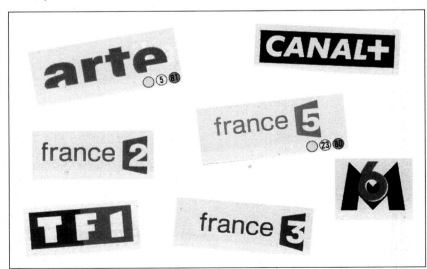

🔊 **B** *Message publicitaire*

Faites une transcription du message publicitaire sur Europe 1 sur ce qu'il suffit de faire pour mettre une annonce dans un grand quotidien français. Puis traduisez-le en anglais.

Faisons le point sur ...

Les médias en France

La presse

Depuis la fin de la deuxième guerre mondiale, la presse écrite française a perdu plus de la moitié de ses quotidiens. En revanche, la presse périodique s'est fortement développée.

La presse quotidienne a subi de gros changements. A cause de la concurrence de la radio puis de la télévision, à cause du prix de revient et du coût d'exploitation élevés, elle s'est concentrée. De nos jours, on ne dénombre que 11 quotidiens nationaux contre 66 régionaux.

La presse de province a su s'adapter à son public en lui offrant les informations régionales et locales telles que les manifestations sportives, les diverses festivités, et les nouvelles touchant aux mondes agricole et maritime.

Certains journaux se situent plutôt à droite, par exemple *Le Figaro*, *France Soir*, *Le Parisien* alors que *L'Humanité* est communiste et que *Libération* aurait des sympathies plutôt orientées vers la gauche. *La Croix* a une position plutôt centriste. *Le Monde* a une réputation mondiale de sérieux et d'objectivité et reste le plus vendu à l'étranger – quelque 12 000 exemplaires, soit deux fois plus que son plus proche rival. La presse nationale représente donc l'éventail des grands courants politiques.

D'une manière générale, malgré une certaine modernisation, une mise en page parfois plus accessible et attirante (*Libération*) et une nette amélioration du contenu rédactionnel, la presse doit faire face à de grosses difficultés. En dépit des subventions et des avantages fiscaux accordés par l'Etat, on constate une baisse régulière de la diffusion. Seules l'Italie et l'Espagne ont un taux de pénétration plus bas. A cause de ce faible nombre de lecteurs et de la concurrence des médias audiovisuels, les recettes publicitaires sont modestes.

Par contre la presse périodique connaît un grand dynamisme. Il y a les hebdomadaires d'actualité tels que *Paris Match*, *Le Nouvel Observateur*, *Le Point* et *L'Express* avec leurs rubriques politique, économique, sociale et culturelle, mais la formule hebdomadaire ou mensuelle de couleur permet tout un éventail de spécialisation et tous les créneaux sont représentés qu'il s'agisse de sport, de cinéma, de jardinage, de décoration intérieure, d'informatique, d'automobile, de santé, de cuisine ... Ajoutons-y les magazines féminins et ceux destinés aux téléspectateurs. Tous ne survivent pas, mais ils renaissent parfois en visant des cibles différentes.

Une partie des informations est fournie par les agences de presse dont la plus importante est l'Agence France-Presse (AFP) créée en 1945.

La TV par câble et satellite
(en nombre de chaînes)

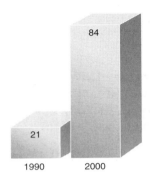

84

21

1990   2000

La télévision

La télévision comprend actuellement les sept grandes chaînes hertziennes: TF1, France 2, France 3, Canal+, France 5/ARTE et M6. Trois d'entre elles sont publiques et font partie depuis janvier 2002 de France Télévision: les chaînes généralistes France 2 et France 3 (cette dernière étant à vocation régionale), et France 5 qui est à vocation éducative. Les quatre autres chaînes sont privées: la grande chaîne généraliste TF1, qui a succédé à la première chaîne de télévision nationale et qui est privatisée depuis 1987; Canal+, chaîne cryptée à péage par abonnement, présente surtout des films récents et du sport; Arte financée en partie par l'Etat et en partie par le secteur privé, est une chaîne culturelle franco-allemande qui remplace France 5 le soir; M6 proposait à ses débuts des émissions essentiellement réservées aux jeunes téléspectateurs (musique pop, feuilletons, films, etc), mais son offre a évolué et, actuellement, la grille comprend également des flash d'information, des documentaires et des débats.

En plus des chaînes hertziennes il existe une douzaine de chaînes diffusées par câble ou satellite. Ces chaînes représentent des créneaux spécifiques, par exemple Eurosport, Ciné Cinémas, Voyage, Mezzo (musique), LCI (informations), TV5 (programmes de chaînes publiques francophones).[1]

Depuis 1989 *le Conseil Supérieur de l'Audiovisuel (le CSA)* régit la communication audiovisuelle. C'est une autorité indépendante qui a pour charge d'assurer à l'audiovisuel «son bon fonctionnement, son équilibre, son pluralisme et de garantir son autonomie vis à vis du pouvoir politique». Le CSA:
* réglemente la publicité (décision sur quels produits ou services on peut faire de la publicité, le nombre de coupures autorisées au cours d'une émission, la durée de la publicité, etc)
* donne son accord sur le parrainage de certaines émissions par des grandes marques
* répartit l'argent de la redevance entre les diverses sociétés publiques
* établit les contrats qui fixent les objectifs annuels
* peut rappeler à l'ordre, adresser des injonctions, infliger des sanctions s'il y a non-respect du cahier des charges, par exemple le quota des films étrangers (pas plus de 50%; 60% pour les films européens)

Les programmes télévisés utilisent le système français de couleur SECAM.[2] Les principaux satellites sont TDF2 (franco-allemand) et Télécom 2A/B (français).

La radio

Radio France comprend France Inter (généraliste), France Culture, France Musiques, Radio Bleue (seniors) et France Info. Radio France gère aussi 38 radios locales qui recouvrent tout le territoire (généralistes «de pays»). Il existe aussi Radio France Internationale, société indépendante qui transmet des programmes en 18 langues à 30 millions d'auditeurs surtout en Afrique, en Amérique et en Asie.

Dans le secteur privé et au-delà des frontières françaises on trouve des postes périphériques dont les principaux sont Europe 1 (Sarre), Radio Luxembourg (RTL) et Radio Monte-Carlo (RMC).

En 1982, une nouvelle loi a autorisé la création de radios privées locales sur modulation de fréquence (FM). Elles sont réparties sur l'ensemble du territoire français. On en compte plus de trois mille, dont plus d'une centaine dans la seule région parisienne. On y trouve des noms tels que NRJ, Radio Nostalgie, Fun Radio, Skyrock, Kiss FM, Pacifique FM, etc. Comme leurs noms l'indiquent, leurs émissions sont destinées dans l'ensemble aux jeunes auditeurs et consistent, pour la plupart d'entre elles, de jeux, d'émissions à ligne ouverte et de musique pop.

[1] Voir Section C Ex A p. 223.
[2] Voir *Petit Guide des Sigles.*

Activité de recherche

Renseignez-vous auprès d'une société britannique qui exporte ses produits/services en France ou dans les pays francophones pour savoir quelle est sa politique en matière de marketing dans ce(s) pays-là.

- Comment organisent-ils la promotion de leurs produits?
- Est-ce que leur marketing est confié aux agences francophones?
- De quels médias se servent-ils (affichage/presse/télévision/radio)?
- Se servent-ils de brochures/dépliants/prospectus/encarts/etc. rédigés en français? Qui est-ce qui les conçoit et les réalise?
- Est-ce que leur marketing est essentiellement le même dans les pays francophones que dans les pays anglophones?

Rédigez votre rapport en français.

13 | Affaire conclue

Section A

Scénario

A la fin de sa visite, Mme Legrand discute avec Mr Sanderson des prix* et des délais de livraison des nouveaux modèles.

☎ Ecoutez le dialogue et répondez aux questions de la Section A pour commencer.

Vocabulaire

entretien (m)	*conversation*
survenir	*to arise/'crop up'*
obtenir gain de cause	*to get satisfaction*
soulagé	*relieved*
faire activer les choses	*to get things moving*
commande (f) d'essai	*trial order*
conçu (p.p. concevoir)	*designed*
solide	*strong*
fiable	*reliable*
convenir (de)	*to admit*
bon (m) de commande	*order form*

cours (m)	*(exchange) rate; also:* *taux d'échange (m)*
aperçu (m)	*rough/general idea*
TVA** (f) (taxe à la valeur ajoutée)	*VAT*
abordable	*reasonable*
ne rien y pouvoir	*to be unable to do anything* *about it*
traiter affaires	*to do business*
accueil (m)	*welcome*

*See Chapter 10 for details of prices and sales terms.   **See p.230.

Qu'avez-vous compris?

1 Regardez le dialogue et trouvez dans le texte l'équivalent de:
a raisonnable (prix)
b grèves
c résistants
d tous les problèmes sont résolus
e prix de livraison à l'entrepôt du client
f produit de meilleure qualité
g vous avez pu obtenir ce que vous vouliez?
h avoir des relations commerciales

2 Comment diriez-vous en français?
a Everything's turned out for the best.
b I would be very grateful to you.
c These top-of-the-range products have been very successful.
d Approximately how much do they (m) come to (price)?
e You must reckon on a fortnight.
f When everything goes well.
g We can't do anything about it.
h Thank you for having made me feel so welcome.

3 Complétez les blancs.
a Mme Legrand a ...... un long ...... avec le chef du service après-vente
et ils ont ...... certains problèmes concernant la dernière livraison.
b Mr Sanderson a dit que si elle ...... d'autres ennuis et si elle ...... en
...... part, il ...... peut-être faire activer les choses.
c Il a expliqué que si elle ...... avoir le prix ...., il faudrait qu'elle ......
au prix ...... d'usine les frais de ......, le ...... de l'...... plus ...... de
l'emballage.
d Mme Legrand craignait que le prix ...... trop élevé mais Mr Sanderson
...... a rappelé que le ...... de la TVA au ...... était ...... élevé qu'en
France.

e Si elle acceptait de ...... dans les 30 jours fin de mois, elle ...... droit à un ...... de ...... %, mais si elle ...... dans les 90 jours fin de mois, l'escompte ne ...... plus possible.

f ...... aux délais de livraison, Mr Sanderson a dit qu'ils ...... entre deux et trois ...... en ...... à condition que tout se ...... bien.

De la planche à la chaise, petit exemple du mode d'application de la TVA

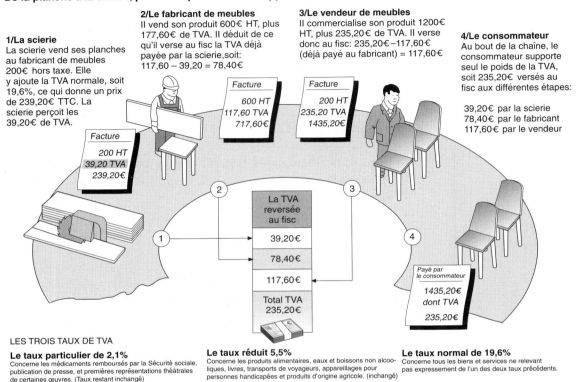

1/La scierie
La scierie vend ses planches au fabricant de meubles 200€ hors taxe. Elle y ajoute la TVA normale, soit 19,6%, ce qui donne un prix de 239,20€ TTC. La scierie perçoit les 39,20€ de TVA.

2/Le fabricant de meubles
Il vend son produit 600€ HT, plus 177,60€ de TVA. Il déduit de ce qu'il verse au fisc la TVA déjà payée par la scierie, soit: 117,60 − 39,20 = 78,40€

3/Le vendeur de meubles
Il commercialise son produit 1200€ HT, plus 235,20€ de TVA. Il verse donc au fisc: 235,20€−117,60€ (déjà payé au fabricant) = 117,60€

4/Le consommateur
Au bout de la chaîne, le consommateur supporte seul le poids de la TVA, soit 235,20€ versés au fisc aux différentes étapes:

39,20€ par la scierie
78,40€ par le fabricant
117,60€ par le vendeur

Facture
200 HT
39,20 TVA
239,20€

Facture
600 HT
117,60 TVA
717,60€

Facture
200 HT
235,20 TVA
1435,20€

La TVA reversée au fisc

39,20€

78,40€

117,60€

Total TVA
235,20€

Payé par le consommateur
1435,20€
dont TVA
235,20€

LES TROIS TAUX DE TVA

Le taux particulier de 2,1%
Concerne les médicaments remboursés par la Sécurité sociale, publication de presse, et premières représentations théâtrales de certaines œuvres. (Taux restant inchangé)

Le taux réduit 5,5%
Concerne les produits alimentaires, eaux et boissons non alcooliques, livres, transports de voyageurs, appareillages pour personnes handicapées et produits d'origine agricole. (inchangé)

Le taux normal de 19,6%
Concerne tous les biens et services ne relevant pas expressément de l'un des deux taux précédents.

Section B

Structural exercises

A *Ecoutez l'enregistrement et complétez, en anglais, le tableau.*

Ref. no.	Price	Not included in price	Settlement terms	Delivery time
XRS75	52 €	– VAT – insurance	30 days/ end of month	2–3 weeks
a				
b				
c				

🔊 **B** *Exercice d'interprétation*

Vous accompagnez Mr Cooper qui rend visite à un de vos fournisseurs français, Monsieur Masson. Vous leur servez d'interprète ...

Cooper   I would like you to show me your new top-of-the-range products before I fill out the order form.

Masson   Volontiers. Alors ceux-ci sont les derniers sortis, et je crois qu'ils plairont à votre clientèle. Vous voyez à quel point ils sont élégants mais solides en même temps.

Cooper   They look quite strong, I must admit. However, let's hope they are more reliable than the earlier models!

Masson   Vous voulez parler de quels modèles?

Cooper   They were your SY71 and JT93 models which we bought two years ago.

Masson   Ah, oui. Je m'en souviens. On a eu effectivement quelques ennuis avec ces deux modèles-là, surtout tout au début, juste après leur lancement sur le marché intérieur. Mais on a réussi à régler tout ça par la suite.

Cooper   I remember we had problems getting any satisfaction from your after-sales department at the time. But it all turned out all right in the end.

Masson   Tant mieux. Je suis soulagé de vous l'entendre dire! Donc, si vous nous passiez commande, de quelles quantités s'agirait-il?

Cooper   It would be for fifty models altogether. Thirty top-of-the-range, and twenty bottom-of-the-range, providing we can agree on a price. What discount would you give for those quantities?

Masson   Normalement 5% sur le prix global hors taxe, mais peut-être un peu plus si vous payiez comptant ...

Cooper   We never pay cash! British suppliers normally give us between 60 and 65 days from the delivery date, and with at least 3% off!

Masson   Je suis sûr que nous pouvons traiter affaire. Mais avant de vous faire une offre finale, il faudrait s'entendre sur nos conditions de vente et nos délais de livraison.

Cooper   If I'm not mistaken your prices are ex-works and include packaging and VAT, but we must add on about 8% for insurance and transport charges. That's right, isn't it?

Masson   C'est ça, et nos délais de livraison sont de quinze jours en moyenne. Ecoutez, laissez-moi m'en occuper et je vous enverrai une offre définitive dans les jours qui viennent.

Cooper   Thank you. I would be very grateful if you could speed things up a little, as we would like to get them onto the market as soon as possible.

Masson   Ne vous faites pas de souci! Vous aurez notre offre d'ici une semaine, et les prix cités seront valables jusqu'en avril.

Cooper   Fine, I'll look forward to receiving it.

📞 *Jeu de rôle 1*

Jouez le rôle de Mr Sanderson qui s'entretient en français avec Mme Legrand à la suite de sa visite à l'usine.

Sanderson   • *Ask if she has been able to see the After-Sales Manager?*

Legrand   Oui, je viens de le quitter à l'instant.

Sanderson   • *Did she get what she wanted?*

Legrand   Oui, tout est réglé.

Sanderson   • *You are relieved to hear it. If she has any further problems she is to keep you informed and you'll try to speed up matters.*

Legrand   Je vous en remercie d'avance. Je suis prête à vous passer une première commande d'essai. Les prix indiqués sur votre liste sont les prix unitaires sortie d'usine, n'est-ce pas?

Sanderson   • *Yes, transport and insurance costs must be added.*

Legrand   Ils s'élèvent à combien approximativement?

Sanderson   • *She should reckon on an extra 8%.*

Legrand   Est-ce que l'emballage est inclus?

Sanderson   • *Of course, and it's designed for long journeys.*

Legrand   En ce qui concerne le taux d'échange, quel est le cours de la livre actuellement? Il est assez fort par rapport à l'euro, si je ne me trompe pas.

Sanderson   • *Unfortunately the pound is too strong at the moment, which is not good for your exports!*

Legrand   Laissez-moi calculer le prix de revient. Avec la TVA ça fait le produit cher.

Sanderson   • *It's reasonable considering the quality of the product. Remember the rate of VAT is lower than in France.*

Legrand   Oui, c'est vrai. Quels sont vos délais de paiement?

Sanderson   • *30 days/end of the month, and that would entitle her to a 2,5% discount.*

Legrand   Nos fournisseurs français nous accordent 90 jours/fin de mois et nous bénéficions toujours d'un escompte de 2,5%!

Sanderson   • *You'll see what you can do and send her your final offer in the next few days.*

Legrand   Je vous en remercie.

Sanderson   • *Say you are pleased you have been able to do business again.*

Legrand   Mais le plaisir est réciproque. Merci de votre accueil et de votre hospitalité. Je viens de faire un excellent séjour!

Sanderson   • *You're delighted to hear it. Wish her a safe journey back and say you look forward to seeing her again.*

Jeu de rôle 2

Vous êtes un(e) client(e) britannique qui négocie avec un fournisseur français l'achat d'une centaine de ses produits.

Vous insistez sur:

- une réduction de prix (taux de TVA plus élevé en France)
- la rapidité de livraison
- les soins à apporter à l'emballage

Avec un(e) partenaire qui jouera le rôle du fournisseur imaginez la conversation.

Reading, listening and reacting

A *Budget*

Pour son premier budget en euros le gouvernement français a annoncé une série de mesures dans le cadre de ses quatre priorités pour soutenir la croissance: l'éducation, l'emploi, la sécurité et l'environnement. Choisissez dans la liste des phrases (A–F) celle qui correspond à la mesure budgétaire (1–8) dont la liste se trouve à la page 234. Par exemple la phrase A correspond à la mesure 6.

A	B	C	D	E	F
6					

A Par ces investissements le gouvernement veut assurer le droit premier des citoyens à la sécurité.

B Le but de cette mesure est de renforcer le pouvoir d'achat des Français et de soutenir la consommation.

C Cette mesure permettra aux entreprises de poursuivre leur modernisation et de rester compétitives sur le marché international.

D Preuve de la détermination du gouvernement de poursuivre l'investissement dans la formation des générations futures.

E Cette allocation de fonds permettra de gérer et préserver durablement l'environnement.

F Cette action du gouvernement facilitera l'insertion dans la vie active des jeunes chômeurs.

Budget

1. Près de 61,4 milliards d'euros seront alloués à l'Education nationale et ces moyens s'accompagneront de la création de près de 7 800 postes nouveaux en application du plan triennal pour l'éducation.
2. Des contrats aidés, notamment pour les chômeurs de longue durée, les bénéficiaires du RMI, et les personnes handicapées seront financés à hauteur de 4,5 milliards d'euros.
3. La baisse de l'impôt sur le revenu, déjà votée dans la loi des finances de 2001, entrera dans la deuxième étape et s'élèvera à près de 2 milliards d'euros.
4. Réduction du taux de l'impôt sur les bénéfices pour les PME et la possibilité pour les entreprises de pratiquer un amortissement exceptionnel de 30% sur l'investissement dans les biens d'équipement jusqu'à fin mars.
5. Le gouvernement a depuis quatre ans renforcé les moyens de justice (+25% d'augmentation de son budget depuis 1997). Les crédits alloués seront en hausse de 5,7% et 3 200 emplois seront créés.
6. La police de proximité sera généralisée et 3 000 emplois de policiers seront créés pour répondre aux besoins. La gendarmerie sera renforcée grâce à la création de 1 000 postes (augmentation de 4,5% des crédits pour ce secteur).
7. Le budget avec 762 millions d'euros aura pour but la prévention des risques de pollution, l'augmentation de la capacité d'expertises du ministère, la protection des milieux naturels et la gestion durable des ressources en eau.
8. La première embauche ainsi que le retour à l'emploi demeurent une priorité: 260 000 CES supplémentaires et 90 000 CIE seront créés.

B *La bataille de l'euro*

Suite au passage à la monnaie unique qui s'est effectué le 1er janvier 2002 dans les 12 pays de la zone euro, un journaliste interroge un homme d'affaires français, Robert Beaune, ancien dirigeant d'une entreprise britannique, sur les raisons derrière la décision du Royaume-Uni de ne pas faire partie de la zone et la possibilité de son éventuelle adoption de l'euro.

Notes

faute coutumière: reference to Britain's habit of remaining on the sidelines of European initiatives. For example:
- 1950: Britain refuses to pool its coal and steel production with European states under the Schuman Plan (European Coal & Steel Community)

- 1956: Britain refuses to sign the Treaty of Rome which sets up the Common Market (Britain did not in fact join the EEC until 1973)
- Late 1970s and 1980s: Britain decides against participation in the European Monetary System
- 1989: Britain refuses to sign the Social Chapter which guarantees certain basic rights for workers within the European Union
- 1991: John Major secures a British opt-out at the Maastricht Conference which sets up the framework and timetable for monetary union
- 1997: the Blair government announces Britain will not be in the first wave of EMU members in 1999

la mauvaise performance des conservateurs: reference to the defeat of the Conservatives under William Hague in the 1997 elections.

l'euro existe depuis 1999: Economic and Monetary Union (EMU) was established on 1st January 1999 together with the setting up of a European Central Bank (ECB) and the creation of a single currency.

BCE: Banque centrale européenne (ECB)

le taux de change actuel: In January 2002 one euro was worth approximately 62p.

taux de commission très élevé: starting from England with £100, a financial journalist made a round trip of six European countries changing his money for local currency in each country visited. On his return he converted his remaining foreign currency back into sterling which amounted to £60, commission charges having accounted for the remaining £40!

Ecoutez la conversation et répondez aux questions suivantes:

a (Répondez en anglais.) To what do the following numbers and dates refer:

370 million	3.5 million	58%	62%	2003

b Donnez les expressions françaises utilisées dans le texte pour exprimer:

> to lag behind   that having been said   single currency
> to stick one's head in the sand   a huge mistake   'one size fits all'
> the British Chancellor of the Exchequer   the retailing giants
> 'euro-creep'

c Recopiez, en français, les cinq conditions que le gouvernement britannique juge nécessaires avant de procéder à un référendum sur l'adoption de l'euro.

d (Répondez en anglais.) According to the text,
  (i) which other EU member countries opted with the UK to stay outside the euro zone initially?
  (ii) what is said to be one of the major obstacles to Britain joining the single currency?

(iii) in which 4 areas is the UK currently doing better than some of its European partners?

(iv) which of the five conditions can be considered objectively to have already been met by the UK?

(v) apart from payment in certain large stores, where else can payment already be made in euros in the UK?

(vi) Give **three** advantages of the single currency for the British tourist in the euro zone.

 Section D

Faisons le point sur ...

Les institutions politiques françaises

Le pouvoir exécutif est partagé entre le Président de la République et le Premier ministre.

Le Président de la République[1] est le chef de l'Etat français. Il réside au Palais de l'Elysée. Depuis 1965, il est élu au suffrage universel direct, au scrutin majoritaire à deux tours[2] pour cinq ans.[3] Aucune autorité ne peut mettre un terme au mandat en cours et il est rééligible sans limitation du nombre de ses mandats.

Les pouvoirs du président sont importants:

- il nomme le Premier ministre qui est normalement le chef du parti majoritaire à l'Assemblée nationale. Sur proposition du Premier ministre, le président nomme les ministres et préside le Conseil des Ministres
- il peut dissoudre l'Assemblée nationale et provoquer de nouvelles élections législatives
- il signe les décrets et les ordonnances
- il peut consulter directement les électeurs par référendum pour certains projets de loi

Le président a une responsabilité particulière dans le domaine de la défense et des affaires étrangères:

- il est le chef des armées et peut donner l'ordre d'utiliser l'arme nucléaire
- il dirige la diplomatie, reçoit les chefs d'états étrangers et participe aux sommets politiques ou économiques. Il négocie et signe les traités qui doivent être ensuite ratifiés par le parlement.

L'Article 16 de la constitution de l958 lui confère les pleins pouvoirs exécutifs et législatifs dans le cas exceptionnel de crise grave.

Le Premier ministre est le chef du gouvernement. Ses bureaux sont à l'Hôtel Matignon. Il forme le gouvernement en choisissant ses ministres. Selon le principe de la séparation des pouvoirs, un ministre ne peut pas conserver son mandat de député. Le Premier ministre est

L'organisation des pouvoirs

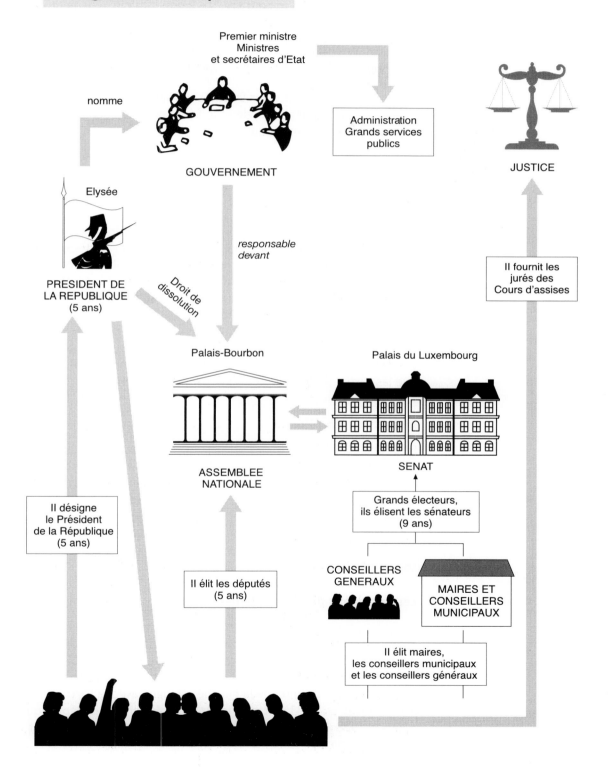

Premier ministre
Ministres
et secrétaires d'Etat

GOUVERNEMENT

nomme

Administration
Grands services
publics

JUSTICE

Elysée

PRESIDENT DE
LA REPUBLIQUE
(5 ans)

responsable
devant

Droit de
dissolution

Il fournit les
jurés des
Cours d'assises

Palais-Bourbon

Palais du Luxembourg

ASSEMBLEE
NATIONALE

SENAT

Il désigne
le Président
de la République
(5 ans)

Grands électeurs,
ils élisent les sénateurs
(9 ans)

Il élit les députés
(5 ans)

CONSEILLERS
GENERAUX

MAIRES ET
CONSEILLERS
MUNICIPAUX

Il élit maires,
les conseillers municipaux
et les conseillers généraux

responsable de la politique du gouvernement devant l'Assemblée nationale. Il ne peut donc pas gouverner s'il n'appartient pas au groupement politique majoritaire.[4] Le Premier ministre ne peut pas être révoqué par le Président de la République, cependant celui-ci peut l'inciter à démissionner.

Le pouvoir législatif est exercé par le Parlement qui est 'bicaméral', c'est-à-dire composé de deux chambres: l'Assemblée nationale qu'on appelle aussi la Chambre des Députés qui siège au Palais Bourbon dans une salle en forme d'hémicycle et le Sénat ou Haute Assemblée qui siège au Palais du Luxembourg.

L'Assemblée nationale est composée de 577 députés chacun représentant une circonscription. Ils sont élus au suffrage universel à deux tours aux élections dites législatives. La durée de leur mandat est de cinq ans.

Le Sénat est composé de 321 sénateurs élus au suffrage universel indirect par des collèges électoraux spéciaux composés de conseillers régionaux, conseillers généraux, délégués des conseils municipaux, etc. Les sénateurs sont élus pour neuf ans mais le tiers des sénateurs est renouvelé tous les trois ans. A la différence de l'Assemblée nationale, le Sénat ne peut être dissous. Le Président du Sénat est le second personnage de l'Etat, car c'est lui qui assure l'intérim en cas de vacance de la présidence de la République.[5] Les deux chambres examinent successivement les projets et propositions de loi jusqu'à ce que les textes soient adoptés dans les mêmes termes.

Les partis politiques

Le paysage politique français est partagé en deux grands courants – la droite et la gauche. Mais depuis les années 80, on assiste à une montée de formations qui n'appartiennent pas à ces grands partis, par exemple les Verts, le Front national … Si, d'une manière générale, les ouvriers votent plutôt à gauche, les paysans et les catholiques à droite, les partis ne correspondent plus à des catégories sociales particulières: ils comptent parmi leurs partisans des gens de toutes les couches sociales.

Les principaux partis et groupes de gauche

Le Parti socialiste (le PS), créé en 1969, est le plus important. Issu de la Section française de l'Internationale ouvrière (la SFIO) fondée en 1905, il a eu des dirigeants célèbres comme Jean Jaurès et Léon Blum. En 1971, François Mitterrand est élu premier secrétaire du parti. En 1972, un programme commun de la gauche est signé avec le Parti communiste. En 1981, Mitterrand est élu Président de la République et réélu en 1988. Lionel Jospin, ancien premier secrétaire du parti, est nommé Premier ministre 1997–2002.

Le Parti communiste (le PC) se sépare de la SFIO en 1920 et adhère à l'Internationale communiste. Ayant joué un grand rôle dans la Résistance, le PC obtient un grand nombre de voix aux élections de 1946 au lendemain de la deuxième guerre mondiale, mais son influence ne cesse de décroître depuis cette époque. A l'Assemblée nationale on compte quelque 35 députés communistes (contre 250 pour le groupe socialiste) et deux ministres.[6]

Le groupe Radical Citoyen et Vert a trois composants: (i) Le Parti Radical de gauche («humanisme, solidarité, laïcité»), (ii) Le groupe des Verts, qui comprend les anciens Ecologistes et le Parti des Verts et représente une force non négligeable,[7] et (iii) Le Mouvement des Citoyens créé dans le but de refonder une gauche classique républicaine.

Tous ces partis avec leurs affiliés[8] constituaient la majorité plurielle avec 311 sièges à l'Assemblée nationale dans le gouvernement de Lionel Jospin (1997–2002).

Parmi les organisations politiques d'extrême-gauche de faible influence on peut citer Lutte ouvrière.[9]

Les principaux partis et groupes de droite

L'Union pour la Majorité Présidentielle (l'UMP) a été créé à la suite de la victoire de Jacques Chirac aux élections présidentielles de mai 2002 pour réunir la droite avant les élections législatives de juin 2002 (voir p. 241). Ce parti est successeur du Rassemblement pour la République (le RPR) fondé par Jacques Chirac en 1976 et issu du Rassemblement du peuple français (le RPF) créé par le Général de Gaulle en 1947. L'UMP se dit l'héritier du gaullisme donc le garant des institutions de la Ve République.

L'Union pour la démocratie française (l'UDF) a été fondée en 1978 par Giscard d'Estaing et se situe au centre-droit

Démocratie libérale: parti de droite, champion du néo-libéralisme sous la direction d'Alain Madelin.

Avec leurs affiliés, ces partis constituaient l'opposition (130 sièges) au dernier gouvernement.

A l'extrême-droite il faut citer Le Front national (le FN) né en 1972 sous la direction de Jean-Marie Le Pen.[10] Ce parti, souvent en litige avec la justice française et européenne pour incitation au racisme, prône une politique ultra-nationaliste, anti-immigration et anti-européenne.

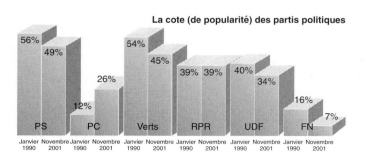

La cote (de popularité) des partis politiques

	PS	PC	Verts	RPR	UDF	FN
Janvier 1990	56%	12%	54%	39%	40%	16%
Novembre 2001	49%	26%	45%	39%	34%	7%

Notes

1   The present (V^e) Republic was established in 1958. There have been five presidents to date: Charles de Gaulle (1958–1971), Georges Pompidou (1971–1974), Valéry Giscard d'Estaing (1974–1981), François Mitterrand (1981–1995), Jacques Chirac (1995–   ). (See also note 3.)

2   As in the general (*législatives*) elections, unless a candidate receives an outright majority of votes in the first round, a second round is held one week later when lower-placed contenders put their support behind one or other of the front runners.

3   The 2002 presidential elections were the first to elect a president for a five-year period (*quinquennat*), previous presidents (see note 1) having been elected for seven years (*septennat*). This brings the presidential mandate in line with that of the *députés*.

4   This has led in recent years to the phenomenon of *la cohabitation*, ie when the president is from the opposite side of the political spectrum to the prime minister who is usually leader of the majority party in the Assembly. This first occurred in 1986 when, after the victory of the right in the general elections, the Socialist president François Mitterrand appointed Jacques Chirac as prime minister, and more recently in reverse, with President Chirac and Prime Minister Jospin (1997–2002).

5   This last occurred in 1971 on the death of Pompidou, when the president of the Senate, Alain Poher, temporarily took over until a new president could be elected.

6   The PCF has been a main-stream political party in France since 1945 (at one time representing 20% of the electorate) from whose ranks left-wing governments have frequently appointed ministers. The previous Socialist administration had communist ministers of Sport and Housing & Transport.

7   Dominique Voynet, a leading member of the *Verts*, was for a time minister for the environment in the Jospin government. Together with ecology parties throughout Europe, with which they are closely allied, *les Verts* are an influential group in the European Parliament.

8   Local parties of similar persuasion in the DOM (see *Petit Guide des Sigles* and Chapter 2 Section D) whose elected members sit in the Assembly.

9   Although not currently represented in the *Assemblée nationale*, the trotskyist *Lutte ouvrière* has long been present in French politics and is a force in the European Parliament under its charismatic leader, the MEP Arlette Laguiller.

10 As a result of internal divisions in the late 90s the FN suffered a decline in its earlier popularity and is currently not represented in the National Assembly. However, it remains a political force, particularly at local level (controlling some city councils in the Provence-Alpes-Côte d'Azur region) and Jean-Marie Le Pen, its charismatic leader, shook the political world during the 2002 presidential elections with his surprising first round victory over the outgoing Socialist prime minister Lionel Jospin.

L'élection de 2002

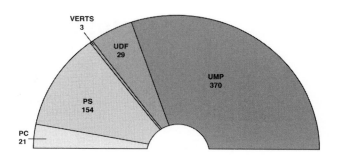

Activité de recherche

Renseignez-vous auprès d'une société britannique exportatrice de produits britanniques en France (si possible celle choisie pour l'Activité de recherche du Chapitre 12) sur leur politique de facturation/paiement.

- Est-ce que leurs prix s'entendent CAF/FOB?
- Accordent-ils des escomptes selon la quantité commandée?
- Quelles sont les échéances de paiement?
- Comment règle l'acheteur (en livres ou en euros)?
- Comment s'éffectue le paiement (lettre de crédit, traite bancaire, autre)?

Rédigez votre rapport en français.

Dialogues

📼 Dialogue 1: A l'hôtel

Sanderson	Bonsoir madame. Jeudi dernier j'ai retenu par téléphone une chambre pour une personne avec douche.
Réceptionniste	Oui monsieur, *c'est à quel nom s'il vous plaît?*
Sanderson	Sanderson. *Voulez-vous que je l'épelle?* S-a-n-d-e-r-s-o-n.
Réceptionniste	Ah oui. Je crois que je me souviens du coup de téléphone. Vous voulez rester une nuit seulement, *si je ne me trompe pas?*
Sanderson	Je voudrais maintenant rester *une nuit de plus*, si c'est possible. C'est-à-dire *deux nuits en tout*. J'ai l'intention de quitter Paris mardi 6 octobre.
Réceptionniste	Alors vous comptez rester deux nuits, du 4 au 5 et du 5 au 6. C'est bien ça?
Sanderson	*C'est exact.*
Réceptionniste	D'accord, *je n'y vois pas d'inconvénient*. Chambre numéro 16. Le portier va vous y conduire. *Bon séjour, monsieur.*
Portier	*Qu'est-ce que vous avez comme bagages*, monsieur?
Sanderson	Ce sac de voyage et ma serviette.
Portier	Suivez-moi, s'il vous plaît. La chambre 16 est au premier étage, mais nous allons quand même prendre l'ascenseur.
Sanderson	J'espère que c'est une chambre calme.
Portier	Oh oui, très calme, et très confortable. *Nous y voilà.* Vous voyez, *elle donne sur le jardin*, donc il n'y a aucun bruit de circulation.
Sanderson	Merci bien. Tenez! (He gives the porter a tip.*)
Portier	Merci beaucoup monsieur. Au revoir monsieur et bon séjour!
Sanderson	Un instant, s'il vous plaît. A quelle heure servez-vous le petit déjeuner?
Portier	A partir de 07h 00 jusqu'à 09h 30.
Sanderson	Pouvez-vous m'appeler à 06h 30, s'il vous plaît, et m'apporter le petit déjeuner dans ma chambre? *Je prends du thé le matin.*

Portier	*Entendu, monsieur.*
Sanderson	Une dernière chose. Pouvez-vous me dire s'il y a un bar dans cet hôtel?
Portier	Oui, monsieur, au rez-de-chaussée *au fond du couloir*, vous tournez à droite et c'est la deuxième porte à gauche, face à la réception.
Sanderson	Merci.
Portier	A votre service. Je laisse la clé sur la porte. *Bonne soirée* monsieur.

*pourboire (m)

🔲 Dialogue 2: Au bar

Dubois	Pardon monsieur, vous avez du feu?
Sanderson	Bien sûr, je vous en prie ... voilà.
Dubois	Merci. Vous voulez une cigarette?
Sanderson	Oui, *volontiers*. Il y a beaucoup de monde ce soir, n'est-ce pas?
Dubois	Quelquefois c'est pire, mais en général l'ambiance est assez sympathique.
Sanderson	Oui, *ça a l'air*. Vous êtes un habitué?
Dubois	J'y viens de temps en temps. A propos je m'appelle Dubois – Marc Dubois.
Sanderson	John Sanderson – je suis anglais – *enchanté de faire votre connaissance.*
Dubois	Enchanté. Mais dites-moi, *vous parlez très bien le français!*
Sanderson	Pas vraiment, mais comme je viens souvent en France, je fais chaque fois des progrès, et je parle de mieux en mieux.
Dubois	Votre français est bien meilleur que mon anglais en tout cas. Vous voyagez beaucoup alors? Vous devez avoir un métier plus intéressant que le mien!
Sanderson	Je suis chef du service des exportations des établissements SOLPEX qui a sa base en Angleterre. En effet, je voyage beaucoup. Et vous, *qu'est-ce que vous faites dans la vie?*
Dubois	Je suis expert-comptable dans une grande entreprise qui emploie plus de 5 000 ouvriers – SONA. *Vous en avez peut-être entendu parler?* Nous fabriquons des pièces pour l'industrie automobile. *Notre société a son siège social à Paris et des succursales dans toute la France*, et même plusieurs filiales à l'étranger, dans les pays membres de l'UE. Vous habitez Londres?
Sanderson	Non, j'habite un coin bien plus joli mais un peu moins connu à l'étranger, le sud-ouest de l'Angleterre, dans le Devon, à côté de Plymouth.

Dubois   Le Devon et la Cornouailles, c'est plutôt agricole et touristique, n'est-ce pas?

Sanderson   Oui, vous avez raison, et *c'est un des coins de vacances les plus populaires* pour la plupart des Britanniques. Cependant quelques industries se sont installées dans les environs des villes principales.

Dubois   Il y a combien d'habitants à Plymouth?

Sanderson   A peu près 250 000. Ce n'est pas très grand. Tout autour la campagne est très belle; il y a la lande de Dartmoor toute proche, qui est un parc national. Il y a aussi tous les plaisirs du littoral. J'estime que j'ai de la chance de vivre en province, car la vie y est plus agréable.

Dubois   Je n'en doute pas. *Laissez-moi vous offrir un verre.* Qu'est-ce que vous prenez?

Sanderson   Un whisky, s'il vous plaît. Est-ce bien vrai qu'il est moins cher en France qu'en Angleterre?

Dubois   Je ne sais pas s'il est meilleur marché, mais de toutes vos exportations c'est certainement la plus appréciée *de ce côté-ci de la Manche* ... Garçon, deux whisky, s'il vous plaît!

📼 **Dialogue 3:** Rendez-vous d'affaires (1)

Secrétaire   Bonjour monsieur.

Sanderson   Bonjour mademoiselle. *Permettez-moi de me présenter.* Je suis John Sanderson des Etablissements SOLPEX de Londres, et *j'ai rendez-vous* avec Madame Legrand à *11h00.* Excusez-moi d'arriver un peu en avance mais ...

Secrétaire   Ça ne fait rien, Monsieur Sanderson. Malheureusement Madame Legrand est occupée jusqu'à 10h45 donc elle ne peut pas vous recevoir tout de suite, mais si vous voulez bien patienter un quart d'heure ...

Sanderson   Bien sûr, pas de problème.

Secrétaire   Asseyez-vous, je vous en prie. En attendant voulez-vous prendre une tasse de café?

Sanderson   Oui, volontiers. Vous permettez que j'enlève mon par-dessus?

Secrétaire   Je vous en prie. *Vous avez fait bon voyage,* Monsieur Sanderson?

Sanderson   Oui, je vous remercie, très bon, à part un peu de retard au décollage.

Secrétaire   Pourquoi? A cause du brouillard?

Sanderson   Non, à cause d'une grève du personnel au sol.

Secrétaire   Et pour quelle raison les employés étaient-ils en grève?

Sanderson   Oh, vous savez, comme d'habitude – afin d'obtenir une augmentation de salaire pour compenser la hausse des prix.

Secrétaire   C'est pareil chez nous. Mais je croyais que *le coût de la vie était moins élevé* en Angleterre qu'en France. Je me rappelle que quand j'étais à Londres tout était bon marché chez vous comparé à la France.

Sanderson   Vous connaissez mon pays alors?

Secrétaire   Oui, *il y a quelques années* quand j'étais étudiante je voulais améliorer mon anglais, et *le meilleur moyen* était, bien entendu, de faire un séjour linguistique dans le pays. Je logeais dans une famille dans la banlieue de Londres et *je suivais des cours* d'informatique *et d'anglais* bien sûr, dans un lycée technique. *A cette époque on pouvait faire de bonnes affaires* ... je me rappelle, j'achetais des pullovers. Ils étaient tellement meilleur marché!

Sanderson   Si vous voyiez les prix maintenant! Ils ont énormément augmenté depuis cette époque-là.

Secrétaire   Et oui, il paraît que dans les pays occidentaux *le taux d'inflation monte* et *la situation économique se détériore* ... Ah, mais je vois qu'il est 10h55, *je vais prévenir Madame Legrand de votre arrivée.* Ne vous dérangez pas, vous avez le temps de finir votre café!

📼 Dialogue 4: Rendez-vous d'affaires (2)

Legrand   Bonjour Monsieur Sanderson, enchantée de faire votre connaissance.

Sanderson   Enchanté madame.

Legrand   *Excusez-moi de vous avoir fait attendre.*

Sanderson   Cela ne fait rien. D'ailleurs votre secrétaire s'est bien occupée de moi; elle m'a offert un café qui était très bon.

Legrand   Alors c'est parfait! *Je vous remercie d'être venu* car votre temps est précieux, j'imagine. Maintenant, *parlons affaires!*

Sanderson   *Je suis venu vous présenter nos nouveaux produits.* Je vous ai apporté quelques échantillons ainsi que nos dernières brochures, *si vous voulez bien jeter un coup d'œil.* Ces deux pièces-là qui sont nouvelles complètent l'éventail de nos produits avec *un article haut de gamme et un autre dans le bas de la gamme.* Je peux vous assurer que, depuis leur lancement l'année dernière, *ces articles se sont bien vendus* sur le marché intérieur. Ils ont eu énormément de succès auprès des consommateurs britanniques, ce qui nous a vraiment fait plaisir.

Legrand   Quels en sont les prix?

Sanderson   J'ai le regret de vous informer que tous nos prix ont légèrement augmenté ... !

Legrand   Si seulement ils baissaient de temps en temps! Et il va sans dire que *cette hausse* dont vous parlez *est indépendante de votre volonté*, n'est-ce pas?

Sanderson   Exactement! Elle est due à deux choses: d'abord à un relèvement général des salaires (il y a eu des grèves au début de l'année auxquelles on ne s'attendait pas) et ensuite à une augmentation de nos frais généraux – entretien, gaz, électricité, transport, charges sociales. Tout a augmenté. Voici nos derniers tarifs.

Legrand   Mais cette hausse des prix me semble assez importante!

Sanderson   Elle est de 2,5%[1] seulement, et *en dépit de cela nos prix défient toute concurrence*, car *la qualité de nos produits est nettement supérieure* à celle de nos concurrents.

Legrand   Effectivement, je crois que *ces deux modèles-là plairont à la clientèle française* malgré leur prix que je trouve assez élevé.

Sanderson   C'est ce que nous avons pensé, car *le rapport qualité-prix est excellent*.

Legrand   Bon, je vois qu'il est déjà midi.[2] Si vous voulez bien, allons déjeuner ensemble. Nous continuerons notre discussion à table ou après.

Sanderson   Volontiers, car *j'ai une faim de loup!* Je me suis levé de bonne heure ce matin, je me suis dépêché, et, comme *j'étais pressé, je n'ai pas eu le temps de prendre mon petit déjeuner*.

Legrand   Bon allons-y. Mais n'oubliez pas les brochures que vous m'avez apportées.

[1] 2,5%: a comma represents the decimal point; read: *deux virgule cinq pour cent*.

[2] Lunch is taken early in France and a two-hour lunch break (12.00–14.00) is still common.

📼 **Dialogue 5:** Au restaurant

Legrand   Prenons l'ascenseur, cela ira plus vite. Vous connaissez bien Paris?

Sanderson   Un peu, en touriste. J'y suis venu en voyage de noces.

Legrand   Alors inutile de vous demander si vous en gardez un bon souvenir!

Sanderson   En effet, nous y avons fait un excellent séjour.

Legrand   Je vais vous indiquer un restaurant du quartier où *la cuisine est bonne et pas tellement chère. Allons-y en voiture;* la mienne est garée dans un parking où le stationnement est gratuit. *C'est bien pratique*, car je n'ai à me soucier ni des parcmètres, ni des contractuels.   traffic wardens.

Sanderson	Quelle marque de voiture avez-vous?
Legrand	J'ai une petite Clio.[1] La voici!
Sanderson	*Vous en êtes contente?*
Legrand	Oui, elle me plaît beaucoup. Je n'ai pas eu d'ennuis avec – du moins, rien de sérieux!
Sanderson	J'ai changé la mienne il y a quelques semaines; j'ai une Rover maintenant.
Legrand	Oui, je connais. *On en voit beaucoup en France.*
Sanderson	Conduire dans Paris n'est pas facile; il y a tellement de circulation!
Legrand	C'est vrai. En plus le Parisien conduit vite, il n'est pas courtois au volant, et il se met vite en colère si la personne devant lui ne connaît pas son chemin! Voici le restaurant. Ce n'est pas la Tour d'Argent[2], mais ce n'est pas mal dans un genre différent, et le service est rapide – ce qui compte lorsqu'on est pressé.
Sanderson	Après vous, madame.
Garçon	Messieurs-dames, deux couverts? Par ici s'il vous plaît … Cette table vous convient-elle?
Legrand	Oui merci. Le menu à 17 € tout compris n'est pas mal d'habitude.
Sanderson	A propos, vous avez eu du mal à vous adapter à l'euro?
Legrand	Un petit peu, au début; je me servais du convertisseur! Mais *je m'y suis vite habituée*. Il le fallait bien.
Sanderson	Moi, par contre, j'ai l'impression que *je vais mettre du temps*.
Legrand	Pas nécessairement. Alors, ce menu, *voyons voir* …

   – crudités ou salade de chèvre chaud[3]
   – steak ou sole meunière
   – haricots verts ou pommes frites
   – fromage ou pâtisserie maison ou glace
   – carafe de vin

   Que préférez-vous comme entrée, Mr Sanderson?

Sanderson	Pour moi le chèvre chaud.
Legrand	Je vais prendre les crudités. *Je dois penser à ma ligne!*
Garçon	Vous avez choisi messieurs-dames?
Legrand	Oui, un chèvre chaud et une crudités.
Garçon	Très bien. Et ensuite?
Legrand	Je prends la sole meunière et les haricots verts.
Sanderson	Qu'est-ce que c'est 'meunière'?
Garçon	C'est une façon de faire cuire le poisson. Ça veut dire roulé dans de la farine et passé à la poêle dans du beurre.
Sanderson	Je crois que je vais prendre le steak, pommes frites.
Garçon	Comment le préférez-vous, votre steak? Bien cuit? à point? saignant?[4]
Sanderson	A point.

Garçon	Et comme boisson?
Legrand	On ne va pas prendre de carafe,[5] mais *quelque chose de meilleur*. Apportez-nous la carte des vins s'il vous plaît.
Garçon	D'accord, je vous l'apporte tout de suite.
Legrand	Oh, et une demi-bouteille d'eau minérale plate.
Garçon	Bien, madame.
Sanderson	Je me rappelle avoir très bien mangé à Paris.
Legrand	Oui, il y a beaucoup de bons restaurants à Paris, mais la cuisine lyonnaise[6] est bien meilleure qu'ici. Enfin, *tant pis*, car de toute façon nous n'avons pas le temps aujourd'hui de prendre un menu gastronomique.
Sanderson	Tout près de chez moi il y a un excellent restaurant qui est renommé pour sa cuisine. J'espère que j'aurai le plaisir de vous y emmener, quand vous viendrez nous rendre visite en Angleterre.
Legrand	J'accepte votre invitation avec plaisir et je vous en remercie d'avance.

[1] Renault Clio.

[2] *La Tour d'Argent*: one of the most exclusive and famous Paris restaurants on the bank of the Seine, overlooking Notre-Dame.

[3] *chèvre chaud*: as a menu item *chaud* here agrees with *fromage* (m) and not with *chèvre* (f).

[4] By English standards the French undercook their meat. '*A point*', therefore, should be understood as medium-rare, and those who do not like any hint of redness in their meat would be advised to specify *bien cuit*.

[5] *Carafe de vin*: wine which is included in the price of the meal in small restaurants is usually served in plain glass decanters containing 25 cl of *vin ordinaire* per person.

[6] *La cuisine lyonnaise*: Lyon is generally considered to be the gastronomic capital of France and the city and surrounding areas, in particular le Bugey and la Bresse, are famous for their cuisine.

📼 **Dialogue 6:** Conversation téléphonique

Sanderson	... 01 92 87 65 71* ...
Standardiste	La Société AMTEC, bonjour!
Sanderson	Bonjour madame, *est-ce que je pourrais avoir le poste 53 s'il vous plaît?*
Standardiste	Ne quittez pas ... *C'est occupé. Pouvez-vous patienter un instant?* ... Ah, voilà, *vous êtes en ligne maintenant, parlez!*
Sanderson	Allô? le poste 53?
Secrétaire	Allô oui, j'écoute.
Sanderson	Ah, bonjour mademoiselle. *Est-ce que je pourrais parler à Monsieur Olivier, s'il vous plaît?*

Secrétaire	*C'est de la part de qui?*
Sanderson	Monsieur Sanderson des Etablissements SOLPEX de Londres.
Secrétaire	Pardon? Qui est à l'appareil? Voulez-vous répéter s'il vous plaît; *la ligne est très mauvaise. J'entends très mal.*
Sanderson	Sanderson des Etablissements SOLPEX.
Secrétaire	Ah oui, bonjour monsieur. Un instant, s'il vous plaît. Je vais voir s'il est là. Restez en ligne ... Allô? Je suis navrée, Monsieur Olivier n'est pas là. Il vient juste de sortir mais il sera sûrement rentré à 16h00 si vous voulez rappeler.
Sanderson	*C'est ennuyeux ça,* car j'ai un rendez-vous d'affaires à cette heure-là; il me sera difficile de rappeler.
Secrétaire	Si vous voulez bien me donner votre numéro de téléphone, *il vous rappellera à une heure qui vous convient* ou *je peux vous passer son associé si vous le désirez?*
Sanderson	Non, *ce n'est pas la peine de le déranger.* Si c'était possible, je préférerais laisser un message.
Secrétaire	Mais bien sûr. C'est de la part de Monsieur Sanderson; c'est bien ça, n'est-ce pas?
Sanderson	Oui, c'est ça. *Je lui avais donné rendez-vous pour ce mardi 7 à 13h00 au Café de la Paix, Boulevard des Capucines, or, je viens de me rendre compte que je ne serai pas libre ce jour-là.* Je viens de consulter mon agenda et j'ai rendez-vous avec un concessionnaire. Malheureusement je ne peux absolument pas annuler ce rendez-vous – je suis désolé.
Secrétaire	*Ne vous inquiétez pas, je lui ferai la commission.* Je suis sûre qu'il comprendra.
Sanderson	Pourriez-vous aussi lui dire que j'aimerais repousser notre rencontre au mardi suivant, même endroit, même heure, si cela lui convient.
Secrétaire	Ah, je regrette. Ce serait le 14 or le 14 est un jour férié. L'entreprise sera fermée.
Sanderson	Ah bon; et la veille, le 13, est-il disponible?
Secrétaire	Non, à cause du 14 juillet nous ferons le pont, mais le 15 je vois qu'il est disponible. Ça vous va?
Sanderson	Le 15 c'est parfait. *Pourriez-vous aussi lui présenter mes excuses pour ce contretemps?*
Secrétaire	*Entendu, je n'y manquerai pas.*
Sanderson	Je vous remercie mademoiselle, et *excusez-moi de vous avoir dérangée.*
Secrétaire	*De rien. A votre service monsieur.*
Sanderson	Vous êtes très aimable. Au revoir, mademoiselle.

*Les deux premiers chiffres sont déterminés par votre zone de résidence. Voir page 104.

🔲 **Dialogue 7:** Reparlons affaires

Legrand   Reparlons affaires ...

Sanderson   Je vous disais donc qu'en dépit des 2,5% d'augmentation, nos prix restaient les plus bas sur le marché.

Legrand   Vraiment? Vous êtes capables de rivaliser avec les Chinois? Ce sont des concurrents sérieux *dans divers domaines à l'heure actuelle!*

Sanderson   Oui, car notre usine a eu le mérite de se moderniser très tôt. En '96 notre société a fusionné avec Seymore & Co., une entreprise qui avait, depuis des années, une très bonne réputation pour la qualité de tous ses produits, et les deux PME ne faisant qu'une ont été entièrement restructurées et les services ont été informatisés.

Legrand   Ah oui, *il faut bien s'adapter aux temps modernes.*

Sanderson   Prenez aussi nos méthodes de fabrication; elles sont ultra-modernes, et *nous venons d'inaugurer un nouveau procédé d'emballage* – un procédé qui n'existe que depuis '99 et qui facilitera la rapidité des expéditions. Vous recevrez dorénavant vos commandes *dans les délais les plus brefs.*

Legrand   C'est à dire? Quels sont vos délais de livraison?

Sanderson   Il faut compter à peu près une quinzaine de jours, trois semaines au maximum. Et nous nous engageons à respecter les dates de livraison.

Legrand   Parfait! Même *en cas de grève?*
(Le téléphone intérieur sonne – c'est la secrétaire de Mme Legrand.)

Secrétaire   *Excusez-moi de vous déranger* Madame, mais Monsieur Bertrand voudrait vous voir.

Legrand   *Veuillez m'excuser un instant* Monsieur Sanderson ...

Sanderson   Je vous en prie!

Legrand   Je suis désolée. Reprenons notre conversation. *Où en étions-nous?* Ah oui, nous parlions des délais de livraison. Vous veniez de me dire que vous garantissiez les livraisons même en cas de grève. C'était bien ça, n'est-ce pas?

Sanderson   Ah non, car *cela est indépendant de notre volonté!* Mais depuis des années *nos rapports cadres-ouvriers sont bons* – un véritable dialogue s'est établi entre le patronat et les syndicats.

Legrand   Vous pratiquez donc la 'concertation' – ce n'est pas un mot très à la mode!

Sanderson   Peut-être, mais nous bénéficions en ce moment d'une période de stabilité sans conflits sociaux.

Legrand   Pensez-vous que le chômage va beaucoup diminuer?

Sanderson   *Espérons que oui,* mais *cela ne peut pas se faire du jour au lendemain. Il est encore trop tôt pour se prononcer,* mais depuis quelque temps le nombre de chômeurs baisse chez nous.

Legrand   Tandis qu'en France le nombre de chômeurs demeure plutôt inquiétant. *Mais pour en revenir à votre entreprise, comment vont les affaires?*

Sanderson *En ce qui nous concerne* nous avons réussi à nous implanter dans plusieurs pays en voie de développement, où nous avons ouvert de nouveaux marchés et trouvé de nouveaux débouchés pour écouler notre marchandise bas de gamme. Bien sûr nous comptons sur les pays de l'Union européenne pour la vente de notre nouveau produit haut de gamme.

Legrand Celui que vous venez de me montrer.

Sanderson C'est ça. Dans l'ensemble nous nous tournons de plus en plus vers l'exportation, et cette année notre chiffre d'affaires a largement dépassé celui de l'année dernière. Il a augmenté de 20%. *Je vous ferais aussi remarquer* que notre société vient d'embaucher du personnel supplémentaire.

Legrand Donc *les affaires vont bien?*

Sanderson Disons *qu'elles vont mieux!*

📼 Dialogue 8: Au centre commercial

Sanderson Bonjour, madame. J'aimerais rapporter quelque chose à ma femme, mais chaque fois que je viens à Paris, je lui achète du parfum. Or, cette fois-ci, *je voudrais lui faire une surprise*. Que me conseillez-vous?

Vendeuse Vous pourriez, pour changer, lui offrir un foulard de soie de grande marque.* Regardez ces coloris et ces impressions. C'est original, n'est-ce pas? Serait-elle sensible à ce genre de motif moderne? Ou préférerait-elle quelque chose de plus classique, comme celui-ci?

Sanderson C'est difficile à dire, mais, voyez-vous, j'aurais voulu lui offrir un cadeau encore plus inattendu ...

Vendeuse Avez-vous jeté un coup d'œil à notre rayon maroquinerie? Y aurait-il parmi nos très beaux articles en cuir – sacs à main, porte-monnaies, porte-clefs, porte-cartes ... *quelque chose qui risquerait de lui plaire?*

Sanderson Ah, ça, c'est une bonne idée! *Je n'y avais pas pensé.*

Vendeuse Par exemple, cette pochette en veau verni noir. Regardez comme sa fermeture est élégante! *Est-ce qu'elle plairait à votre épouse?*

Sanderson Sans doute. *Elle fait combien celle-là?*

Vendeuse 115 €.

Sanderson Attendez, *laissez-moi réfléchir un instant! Il faudrait que je dépense combien* pour pouvoir bénéficier du bon de réduction offert par le magasin?

Vendeuse *Si vos achats dépassent 150 € vous avez droit à 10%* sur les articles de luxe. Sur les autres articles vous n'avez droit qu'à 7,5%.

Costs, expenses, overheads. (handwritten note)

Sanderson	Ah, je m'étais pourtant promis de ne pas faire trop de <u>frais</u> au cours de ce voyage. Non, cela ferait un cadeau vraiment trop cher. Ce porte-monnaie, combien coûte-t-il?
Vendeuse	*Celui-ci fait 39,50 €*; il est tout doublé de cuir rouge.
Sanderson	C'est parfait, je le prends. Je peux payer avec ma carte Visa?
Vendeuse	Bien sûr monsieur ... Bon, *je vais vous faire un joli paquet.*
Sanderson	Maintenant il faudrait que j'achète un autre cadeau. Cette fois-ci c'est pour offrir à des amis chez qui je suis invité à dîner ce soir. *Vous pourriez me conseiller?*
Vendeuse	En France *il est de coutume d'offrir des fleurs* ou bien de la confiserie.
Sanderson	*Dire que je suis passé devant chez un fleuriste ce matin!* Si j'avais su, j'en aurais acheté!
Vendeuse	Il y en a un tout près d'ici au premier étage de la galerie sur votre droite. Vous pouvez y aller pendant que je termine votre paquet. Quand vous aurez choisi vos fleurs, vous reviendrez le chercher. Votre paquet sera prêt.
Sanderson	D'accord. *A tout à l'heure ...*
Vendeuse	A tout à l'heure monsieur.

*foulards de soie de grande marque: silk scarves with original designs and initialled by famous couturiers (Christian Dior, Pierre Cardin, etc.)

🔊 Dialogue 9: Dîner chez des amis

M. Dubois	Bonsoir John, entrez. *Vous n'avez pas eu trop de mal* à trouver notre immeuble j'espère?
Sanderson	Non, aucun mal, car j'ai été très aidé par votre plan du quartier.
M. Dubois	Vous n'avez pas été trop retardé par les embouteillages?
Sanderson	Oh si, mais j'ai pris la précaution de quitter mon hôtel de bonne heure. Sans cela j'aurais été en effet très retardé.
M. Dubois	Vous avez bien fait! *Laissez-moi vous présenter mon épouse ...*
Sanderson	Enchanté madame.
Mme Dubois	Enchantée monsieur. (Sanderson gives her flowers.) C'est pour moi? *Comme c'est gentil!*
Sanderson	Je vous en prie, c'est la <u>moindre</u> *des choses*.
Mme Dubois	Merci, j'adore les fleurs! Passons au salon, si vous voulez bien. Donnez-moi votre pardessus! Chéri, tu peux servir l'apéritif?
M. Dubois	D'accord. Asseyez-vous John. Qu'est-ce que je vous offre? Du whisky ou bien du Martini ou du Ricard?

Sanderson	Un whisky s'il vous plaît. (Looking around) … *Vous êtes bien installés.* Vous avez un joli appartement!
Mme Dubois	*Dans l'ensemble nous nous plaisons bien ici.* A la naissance de notre deuxième enfant nous avons été obligés de changer d'appartement pour en prendre un plus grand. Nous avons donc déménagé pour venir habiter ici. Auparavant nous habitions ~before~ plus au centre, plus près de notre lieu de travail, mais nous préférons la banlieue *en dépit des trajets*.
Sanderson	J'admire vos étagères.
M. Dubois	J'aime assez bricoler pour me détendre.
Sanderson	C'est vous qui les avez faites? Félicitations!
Mme Dubois	Oui, mon mari est un excellent bricoleur.
M. Dubois	(Returning with drinks.) Mais c'est ma femme qui choisit les couleurs. Elle a plus de goût que moi!
Mme Dubois	Merci chéri. Passons à table! Mr Sanderson, si vous voulez bien vous mettre ici, et surtout *ne vous gênez pas! Faites comme chez vous!* Servez-vous bien, si ça vous dit …
Sanderson	Merci, ça a l'air délicieux. *Vos enfants sont-ils en âge d'aller à l'école?*
M. Dubois	Oh oui! L'aîné va aller en faculté l'an prochain après son 'bac'[1] – il a toujours été intéressé par les langues vivantes et *aimerait faire une licence d'anglais.* Le cadet entrera en sixième[2] en septembre prochain.
Mme Dubois	Et vous, vous avez des enfants, Monsieur Sanderson?
Sanderson	Oui, un fils qui a treize ans et qui est en pension, et une fille qui va avoir six ans et qui vient de commencer l'école primaire. Donc ma femme a pu reprendre son travail – mais seulement à temps partiel bien sûr.
Mme Dubois	Ah, très bien … Reprenez du rôti, Monsieur Sanderson!
Sanderson	Volontiers, *c'est un régal.*
M. Dubois	A propos, comment avez-vous trouvé Parly 2? Vous n'avez pas été trop déçu? On vous en avait tellement parlé!
Sanderson	Non, j'ai été très agréablement surpris par cette galerie marchande, et j'ai trouvé exactement le cadeau que je cherchais pour ma femme.
Mme Dubois	Tant mieux! Une deuxième tasse de café?
Sanderson	Non, merci. Il est tard et j'ai déjà trop abusé de votre hospitalité.
M. Dubois	Pas du tout!
Sanderson	Mais *il faut que je rentre. Merci pour* cet excellent repas et *cette agréable soirée.*
M. Dubois	Je vous raccompagne.

[1] See *Petit Guide des Sigles*, p. 261.

[2] *entrer/être en sixième:* to start/to be in the first form of secondary school. The numbering of the French form system works the opposite way round to ours – see chart on p. 254.

la sixième	Year 7	
la cinquième	Year 8	4-year (first) cycle in the CES (collège
la quatrième	Year 9	d'enseignement secondaire)
la troisième	Year 10	

la seconde	Year 11	
la première	Year 12	3-year (second) cycle in the 'lycée'
la terminale	Year 13	

Dialogue 10: Lettre d'affaires

Sanderson   Isabelle, je vais vous dicter une lettre en français.

Secrétaire   Bien, monsieur. Je suis prête.

Sanderson   Alors, commençons …

Chère Madame Legrand,

Suite à notre conversation lors de mon passage à Paris, j'ai le plaisir de vous confirmer que nous sommes en mesure de vous livrer dans les délais les plus brefs, c'est-à-dire quinze jours comme convenu.

Je tiens aussi à souligner que nous faisons en ce moment une offre spéciale. Comme vous l'avez sans doute vu sur nos affiches publicitaires, il s'agit d'une offre vraiment intéressante. Si vous nous passez commande avant le 10 mai, vous pourrez bénéficier d'un rabais d'environ 13% sur la plupart de nos produits. Cette offre ne sera valable que jusqu'au 10, mais nous continuerons à accorder un escompte de 5% sur tout paiement comptant.

Permettez-moi de vous renouveler notre invitation. Nous serions en effet heureux de vous faire visiter nos usines, si vous aviez l'occasion de venir en Angleterre. Je crois que vous trouveriez cette expérience intéressante et utile, et nous serions enchantés de vous voir.

Dans l'espoir de pouvoir vous accueillir très prochainement dans notre entreprise, veuillez agréer, chère Madame Legrand, l'expression de mes sentiments les meilleurs.

John Sanderson.

Voilà, c'est tout!

Secrétaire   *Voulez-vous que je relise?*

Sanderson   Non, ce n'est pas la peine. *Je vous fais confiance* puisque *c'est dans votre langue maternelle*, et je connais vos talents de sténographe! Tenez, voici une lettre d'une autre entreprise française. *Veuillez accuser réception s'il vous plaît!*

Secrétaire   Bien, monsieur. *Je vais m'en occuper tout de suite.*

Sanderson   N'oubliez pas non plus de demander au service financier de régler la facture de chez Moiret et Frères.

Secrétaire   Entendu, monsieur. *Et je vais aussi m'occuper du fax* de la maison Michelet. Le message avait l'air urgent. Je vais leur passer un coup de fil sur <u>le champ</u> pour les rassurer et les convaincre que *nous faisons de notre mieux* pour résoudre leur problème.

inmedatement →

☐ **Dialogue 11:** Visite à l'usine

Sanderson   Bonjour madame. *Soyez la bienvenue dans notre établissement!*

Legrand   *Je suis ravie que vous m'ayez invitée.*

Sanderson   Voulez-vous que je vous fasse visiter l'usine tout de suite?

Legrand   Mais bien volontiers. *J'ai hâte de voir vos installations.*

Sanderson   D'accord, mais d'abord *il faut que je prévienne ma secrétaire.* Je vais lui laisser un mot ...
Voilà qui est fait! Allons-y, voici un plan de notre usine.

Legrand   Je vois que les ateliers sont tous groupés dans une seule aile du bâtiment.

Sanderson   Si vous le voulez bien allons d'abord au bâtiment A ...
Voici l'atelier de fabrication et de montage. Evidemment *le travail se fait par équipes,* ainsi la chaîne de montage ne s'arrête jamais. Chaque ouvrier effectue une tâche bien définie, ce qui aboutit *toutes les trois minutes* à une pièce complète.

Legrand   *Ils sont payés au rendement* ou ont-ils un salaire fixe?

Sanderson   La direction vient de signer un accord avec les représentants syndicaux qui ont préféré que les ouvriers aient un salaire fixe pour une semaine de quarante heures, *avec possibilité de faire des heures supplémentaires, et de toucher des primes.*

Legrand   Oui, chez nous aussi, *ce genre de revendication est assez courant.*

Sanderson   Alors à côté, vous avez l'atelier de contrôle de qualité. Mr Johnson que vous voyez là-bas est un de nos contremaîtres qui travaille sous les ordres de Mr Brown que vous connaissez déjà.

Legrand   Je remarque que *votre main d'œuvre est essentiellement féminine.*

Sanderson   C'est pour ça que nous avons voulu que notre chef du personnel soit une femme. D'ailleurs, depuis quelque temps nous n'embauchons que du personnel à temps partiel dans la plupart des ateliers et cela convient aux mères de famille ... Nous voici maintenant aux services d'emballage et d'expédition, qui, comme vous le voyez, se trouvent proches l'un de l'autre.

Legrand   Comment s'organise l'expédition?

Sanderson   Nos manutentionnaires chargent la marchandise dans les conteneurs que vous voyez là-bas dans l'entrepôt et les conteneurs sont après pris en charge par nos camionneurs.

Legrand   Je vois que la manutention est réduite au minimum. *Est-ce que vous avez été obligés de licencier du personnel?*

Sanderson   Non, mais il a fallu qu'on recycle les deux tiers de nos manutentionnaires, pour éviter de réduire nos effectifs.

Legrand	Déjà 11.00 heures! Il ne faut pas que j'oublie mon rendez-vous avec votre chef du service après-vente!
Sanderson	*Dommage que vous n'ayez pas plus de temps*, je vous aurais fait visiter nos bureaux.
Legrand	*Il faudra que je revienne une autre fois* pour terminer la visite. Mais je repars avec une bonne impression et c'est ça l'essentiel. *Vous semblez travailler à plein rendement.*
Sanderson	Oui, les commandes affluent de toutes parts.
Legrand	*Et vous pouvez faire face? Vous n'êtes pas débordés?*
Sanderson	Non, ça va, à condition qu'il n'y ait pas de grèves bien sûr! Je suis heureux que notre usine vous ait fait bonne impression et je souhaite seulement que nos visiteurs japonais attendus pour la semaine prochaine aient la même réaction que vous!

🔲 Dialogue 12: La publicité et les médias

Secrétaire	Monsieur Cochaud est arrivé, monsieur.
Sanderson	Merci, qu'il entre! Bonjour mon cher Roger. Comme vous savez, à la dernière réunion du Conseil d'Administration il a été décidé de consacrer une somme importante à la promotion de nos produits sur le marché français. Alors, puisque vous êtes plus au courant que moi des affaires françaises, je vous ai invité pour que nous parlions un peu de la publicité en France.
Cochaud	Bien volontiers. De quoi aimeriez-vous qu'on discute en premier?
Sanderson	Parlons de la presse d'abord si vous le voulez bien. Supposez que nous fassions de la publicité dans un quotidien? Lequel nous conseilleriez-vous de choisir?
Cochaud	En France, voyez-vous, il n'y a pas de presse nationale au même titre qu'en Angleterre. Même *Le Monde* et *Le Figaro* qui ont une réputation mondiale et qui pourraient passer pour des journaux nationaux sont finalement des journaux parisiens avec un taux de pénétration très faible.[1] Pour que vous puissiez toucher l'ensemble de la population, il faudrait que vous fassiez paraître une annonce dans au moins quatorze quotidiens de province.[2]
Sanderson	Et les magazines hebdomadaires ou mensuels?
Cochaud	En effet, pour une campagne de publicité à l'échelon national, il vaudrait mieux s'adresser à un nombre de magazines sur le marché qu'il s'agisse de magazines d'actualité générale,

d'économie, de magazines destinés aux femmes, ou, surtout, aux téléspectateurs.

Sanderson   Oui, je sais que ces magazines jouissent d'une grande diffusion.[3]

Cochaud   C'est exact. Maintenant en ce qui concerne la télévision, il existe une grande différence entre la France et la Grande-Bretagne. C'est que toutes les chaînes, qu'elles soient publiques ou privées[4] font de la publicité, ce qui constitue pour elles un important revenu.[5] Bien sûr le tarif dépend de l'heure de votre spot publicitaire – aux heures de forte écoute les spots sont très chers, surtout sur TF1 qui possède 37% des parts d'audience contre 22% pour France 2 et 17% pour France 3.

Sanderson   Et je suppose que la durée de la publicité est strictement contrôlée.

Cochaud   Bien sûr – le Conseil Supérieur de l'Audiovisuel[4] fixe la durée des spots publicitaires. Par exemple TF1 n'a pas le droit de diffuser plus de six minutes de publicité par heure en moyenne et le maximum est de douze minutes pour une heure donnée. Le nombre de coupures est également très contrôlé.

Sanderson   Est-ce que la radio commerciale existe?

Cochaud   Bien sûr. Parmi les quatre principales stations généralistes – Radio France, Europe 1, RTL et Radio Monté-Carlo[4], les trois dernières sont commerciales, et bien qu'elles soient périphériques, elles sont à vocation nationale. Leurs programmes sont réalisés à Paris et destinés aux auditeurs français. Le temps accordé à la publicité est limité. Sur RTL, par exemple, il est de 7 minutes par demi-heure. En plus, il existe de nombreuses stations libres qui émettent sur la gamme FM.[4] Certaines sont locales et d'autres couvrent tout le territoire via satellite.

Sanderson   Auriez-vous une idée du prix de la minute-poste des différentes stations commerciales?

Cochaud   Non, il faudrait que je me renseigne sur les derniers tarifs et je vous les communiquerai. Mais de toute façon, avant que vous décidiez quoi que ce soit, il faudrait que je vous mette en contact avec une agence de publicité[6] en France, car une agence pourrait vous conseiller beaucoup mieux que moi sur les prix et les autres moyens de publicité comme les imprimés (plaquettes, prospectus, dépliants, encarts, catalogues, brochures, affiches, etc.) et les différents salons, foires commerciales et expositions qui existent.

Sanderson   Bon, entendu. J'attends que vous m'envoyiez l'adresse d'une bonne agence de publicité et ensuite je ferai les démarches nécessaires. Je vous remercie de vos conseils.

---

[1] Only 19% of the French population read a national daily compared to 40% who read a regional daily.

2 The three provincial dailies with the widest readership are: *Ouest France* (Rennes) 762,000; *Le Progrès* (group) (Lyon) 411,000; *Sud-Ouest* (Bordeaux) 341,000.

3 Apart from the two main TV magazines *Télé 7 Jours* (2,769,000) and *Télé Star* (1,878,000), the only other magazines with a circulation in excess of one million are *Femme Actuelle* (woman's weekly: 1,759,000) and *Notre Temps* (senior citizens' monthly: 1,064,000). The leading news magazine is *Paris Match* (663,000) and the best-selling economic and financial magazine is *Le Particulier* (515,000).

4 See Section D pp. 225–7.

5 26% of the budget of state TV channels in France comes from advertising and sponsorship.

6 The four main advertising agencies in France are: Havas Advertising, Publicis Communication, DDB Communication France, Young & Rubicam.

🔊 Dialogue 13: Affaire conclue

Sanderson Vous avez pu voir le chef du service après-vente?

Legrand Oui, je viens d'avoir un long entretien avec lui. Nous avons pu régler certains problèmes survenus récemment concernant la dernière livraison; il s'agissait des anciens modèles IGY78 et EJW97.

Sanderson Vous avez obtenu gain de cause?

Legrand Oui, tout est réglé.

Sanderson Bien, je suis soulagé de savoir que *tout s'est arrangé pour le mieux*. Dans le cas éventuel où vous auriez d'autres ennuis, n'hésitez pas à m'en faire part. Je pourrais peut-être faire activer les choses.

Legrand Entendu, *je vous en serais très reconnaissante*, et je vous en remercie d'avance. Bon, je suis prête à vous passer une commande d'essai en ce qui concerne vos deux nouveaux modèles.

Sanderson Je crois que vous ne le regretterez pas. *Ces produits haut de gamme ont eu beaucoup de succès* sur le marché intérieur car ils sont bien conçus, solides, fiables et bien présentés.

Legrand Oui, j'en conviens. Je vais commencer par remplir ce bon de commande provisoire. Votre liste de prix donne le prix unitaire, sortie d'usine, n'est-ce pas. Les autres frais ne sont pas compris?

Sanderson Non, il faut y ajouter les frais de transport routier et maritime et le coût de l'assurance.

Legrand *Ils s'élèvent approximativement à combien?*

Sanderson Il faut compter environ 8% de plus pour avoir le prix franco domicile.

Legrand Le prix de l'emballage, lui, est inclus?

Sanderson Oui, bien sûr, et l'emballage est très bien conçu; parfait pour les longs voyages.

Legrand Le cours de la livre est assez élevé en ce moment, n'est-ce pas?

Sanderson Oui, malheureusement la livre se porte bien pour l'instant. Mais le taux de change varie énormément et il faut prendre la moyenne des cours pour ce trimestre pour vous donner un meilleur aperçu du coût.

Legrand Bien, je calcule rapidement ... hum ... cela revient à un prix plutôt élevé quand même. Ajoutons à cela la TVA et ça fait des produits assez coûteux!

Sanderson Vous trouvez? Il est abordable pour un article haut de gamme de cette qualité-là et n'oubliez pas que notre taux de TVA est inférieur au vôtre.[1] Mais je vais essayer de vous accorder un petit escompte supplémentaire comme il s'agit de nouveaux modèles.

Legrand Votre proposition me plaît; j'apprécierais vraiment ce geste de votre part ... Vos délais de paiement sont toujours les mêmes?

Sanderson Ils sont de 30 jours fin de mois et vous bénéficiez alors d'un escompte de 2,5%, sinon 90 jours fin de mois mais dans ce cas-là vous n'avez plus droit à l'escompte ...

Legrand Et en ce qui concerne vos délais de livraison, *il faut compter 15 jours* je pense?

Sanderson Oui, une quinzaine de jours *quand tout se passe bien*, mais disons qu'ils varient, en moyenne, entre deux et trois semaines. Heureusement, nous traversons une période où il y a peu de grèves dans l'industrie des produits manufacturés; c'est surtout dans la fonction publique en France, transports, etc., que les conflits sociaux ont lieu.

Legrand Et cela est indépendant de votre volonté!

Sanderson Exactement. *Nous n'y pouvons rien!* Donc je vous ferai parvenir notre offre finale dans les jours qui viennent.

Legrand Entendu, j'ai hâte de la recevoir.

Sanderson Je suis très heureux que nous ayons pu traiter affaires.

Legrand Moi de même.

Sanderson Il ne me reste plus qu'à vous souhaiter bon retour.

Legrand Je vous en remercie, et *merci* aussi *pour l'excellent accueil que vous m'avez réservé.*

Sanderson Je vous en prie. Au plaisir de vous revoir, chère madame.

[1] See page 230.

Petit guide des sigles

Banques
- BCE: Banque Centrale Européenne. European Central Bank (ECB)
- BNP: Banque Nationale de Paris. France's second largest bank
- CA: Crédit Agricole. France's largest bank
- CL: Crédit Lyonnais. France's third largest bank
- CCP: Compte Courant Postal. Giro bank run by French Post Office

Commerce et Industrie
- BSN: Boussois-Souchon-Neuvesel (see Chapter 7)
- BTP: Bâtiment et Travaux Publics
- CAF: Coût Assurance Fret. Cost, insurance, freight
- C et F: Coût et Fret. Cost and freight
- CCIP: Chambre de Commerce et d'Industrie de Paris
- CFCE: Centre Français de Commerce Extérieur
- FAB: Franco à Bord. Free on board (FOB)
- GMS: Grandes et Moyennes Surfaces. Hyper- and supermarkets
- IAA: Industries Agro-Alimentaires
- LVMH: Louis Vuiton Moët et Hennessy (see Chapter 7)
- OPA: Offre Publique d'Achat. Take-over bid
- OS: Ouvrier spécialisé. Semi-skilled worker in industry
- PDG: Président Directeur Général. Chairperson of group or company
- PME/PMI: Petites et Moyennes Entreprises/Industries. The majority of French commercial or industrial companies fall into one or other of these two categories. *Petites* applies to companies with fewer than 50 employees, *moyennes* to those with 50–500 employees (see Chapter 10 for different types of company)
- RC: Registre du Commerce
- SIREN: Système Informatisé du Répertoire des Entreprises
- SIRET: Système Informatisé du Répertoire des Etablissements (NB Companies can only have one SIREN registration number, but may have more than one SIRET number depending on the number of premises)
- TEG: Taux Effectif Global. APR
- VPC: Vente par Correspondance. Mail order
- VRP: Voyageurs Représentants Placiers. Travelling salesmen
- ZA/ZI: Zone Artisanale/Industrielle

Courrier/télécommunication

- BP: Boîte Postale. PO Box number
- CEDEX: Courrier d'Entreprise à Distribution Exceptionnelle
- GPRS: General Packet Radio Systems. Japanese mobile phone technology allowing introduction of 'always on' Internet connection (see Chapter 6)
- GPS: Global Positioning System. New mobile phone technology
- GSM: Global System for Mobile. New generation of mobile phones using wireless data services.
- PCV: Paiement Contre Vérification or à PerCeVoir. Reversed charge call
- PTT: Postes Télégraphe Téléphone. Original acronym for French postal service, later shortened to P et T (Postes et Télécommunications), it is now known simply as *La Poste*

Economie et Finances

- BIPE: Bureau d'Information et de Prévisions Economiques
- HT: Hors Taxes. Tax not included, duty free
- PEP: Plan d'Epargne Populaire. 8-year tax-free savings plan
- PIB: Produit Intérieur Brut. Gross domestic product (GDP)
- PNB: Produit National Brut. Gross national product (GNP)
- SICAV: Société d'Investissement à Capital Variable. Unit trusts
- TTC: Toutes Taxes Comprises. Tax (usually VAT) included
- TVA: Taxe à la Valeur Ajoutée. VAT (see Chapter 13)

Enseignement et Diplômes

- BAC: Baccalauréat. 18+ school (*lycée*) leaving examination; the equivalent of A level, but less specialised and giving automatic entry to most branches of higher education
- BEP: Brevet d'Etudes Professionnelles. BTEC equivalent trade/technician qualification. Higher level than CAP
- BTS: Brevet de Technicien Supérieur. 2–3 year post-*baccalauréat* senior technician qualification approximately equivalent to Higher BTEC (old HND) offered in certain *lycées*
- CAP: Certificat d'Aptitude Professionnelle. Craft qualification, equating roughly with City & Guilds, and below BEP level
- CES: Collège d'Enseignement Secondaire. Comprehensive secondary school for pupils aged 11+ to 15+, ie, the first four-year cycle of secondary education (*sixième* to *troisième*). The following three years or second cycle being completed in the *lycée*
- CFA: Centre de Formation d'Apprentis. Apprentice Training Centre
- DEA: Diplôme d'Etudes Approfondies. Postgraduate research qualification (*licence* + 2)
- DESS: Diplôme d'Etudes Supérieures Spécialisées. Postgraduate (*licence* + 1-2) qualification
- DEUG: Diplôme d'Etudes Universitaires Générales. General (two-year) university degree qualification

- DEUST: Diplôme d'Etudes Universitaires Scientifiques et Techniques. As for DEUG but more vocational
- DRT: Diplôme de Recherche Technologique. Postgraduate research qualification (*licence* + 2)
- DUP/ DUT: Diplôme Universitaire Professionnalisé/Diplôme Universitaire de Technologie. *Bac* + 2 qualification obtained in IUP/IUT (see below under IUT)
- Grandes Ecoles: Elite institutes of higher education, ranking above universities, entry to which is achieved by competitive examination (*concours*) organised in certain *lycées* throughout France for the most able students. Approximately 150 in number, they cover every aspect and activity of the economy and administration of France, producing the country's top engineers, economists, civil servants and teachers. Some of the more prestigious and best known in the fields of business and administration are:
  Ecole Centrale (Ingénierie)
  ENA (Ecole Nationale d'Administration)
  ENSAE (Ecole Nationale de la Statistique et de l'Administration Economique)
  ESSEC (Ecole Supérieure des Sciences Economiques et Sociales)
  HEC (Hautes Etudes Commerciales)
- GRETA: Groupements des Etablissements Publics d'Enseignement. Financed by the state and using the resources of local *lyceés* and *collèges*, the GRETA provide continuing adult training and education courses
- IUT: Institut Universitaire de Technologie. The French equivalent of the latest generation of British universities (former polytechnics) are linked to local universities and prepare students for the *bac* + 2 qualification DUT. Specialising initially in applied engineering courses (the DUT allows entry to the various *écoles d'ingénieurs*) the IUTs have evolved since their creation in 1966, the latest offshoot being the IUP (Institut Universitaire Professionnalisé) preparing students for the more vocational DUP
- LEP: Lycée d'Enseignement Professionnel. Technical college offering 2- or 3-year courses leading to CAP or BEP qualifications and technical BAC
- L ès L: Licence ès Lettres. BA (one-year post-DEUG)
- L ès Sc: Licence ès Sciences. BSc (one-year post-DEUG)

Opinion publique/statistiques
- IFOP (Institut Français d'Opinion Publique)
- INSEE (Institut National de la Statistique et des Etudes Economiques)
- INSD (Institut National de la Statistique et de la Démographie)
- OFCE (Observatoire Français des Conjonctures Economiques)
- SOFRES (Société Française d'Enquêtes par Sondage)

Partis politiques

- FN: Front national. Far right extremist movement
- MRG: Mouvement des Radicaux de Gauche. Centre left radicals
- PC: Parti Communiste
- PS: Parti Socialiste. Main socialist party, successor to SFIO (Section Française de l'Internationale Ouvrière)
- PSU: Parti Socialiste Unifié. Break-away socialist party formed in 1960
- RPR: Rassemblement pour la République. Right-wing Gaullist Party. Formed in 1958 after the establishment of the Fifth Republic under the title of UNR (Union pour la Nouvelle République), the name was first changed after the *événements* of 1968 to UDR (Union des Démocrates pour la République). The RPR title dates from 1976 when the name was changed again in an attempt to alter its increasingly 'hard right' image and become a more open party reminiscent of de Gaulle's RPF (Rassemblement du Peuple Français) of 1947. It has now been succeeded by the UMP (see below).
- UDF: Union pour la Démocratie Française. Giscardian centre alliance formed in 1978
- UMP: Union pour la Majorité Présidentielle. Successor to RPR prior to the 2002 legislative elections.

Pays et Accords

- ASE: Agence Européenne Spatiale. European Space Agency (ESA)
- CH: Confédération Helvétique. Switzerland
- DOM–TOM: Départments d'Outre-Mer – Territoires d'Outre-Mer. French overseas departments (Martinique, Guadeloupe. Réunion, St Pierre et Miquelon), and territories (Nouvelle-Calédonie, Wallis et Futuna, Polynésie française, Mayotte)
- OMC: Organisation Mondiale du Commerce. World Trade Organisation (WTO)
- ONU: Organisation des Nations Unies. United Nations (UN)
- OTAN: Organisation du Traité de l'Atlantique Nord. North Atlantic Treaty Organisation (NATO)
- RFA: République Fédérale Allemande. German Federal Republic
- RU: Royaume-Uni. United Kingdom
- TAAF: Terres Australes et Antarctiques Françaises
- UE: Union Européenne. European Union
- UEBL: Union Economique de la Belgique et du Luxembourg

Radio/Télévision

- CSA: Conseil Supérieur de l'Audio-Visuel. French Broadcasting Authority
- F2: France Deux
- FR3: France Régions Trois
- GO: Grandes Ondes. Long wave
- M6: Métropole 6
- MF: Modulation de Fréquence. Frequency Modulation (FM)

- OM: Ondes Moyennes. Medium wave
- PO: Petites Ondes. Short wave
- RMC: Radio Monte-Carlo
- RTL: Radio Télévision Luxembourg
- SECAM: Séquentiel à Mémoire. French colour television system used by France, Russia, Hungary, Luxembourg and Monaco and certain middle eastern and African countries. Britain and most of northern Europe and Italy, Yugoslavia, and Albania use the German PAL (Phase Alternation Line) system developed by AG Telefunken.
- SOFIRAD: Société Financière de Radiodiffusion. State-owned company holding shares in private radio and television stations, e.g., 83% shareholding in Radio Monte-Carlo, 99% of *Sud-Radio* and 35% of Europe 1 – *Images et Son*
- TF1: Télévision Française Un
- TNT: Télévision Numérique Terrestre. Digital terrestrial television
- TSF: Téléphonie Sans Fil. 'Wireless' (early expression for radio)

Syndicats

- CFDT: Confédération Française Démocratique du Travail. Militant left-wing union most feared by employers. Interested in widening and modernising the French trades union movement, it believes in public ownership and worker control. It began as a break-away group from the catholic CFTC (Confédération Française des Travailleurs Chrétiens).
- CGC: Confédération Générale des Cadres. The 'staff' union as distinct from 'workers', its membership is growing as the working class continues to evolve with the number of middle management and technician posts increasing.
- CGT: Confédération Générale du Travail. Largest and most powerful of the unions. Traditionally marxist in outlook and devoted to the class struggle, it is supported by the French Communist Party. However, it enjoys good relations with the Employers' Federation (MEDEF), and wishes at all costs to avoid anarchy within the trades union movement.
- CNAM: Confédération Nationale de l'Artisanat et des Métiers. Union representing some 100,000 self-employed business- and craftsmen.
- FO: Force Ouvrière. Left-wing union seeking closer links with CGT and CFDT, but looking for different image from traditional 'us and them' of the other unions based on Scandinavian or German pattern, with the unions in partnership with the employers and government.
- MEDEF: Mouvement des Entreprises de France. French Employers' Federation (roughly equivalent to the British CBI) which replaced the CNPF (Conseil National du Patronat Français) in 1998

Transports

- SNCF: Société Nationale des Chemins de Fer Français. French State Railway Company
- TGV: Train à Grande Vitesse. High speed train
- RER: Réseau Express Régional. Paris suburban express rail service, part of SNCF network
- RATP: Régie Autonome des Transports Parisiens. Company operating Paris *Métro* and bus services
- TIR: Transit International Routier. Road hauliers association

Miscellaneous

- A[O]C: Appellation [d'Origine] Contrôlée. Classification of wine guaranteeing origin and type of grape stated on label. Indicative of better quality wine, superior to VDQS (see below)
- ATTAC: Association pour une Taxation des Transactions financières pour l'Aide aux Citoyens. Anti-globalisation movement
- CAO: Conception Assistée par Ordinateur. Computer-aided design (CAD)
- EDF: Electricité de France/GDF: Gaz de France. State-run electricity and gas supply monopolies which often share the same administrative offices
- FNAIM: Fédération Nationale des Agents Immobiliers. National Federation of Estate Agents
- HLM: Habitation à Loyer Modéré. State-subsidised housing
- OGM: Organismes Génétiquement Modifiés. Genetically-modified crops
- SAMU: Service d'Aide Médicale d'Urgence. Emergency ambulance service
- VDQS: Vins Délimités de Qualité Supérieure. Wine classification below AOC (see above), applying usually to quality local wines
- ZUP: Zones à Urbanisation Prioritaire. State-funded priority urban development schemes for housing or office buildings.

Social

- ANPE: Agence Nationale pour l'Emploi. Department of Employment
- ASSEDIC: Associations pour l'Emploi dans l'Industrie et le Commerce. Local fund-holders for UNEDIC (see below)
- BIT: Bureau International du Travail
- CAE: Complément d'Aide à l'Emploi. Government grant to firms for each (first-time) job offered to young people
- CDD/CDI: Contrat à Durée Déterminée/Contrat à Durée Indéterminée. Job offers often indicate whether a post is permanent (CDI) or temporary (CDD) – see Chapter 10
- CEC: Contrats Emplois Consolidés. Government-sponsored employment contracts of 1–5 years for those with fewest work prospects

- CES: Contrat Emploi Solidarité (see Chapter 7)
- CIE: Contrat Initiative Emploi. Employment contracts similar to CES but for unemployed seeking work in manufacturing; firms taking on CIE applicants pay no employers contributions for two years and receive a monthly governmental grant per CIE employee
- CNAM: Caisse Nationale des Assurances Maladies. Main Social Security fund
- RMI: Revenu Minimum d'Insertion. Unemployment allowance for the long-term unemployed
- SDF: Sans Domicile Fixe. Official acronym for the homeless
- SECU: Popular abbreviation for Sécurité Sociale
- SMIC: Salaire Minimum Interprofessionnel de Croissance. Statutory minimum wage indexed to retail prices. The SMIC, successor to the SMIG (Salaire Minimum Interprofessionnel Garanti), is based on an hourly rate (currently 6,67 €) and paid monthly. Calculated on a 39-hour week the monthly SMIC would be 1127,23 €
- UNEDIC: Union Nationale pour l'Emploi dans l'Industrie, le Commerce et l'Agriculture. Responsible for management of unemployment grants

Verb table

Regular verbs

Infinitive	Imperative	Pronoun	Present	Imperfect	Perfect	Future & Conditional	Subjunctive (Present)
parler	parle! parlons! parlez!	je tu il nous vous ils	parle parles parle parlons parlez parlent	parlais	j'ai parlé	parlerai parlerais	parle parles parle parlions parliez parlent
finir	finis! finissons! finissez!	je tu il nous vous ils	finis finis finit finissons finissez finissent	finissais	j'ai fini	finirai finirais	finisse finisses finisse finissions finissiez finissent
vendre	vends! vendons! vendez!	je tu il nous vous ils	vends vends vend vendons vendez vendent	vendais	j'ai vendu	vendrai vendrais	vende vendes vende vendions vendiez vendent

Note the following 'er' verbs with slight peculiarities:

a Verbs which double root consonant before silent 'e'

For example: appeler, jeter + compounds (rappeler, rejeter, etc.)

appeler

Imperative	appelle!	appelons!	appelez!
Present	j'appelle	nous appelons	
	tu appelles	vous appelez	
	il/elle appelle	ils/elles appellent	
Imperfect	j'appelais		
Perfect	j'ai appelé		
Future & conditional	j'appellerai/appellerais		

Subjunctive	j'appelle	nous appelions
	tu appelles	vous appeliez
	il/elle appelle	ils/elles appellent

b Verbs which change 'y' to 'i' before silent 'e'

For example:

employer

Imperative	emploie!	employons!	employez!
Present	j'emploie	nous employons	
	tu emploies	vous employez	
	il/elle emploie	ils/elles emploient	
Imperfect	j'employais		
Perfect	j'ai employé		
Future & conditional	j'emploierai/emploierais		
Subjunctive	j'emploie	nous employions	
	tu emploies	vous employiez	
	il/elle emploie	ils/elles emploient	

Also: all '-*oyer*' verbs with the exception of *envoyer* in the future and conditional (see irregular verb table); '-*uyer*' verbs (*essuyer*). With '-*ayer*' verbs the change is optional, eg
payer → je paie *or* je paye

c Verbs which take 'è' before a silent 'e'

For example:

se lever

Imperative	lève-toi!	levons-nous!	levez-vous!
	ne te lève pas!	ne nous levons pas!	ne vous levez pas!
Present	je me lève	nous nous levons	
	tu te lèves	vous vous levez	
	il/elle se lève	ils/elles se lèvent	
Perfect	je me suis levé(e)		
Future & conditional	je me lèverai/lèverais		
Subjunctive	je me lève	nous nous levions	
	tu te lèves	vous vous leviez	
	il/elle se lève	ils/elles se lèvent	

Also *mener* (*se promener*, etc.), *acheter*, *espérer* (*espère*), all verbs in '-*eser*' (*peser*, etc.) and '-*emer*' (*semer*, etc.), *geler*.

Irregular verbs

Infinitive	Imperative	Present	Imperfect	Perfect	Future & Conditional	Subjunctive (Present)
aller	va!	vais	allais	je suis allé(e)	irai/irais	aille
	allons!	vas	allais		iras/irais	ailles
	allez!	va	allait		ira/irait	aille
		allons	allions		irons/irions	allions
		allez	alliez		irez/iriez	alliez
		vont	allaient		iront/iraient	aillent
s'asseoir	assieds-toi!	m'assieds	m'asseyais	je me suis assis(e)	m'assiérai/ assiérais	m'asseye
	asseyons-nous!	t'assieds	t'asseyais		t'assiéras/ assiérais	t'asseyes
	asseyez-vous	s'assied	s'asseyait		s'assiéra/ assiérait	s'asseye
		nous asseyons	nous asseyons		nous assiérons/ assiérions	nous asseyions
		vous asseyez	vous asseyiez		vous assiérez/ assiériez	vous asseyiez
		s'asseyent	s'asseyaient		s'assiéront/ assiéraient	s'asseyent
avoir	aie!	ai	avais	j'ai eu	aurai/aurais	aie
	ayons!	as	avais		auras/aurais	aies
	ayez!	a	avait		aura/aurait	ait
		avons	avions		aurons/aurions	ayons
		avez	aviez		aurez/auriez	ayez
		ont	avaient		auront/ auraient	aient
boire	bois!	bois	buvais	j'ai bu	boirai/boirais	boive
	buvons!	bois	buvais		boiras/boirais	boives
	buvez!	boit	buvait		boira/boirait	boive
		buvons	buvions		boirons/boirions	buvions
		buvez	buviez		boirez/boiriez	buviez
		boivent	buvaient		boiront/ boiraient	boivent

Infinitive	Imperative	Present	Imperfect	Perfect	Future & Conditional	Subjunctive (Present)
connaître	connais!	connais	connaissais	j'ai connu	connaîtrai/ connaîtrais	connaisse
	connaissons!	connais	connaissais		connaîtras/ connaîtrais	connaisses
	connaissez!	connaît	connaissait		connaîtra/ connaîtrait	connaisse
		connaissons	connaissions		connaîtrons/ connaîtrions	connaissions
		connaissez	connaissiez		connaîtrez/ connaîtriez	connaissiez
		connaissent	connaissaient		connaîtront/ connaîtraient	connaissent
croire	crois!	crois	croyais	j'ai cru	croirai/croirais	croie
	croyons!	crois	croyais		croiras/croirais	croies
	croyez!	croit	croyait		croira/croirait	croie
		croyons	croyions		croirons/croirions	croyions
		croyez	croyiez		croirez/croiriez	croyiez
		croient	croyaient		croiront/croiraient	croient
devoir		dois	devais	j'ai dû	devrai/devrais	doive
		dois	devais		devras/devrais	doives
		doit	devait		devra/devrait	doive
		devons	devions		devrons/devrions	devions
		devez	deviez		devrez/devriez	deviez
		doivent	devaient		devront/ devraient	doivent
dire	dis!	dis	disais	j'ai dit	dirai/dirais	dise
	disons!	dis	disais		diras/dirais	dises
	dites!	dit	disait		dira/dirait	dise
		disons	disions		dirons/dirions	disions
		dites	disiez		direz/diriez	disiez
		disent	disaient		diront/diraient	disent
écrire	écris!	écris	écrivais	j'ai écrit	écrirai/écrirais	écrive
	écrivons!	écris	écrivais		écriras/écrirais	écrives
	écrivez!	écrit	écrivait		écrira/écrirait	écrive
		écrivons	écrivions		écrirons/écririons	écrivions
		écrivez	écriviez		écrirez/écririez	écriviez
		écrivent	écrivaient		écriront/ écriraient	écrivent

Infinitive	Imperative	Present	Imperfect	Perfect	Future & Conditional	Subjunctive (Present)
envoyer	envoie!	envoie	envoyais	j'ai envoyé	enverrai/enverrais	envoie
	envoyons!	envoies	envoyais		enverras/enverrais	envoies
	envoyez!	envoie	envoyait		enverra/enverrait	envoie
		envoyons	envoyions		enverrons/enverrions	envoyions
		envoyez	envoyiez		enverrez/enverriez	envoyiez
		envoient	envoyaient		enverront/enverraient	envoient
être	sois!	suis	étais	j'ai été	serai/serais	sois
	soyons!	es	étais		seras/serais	sois
	soyez!	est	était		sera/serait	soit
		sommes	étions		serons/serions	soyons
		êtes	étiez		serez/seriez	soyez
		sont	étaient		seront/seraient	soient
faire	fais!	fais	faisais	j'ai fait	ferai/ferais	fasse
	faisons!	fais	faisais		feras/ferais	fasses
	faites!	fait	faisait		fera/ferait	fasse
		faisons	faisions		ferons/ferions	fassions
		faites	faisiez		ferez/feriez	fassiez
		font	faisaient		feront/feraient	fassent
falloir		faut	fallait	a fallu	faudra/faudrait	faille
lire	lis!	lis	lisais	j'ai lu	lirai/lirais	lise
	lisons!	lis	lisais		liras/lirais	lises
	lisez!	lit	lisait		lira/lirait	lise
		lisons	lisions		lirons/lirions	lisions
		lisez	lisiez		lirez/liriez	lisiez
		lisent	lisaient		liront/liraient	lisent
mettre	mets!	mets	mettais	j'ai mis	mettrai/mettrais	mette
	mettons!	mets	mettais		mettras/mettrais	mettes
	mettez!	met	mettait		mettra/mettrait	mette
		mettons	mettions		mettrons/mettrions	mettions
		mettez	mettiez		mettrez/mettriez	mettiez
		mettent	mettaient		mettront/mettraient	mettent

Infinitive	Imperative	Present	Imperfect	Perfect	Future & Conditional	Subjunctive (Present)
ouvrir	ouvre! ouvrons! ouvrez!	ouvre ouvres ouvre ouvrons ouvrez ouvrent	ouvrais ouvrais ouvrait ouvrions ouvriez ouvraient	j'ai ouvert	ouvrirai/ouvrirais ouvriras/ouvrirais ouvrira/ouvrirait ouvrirons/ ouvririons ouvrirez/ouvririez ouvriront/ ouvriraient	ouvre ouvres ouvre ouvrions ouvriez ouvrent
pleuvoir		pleut	pleuvait	a plu	pleuvra/ pleuvrait	pleuve
pouvoir		peux peux peut pouvons pouvez peuvent	pouvais pouvais pouvait pouvions pouviez pouvaient	j'ai pu	pourrai/pourrais pourras/pourrais pourra/pourrait pourrons/ pourrions pourrez/pourriez pourront/ pourraient	puisse puisses puisse puissions puissiez puissent
prendre	prends! prenons! prenez!	prends prends prend prenons prenez prennent	prenais prenais prenait prenions preniez prenaient	j'ai pris	prendrai/ prendrais prendras/ prendrais prendra/ prendrait prendrons/ prendrions prendrez/ prendriez prendront/ prendraient	prenne prennes prenne prenions preniez prennent

Infinitive	Imperative	Present	Imperfect	Perfect	Future & Conditional	Subjunctive (Present)

recevoir	reçois!
	recevons!
	
	recevez!
		reçois
		reçois
		
		reçoit
		recevons
		
		recevez
		
		reçoivent
			recevais
			recevais
			
			recevait
			recevions
			
			receviez
			
			recevaient
				j'ai reçu	recevrai/recevrais
					recevras/
					  recevrais
					recevra/ recevrait
					recevrons/
					  recevrions
					recevrez/
					  recevriez
					recevront/
					  recevraient
						reçoive
						reçoives
						
						reçoive
						recevions
						
						receviez
						
						reçoivent

savoir	sache! sachons! sachez!	sais sais sait savons savez savent	savais savais savait savions saviez savaient	j'ai su	saurai/saurais sauras/saurais saura/saurait saurons/saurions saurez/sauriez sauront/ sauraient	sache saches sache sachions sachiez sachent

sortir	sors!
	sortons!
	sortez!
		sors
		sors
		sort
		sortons
		
		sortez
		sortent
			sortais
			sortais
			sortait
			sortions
			
			sortiez
			sortaient
				je suis sorti(e)	sortira/sortirais
					sortiras/sortirais
					sortira/sortirait
					sortirons/
					  sortirions
					sortirez/sortiriez
					sortiront/
					  sortiraient
						sorte
						sortes
						sorte
						sortions
						
						sortiez
						sortent

suivre	suis!
	suivons!
	suivez!
		suis
		suis
		suit
		suivons
		
		suivez
		suivent
			suivais
			suivais
			suivait
			suivions
			
			suiviez
			suivaient
				j'ai suivi	suivrai/suivrais
					suivras/suivrais
					suivra/suivrait
					suivrons/
					  suivrions
					suivrez/suivriez
					suivront/
					  suivraient
						suive
						suives
						suive
						suivions
						
						suiviez
						suivent

Infinitive	Imperative	Present	Imperfect	Perfect	Future & Conditional	Subjunctive (Present)

venir	viens!
	venons!
	venez!
		viens
		viens
		vient
		venons
		
		venez
		
		viennent
			venais
			venais
			venait
			venions
			
			veniez
			
			venaient
				je suis venu(e)	viendrai/viendrais
					viendras/viendrais
					viendra/viendrait
					viendrons/
					  viendrions
					viendrez/
					  viendriez
					viendront/
					  viendraient
						vienne
						viennes
						vienne
						venions
						
						veniez
						
						viennent

voir	vois! voyons! voyez!	vois vois voit voyons voyez voient	voyais voyais voyait voyions voyiez voyaient	j'ai vu	verrai/verrais verras/verrais verra/verrait verrons/verrions verrez/verriez verront/verraient	voie voies voie voyions voyiez voient

vouloir	veuille!
	veuillons!
	veuillez!
		veux
		veux
		veut
		voulons
		
		voulez
		veulent
			voulais
			voulais
			voulait
			voulions
			
			vouliez
			voulaient
				j'ai voulu	voudrai/voudrais
					voudras/voudrais
					voudra/voudrait
					voudrons/
					  voudrions
					voudrez/voudriez
					voudront/
					  voudraient
						veuille
						veuilles
						veuille
						voulions
						
						vouliez
						veuillent

Vocabulaire

à condition que   *providing that*
à dater de   *starting from*
à l'échelon national   *on/at a national level*
à moins que   *unless*
à plein rendement   *at full capacity*
à point   *medium, medium rare (steak)*
à portée de la main   *within (arm's) reach*
AOC, Appelation d'Origine Contrôlée   *mark guaranteeing the quality and origin of wine*
abonné m.   *subscriber*
abonnement m.   *subscription*
abonner (s') (à)   *to subscribe to*
abordable   *reasonable (price)*
aborder   *to tackle   (a problem/issue)*
aboutir (à)   *to result (in), lead (to)*
accalmie f.   *calm, stability*
accomplir   *to perform, to accomplish*
accord m.   *agreement*
accorder   *to give, to grant*
accroissement m.   *increase, growth*
accroître (s') (accru)   *to increase*
accueil m.   *welcome*
accueillir   *to welcome*
accuser réception   *to acknowledge receipt*
acharné   *fierce*
acheminement m.   *transport*
acheteur m.   *buyer*
acier m.   *steel*
acquérir   *to acquire*
acquitter   *to pay*
action f.   *share*
actionnaire m.   *shareholder*
activer   *to speed up*
activité d'éveil,   *non basic subject (on school curriculum)*
actuellement   *at the present time, currently*
addition f.   *bill*
adhérent m.   *member*
adresser (s') à qn   *to go and see somebody*
aérien (trafic)   *air (traffic)*
aéroglisseur m.   *hovercraft*

affaires fpl.   *business*; une bonne affaire *a bargain*
affiche f.   *poster, bill*
afficher   *to show*
affluer   *to pour in*
agenda m.   *diary*
agent de maîtrise m.   *supervisor*
aggraver   *to exacerbate, worsen*
agios mpl.   *charges, premiums*
agir   *to act*
il s'agit de   *it concerns …/it's a matter of …*
agréable   *pleasant*
agricole   *agricultural*
agro-alimentaire m.   *food (processing) business*
aile f.   *wing*
ailleurs   *elsewhere*; d'ailleurs *moreover*
aimable   *helpful, kind*
aîné(e)   *eldest son (daughter)*
ajouter   *to add*
alentours mpl.   *surrounding area*; aux alentours de … *around, about*
aliment m.   *food*
alimentaire   *pertaining to food*; achats alimentaires *food purchases*
alléchant   *attractive, tempting*
Allemagne f.   *Germany*
allocation f.   *allowance*
ambiance f.   *atmosphere, surroundings*
ambigu   *ambiguous*
amélioration f.   *improvement*
améliorer (s')   *to improve*
amener   *to bring*
ampoule f. électrique   *electric light bulb*
amuser (s')   *to have a good time*
annonce f.   *advertisement*
annonceur m.   *advertiser*
annuaire m.   *directory*
annuler   *to cancel*
anodin   *innocuous*
Antilles fpl.   *West Indies*
apaiser   *to appease*
apanage m.   *prerogative*

apercevoir (aperçu)   *to glimpse*
aperçu m.   *rough/general idea*
aplanir   *to smooth, remove (obstacles)*
appareil m.   *aircraft, piece of equipment*
appareils sanitaires   *bathroom fittings*
appareil de photo   *camera*
qui est à l'appareil?   *who's speaking? (phone)*
appartenir   *to belong to*
appel m.   *salutation, call*
applaudir   *to clap, to applaud*
apporter   *to bring*
apporter (des changements)   *to bring about (changes)*
apprenti m.   *apprentice*
approfondir   *to deepen, to study in greater depth*
approvisionnement m.   *stock, supply*
approvisionner (s')   *to stock up*
approvisionner   *to supply*
appui m.   *support*
après-vente(s)   *after sales*
ardoise f.   *slate*
argent m.   *money*; argent liquide *cash*
arranger   *to suit, to be convenient*
arrhes fpl.   *deposit*
article m.   *product, item*
articles ménagers   *household goods*
artisan m.   *craftsman, artisan*
artisanat m.   *crafts, small local industry*
ascenseur m.   *lift*
asseoir (s') (assis)   *to sit down*
association f.   *organisation, grouping*
associé m.   *associate, partner*
assorti   *matching*
assurance f.   *insurance*
atelier m.   *workshop*
atout m.   *asset, trump card*
atteindre (atteint)   *to reach, to get to*
attendre (attendu)   *to wait*
atténuer   *to diminish*
attirer   *to attract*
attrayant   *attractive*
au même titre   *in the same way*

au sein de *within*
aubaine *m.* *windfall*
auberge de jeunesse *f.* *youth hostel*
aucun(e) *not a single*
audience *f.* *(a) hearing*
auditeur *m.* *listener*
augmentation *f.* *increase*
auparavant *before, previously*
auprès de *with*
assitôt que *as soon as*
autant *as much*; pour autant *for all that*
authentique *genuine*
auto-école *f.* *driving school*
autogestion *f.* *worker control*
autoroute *f.* *motorway*
avant *before/previously*
avènement *m.* *advent*
avenir *m.* *future*
aventure *f.* *adventure*
avérer (s') *to turn out to be*
avertir *to warn*
avion à réaction *m.* *jet aircraft*
aviron *m.* *rowing*
avis *m.* *opinion*
avoir beau (faire) *to (do) in vain*
avoir droit à *to be entitled to*
avoir du feu *to have a light*
avoir du mal *to have difficulty (à faire quelque chose)*
avoir hâte de *to be eager to*
avoir l'embarras du choix *to be spoilt for choice*
avoir l'obligeance de *to be kind enough to*
avoir lieu *to take place*
avoir tort *to be wrong*
avoir une faim de loup *to be ravenous*
avouer *to admit, confess*

bafouer *to scorn*
baisser *to fall, drop*
balance *f.* *(commerciale) (trade) balance*
balnéaire *bathing*
banlieue *f.* *suburb(s)*
bannière *f.* *banner*
bannir *to ban, outlaw*
banquette *f.* *seat*
banquier *m.* *banker*
bas(se) *low*
au bas de *at the bottom of*
bassin *m.* *pool*
bâtiment *m.* *building, building trade*
battre (battu) *to beat*
bénéfice *m.* *profit*
bénéficier (de) *to get the benefit (of), to enjoy, to take advantage of, to profit (by)*
berceau *m.* *cradle*

besoin *m.* *need*
bêtise *f.* *(act of) stupidity; mistake*
béton *m.* *concrete*
biais *m.* *angle, slope*; par le biais *obliquely, indirectly*
bidon *m.* *metal container, can*
bidonville *m.* *shanty town*
bien cuit *well done (meat)*
biens *m.* *goods, possessions*; biens de consommation *consumer goods*; biens d'équipement *capital goods, durables*
bijou(x) *m.* *jewel*; bijoux fantaisie *modern costume jewellery*
bilan *m.* *result, balance sheet*
billet *m.* *ticket*
bloc-notes *m.* *writing pad*
boisson *f.* *drink*
boîte *f.* *tin, box; club, company (slang)*
bon *m.* *slip, token*
bon *m.* de commande *order form*
bon marché *cheap*
bonne affaire *f.* *bargain*
(à) bord *(on) board*
borner (se) (à) *to restrict oneself (to)*
bouchon *m.* *cork*
boucler un budget *to make ends meet*
boucles d'oreille *fpl.* *earrings*
bouger *to move*
boulot *m.* *job, work (slang)*
Bourse *f.* *Stock Exchange*
Bourse de Londres *London Stock Exchange*
boutonnière *f.* *button-hole*
brancard *m.* *stretcher*
brancardage *m.* *stretcher bearing*
branchement *m.* *connection*
brancher *to plug in*
bras *m.* *arm*
bricolage *m.* *DIY*
bricoler *to do odd jobs (about the house)*
bricoleur *m.* *handyman (DIY specialist)*
brouillard *m.* *fog*
bruit *m.* *noise*
brut *gross*
bureau *m.* *office*
but *m.* *goal, purpose*

cabine *f.* *booth*
cachet *m.* *class, chic*
cachet (avoir du) *to have style*
cadeau *m.* *present*
cadence *f.* *speed, rhythm*
cadet(te) *youngest son (daughter)*
cadre *m.* *framework, setting, executive (in industry), manager*; cadre de vie *setting, environment*

cafetière *f.* *coffee pot*
cahier des charges *m.* *specifications*
caisse *f.* *till, cash desk*
calendrier *m.* *calendar*
camionneur *m.* *lorry driver*
campagne *f.* *country(side)*
cancre *m.* *dunce*
candidature *f.* à un poste *job application*
carburant *m.* *fuel*
carafe *f.* *decanter*
caractériser (se) par *to be distinguished/identified by*
carrefour *m.* *crossroad*
carrelage *m.* *tile, tiling*
carrière *f.* *career*
carte à mémoire *f.* *smart card*
casanier *'stay-at-home', unadventurous*
cascade *f.* *waterfall*
casserole *f.* *(kitchen) pan*
cauchemar *m.* *nightmare*
céder (la place) à *to give way to*
ceinture *f.* belt; se serrer la ceinture *to tighten one's belt*
censé *considered, supposed to*
centaine *f.* *hundred (approximation)*
centrale syndicale *f.* *workers' confederation*
centre commercial *m.* *shopping centre*
cependant *however*
certes *admittedly*
cesser de *to stop*
chaîne *f.* (de télévision) *TV channel*
chaîne de montage *f.* *assembly line*
chambre d'hôte *f.* *bed & breakfast*
chance *f.* *luck*
changement *m.* *change*
chantier *m.* *construction/building site*; mettre en chantier *to begin construction*
chantier *naval/maritime ship-yard*
charbon *m.* *coal*
chargé de (être) *to be in charge of, to be responsible for*
charger *to load*
charges sociales *fpl.* *national insurance charges (employer's)*
chauffe-plat *m.* *dishwarmer*
chauffeur *m.* (de camion) *driver (truck driver)*
chaussures *fpl.* *shoes*
chef comptable *m.* *chief accountant*
chef des services d'exportation *export manager*
chemin *m.* *path, way*
chemise *f.* *shirt*
chéquier *m.* *cheque book*
chiffre *m.* *figure*; chiffre d'affaires *turnover*

chimère f.   illusion, *wild dream*

choisir   *to choose*

choix m.   *choice*

chômage m.   *unemployment*

chômeur m.   *unemployed person*

cible f.   *target*

circulation f.   *traffic*

ciseaux mpl.   *scissors*

citer   *to quote*

citoyen m.   *citizen*

clandestinement   *illicitly, secretly*

clé, clef f.   *key*

climatisation f.   *air-conditioning/ climate control*

clinquant   *flashy*

cobaye m.   *guinea pig*

cœur m.   *heart*

cogestion f.   *co-management (worker participation)*

coiffé (par)   *headed (by)*

coin m.   *corner;* coin de vacances *holiday spot*

colis m.   *parcel*

collectivité locale f.   *local community*

collier m.   *necklace*

coloris m.   *shade, colour*

combiné m.   *telephone receiver*

combler   *to fill in, to make up for*

comité d'entreprise m.   *workers' council*

commande f.   *order*

commande f. d'essai   *trial order*

commander   *to order*

commerçant m.   *shopkeeper, tradesman*

commerce m.   *trade, (retail) shop, business*

commercial (aux) adj.   *business, sales;* n. *sales person/staff*

commissariat de police m.   *police station*

commission f.   *errand, message;* faire la commission *to pass on the message*

commune f.   *parish*

communément   *generally*

communication f.   *call (telephone)*

compatriote m.   *fellow countryman*

compenser   *to make up for*

complaire (se) (à)   *to delight (in)*

complaisance f.   *complacency, kindness*

compléter (se)   *to complement each other*

comportement m.   *behaviour*

comporter   *to comprise*

composer (se)   *to be made up of, to include*

composer (un numéro)   *to dial (a number)*

comprendre   *to understand, to include*

compris (p.p. comprendre)   *understood, included*

comptabilité f.   *accountancy;* service de comptabilité *accounts department*

compte m.   *account (bank)*

compte chèques postaux   *post office (giro) cheque account*

compter (sur)   *to count (on), to reckon;* compter faire *to count on, intend doing*

computer   *to number*

concertation f.   *consultation (between management and workers)*

concessionnaire m.   *agent*

concevoir (conçu)   *to design*

conclure   *to conclude*

concordance f.   *harmony, blending*

concours m.   *assistance, participation, competitive examination*

conçu (p.p. concevoir)   *designed*

concurrence f.   *competition*

concurrent m.   *competitor*

conduire   *to drive, lead the way, take (a person)*

confessionnel   *denominational*

confiserie f.   *confectionery, sweets*

conflits sociaux mpl.   *industrial unrest/action*

confondu   *taken together*

congé m.   *holiday, leave; dismissal*

conjoncture f.   *climate, situation, short-term economic trend*

connaissance f.   *knowledge, acquaintance*

consacrer   *to allocate*

conseil m.   *advice, consultancy*

conseil d'administration m.   *board of directors*

conseil de surveillance m.   *watch committee*

conseiller   *to advise*

conserve f.   *preserve*

consigne f.   *left luggage locker, instructions, orders*

consommateur m.   *consumer*

consommation f.   *consumption*

consommer   *to consume, to use (petrol)*

constater   *to note (take note of), to notice*

construction automobile f.   *motor industry*

construction navale f.   *ship-building industry*

construire (construit)   *to build*

conteneur m.   *container*

contentieux (service du)   *legal dept.*

contractuel m.   *traffic warden*

contre   *against (par* contre *on the other hand)*

(à) contre-pied m.   *on the wrong foot*

contrefaçon f.   *counterfeit*

contremaître m.   *foreman*

contretemps m.   *hitch, inconvenience*

contribuable m.   *tax payer*

convaincre (convaincu)   *to convince*

convenablement   *properly*

convenir (à qn)   *to suit, be all right for*

convenir (de)   *to admit*

convenu   *agreed*

conventionné   *government financed*

conventions collectives fpl.   *collective bargaining*

convier   *to invite*

coordonnées fpl.   *name/address/ telephone number*

corsé   *full-bodied (of wine)*

coté (en Bourse)   *quoted (on the Stock Exchange)*

cote f.   *rating, standing*

côté m.   *side, edge*

cotisation f.   *contribution, subscription*

cotoyer   *to border on*

couche sociale   *social (class) group*

coup de fil m. (passer un ...)   *to give a ring, phone call*

coup de foudre m.   *love at first sight*

coup de téléphone   *telephone call*

coupe f.   *cut (of cloth, hair etc)*

coupure f.   *cut, break*

couramment   *fluently*

courant m.   *electric current*

courant   *common, everday;* être au courant *to know, to be informed/aware*

courrier m.   *mail;* moyen courrier *medium range aircraft;* long courrier *long haul aircraft*

cours m.   *lesson, course, (exchange) rate*

cours m.   *course;* suivre des cours (de) *to take a course (in)*

au cours de   *during*

courses fpl.   *shopping;* faire des courses *to shop*

court   *short*

courtois   *polite*

coût m. de la vie   *cost of living*

coûteux   *costly*

coutume f.   *custom*

couturière f.   *dress-maker*

couvert m.   *cover, place at table*

couvrir (couvert)   *to cover*

craindre (craint)   *to fear*

cramoisi adj.   *crimson*

craquements mpl.   *crackling noise*

créer   *to create, to set up*

créneau m.   *niche, market gap*

creux m.   *hollow;* période creuse *low season*

crevette *f.* *prawn*

crise *f.* *crisis*

croire (cru) *to believe*

croisière *f.* *cruise*

croissance *f.* *growth*

croître (crû) *to grow*

croustillant *crisp*

crudités *fpl.* *raw vegetable hors d'œuvres*

crypté *scrambled (i.e., broadcast in code)*

cuisinière *f.* *cook, cooker*

cuit, *cooked; bien cuit well done (steak)*

cure *f.* *course (of treatment), care; on n'en a cure nobody cares*

d'ores et déjà *already*

d'abord *first*

dactylographie *f.* *typing*

d'après *according to*

date de livraison *f.* *delivery date*

de la part de *on behalf of*

déballer *to unpack*

débit *m.* *yield, supply, shop*

déboire *m.* *disappointment*

débordé *overwhelmed, overworked*

débouché *m.* *(sales) outlet, (job) opportunity*

déboucher *to uncork*

débourser *to pay out*

début *m.* *beginning*

deça *this side; en deça de on this side of (i.e. below, short)*

décevoir (déçu) *to disappoint*

déclenchement *m.* *outbreak*

déclencher *to start, unleash*

déclin *m.* *(être en) decline (to be in decline)*

décollage *m.* *take-off (of aircraft)*

décrire *to describe*

décrocher (le combiné) *to lift (the receiver)*

décroissant (en ordre) *in descending order*

décroître *to decrease*

déçu (p.p. décevoir) *disappointed*

dédommagement *m.* *compensation*

défaut *m.* *fault*

déficit *m.* *deficit*

défier toute concurrence *f.* *to be unbeatable*

déguster *to taste (of wine), to sip, to sample*

délai *m.* de livraison *time taken (for delivery), lead-time*

délégué syndical *m.* *union representative*

déloyal *disloyal*

demandeur d'emploi *m.* *job seeker*

démarche *f.* *step, procedure*

démarquer (se) *to distinguish (oneself) from*

démarrer *to start*

déménager *to move house*

démenti *m.* *denial*

demeurer *to remain*

demi-pension *f.* *half-board*

démissionner *to resign*

démodé *old fashioned*

démontrer *to illustrate*

démunir *to deprive*

dénombrer *to count*

denrées *fpl.* *goods (denrées périssables perishable goods)*

dénuer *to strip, divest, deprive*

dépasser *to exceed, be in excess of*

dépêcher (se) *to hurry*

dépense *f.* *expense*

dépenser *to spend*

dépit: en dépit de *despite*

déplacement *m.* *business trip (être en déplacement to be away on business)*

déplacer (se) *to move, get about*

dépliant *m.* *leaflet*

dépotoir *m.* *dumping ground*

dépression nerveuse *f.* *nervous breakdown*

député *m.* *member of parliament*

déranger (se) *to disturb, trouble oneself*

déréglementation *f.* *deregulation*

dérégler *to upset, put (mechanism) out of order*

dès l'instant où *the moment that*

dès que *as soon as*

descendre *to go down*

descendre dans un hôtel *to stay at a hotel*

déséquilibré *uneven, unbalanced*

désolé *sorry*

désormais *from now on*

desservir *to run between (transport)*

dessinateur *m.* *draughtsman (designer)*

désuet *outmoded, obsolete*

détaillant *m.* *retailer*

détendre (se) (détendu) *to relax*

détenir *to hold*

détruire *to destroy*

dette *f.* *debt*

devancer *to get ahead of*

devenir *to become*

devoir *m.* *duty, homework; (v.) to owe*

diffusion *f.* *distribution, readership*

diligenter *to carry out*

diminuer *to diminish, to fall (in number)*

direction *f.* *management*

dirigeant *f.* *leader*

discipline *f.* *subject*

discours *m.* *speech*

disparaître (disparu) *to disappear*

disponible *available*

disposer de *to have at one's disposal*

disposition *f.* *arrangement*

disque *m.* *record*

dissoudre *dissolve*

distraire (se) *to enjoy oneself*

distributeur *m.* automatique *cash dispenser*

distribution *f.* (grande) *(volume) retailing*

divers *various*

diversifier (se) *to diversify*

dodu *plump*

domaine *m.* *field (of activity)*

domicile *m.* *residence*

dommage *m.* *harm; quel dommage! what a pity!*

donc *therefore*

donnée *f.* *fundamental idea, basis; données fpl. data*

donner des précisions sur quelque chose *to give details about (sthg)*

donner sur *to overlook*

dorénavant *from now on*

dorure *f.* *gilding*

dossier *m.* *file*

doté (de) *equipped (with)*

douane *f.* *customs*

doublé *lined; (doublé de soie silk-lined)*

doubler *to line, to overtake*

douceur *f.* *mildness, gentleness*

dresser une liste *to draw up a list*

dresser un tableau *draw up a table*

droguerie *f.* *hardware (store)*

droit *m.* *law, entitlement*

durée *f.* *duration*

écart *m.* *gap, differential; se tenir à l'écart to keep one's distance*

échange *m.* extérieur *foreign trade*

échange *m.* *exchange; échangeur thermique m. heat exchanger*

échantillon *m.* *sample*

échéance *f.* *deadline*

échec *m.* *failure*

échecs *mpl.* *chess*

échelle *f.* *ladder, scale*

échelon *m.* *level, grade*

échouer *to fail*

éclaircissement *m.* *explanation*

éclater *to burst*

école maternelle *f.* *nursery school*

économétrie *f.* *econometrics*

Ecosse *f.* *Scotland*

écouler (marchandise) *to sell, dispose of (goods)*

écran *m.* *screen*

écraser *to crush*

écrou *m. nut (tech.)*

effectifs *mpl. numbers (of employees)*

effectivement *indeed, to be sure*

effectuer *to carry out, perform (a task)*

efficace *efficient*

efficacité *f. efficiency*

effréné *frantic, wild*

égard *m. consideration, respect*; à bien des égards *in many respects*

élargir *to widen*

élections législatives *fpl. parliamentary (general) elections*

électro-ménager *m. household electrical goods*

élevage *m. breeding, rearing (cattle)*

élevé *high (of prices, rates, etc.)*

élever (s') à *to amount to*

élire (élu) *to elect*

éloigné *far away*

emballage *m. packaging*

embarquement *m. loading, boarding*

embauche *f. recruitment (of labour)*

embaucher *to recruit, employ, take on (workers)*

d'emblée *straightaway*

embouteillage *m. traffic-jam*

émettre (émis) *to broadcast*

émission *f. broadcast, programme*

emmener *qn. to take (someone)*

empêcher (de faire quelque chose) *to prevent (from doing something)*

emplacement *m. site*

employé(e) de bureau *office worker*

emporter (sur) *to win*

emprunter *to borrow*

emprunt *m. loan*

en avance *early*

en ce qui concerne *as far as ... is concerned*

en dépit de *in spite of*

en province *in the provinces*

en tout cas *in any case*

en-tête *m. letter heading*

encart *m. publicitaire promotional insert*

enchanté *pleased (to meet you)*

encombrement *m. surfeit, glut*

s'endetter *to get into debt*

endroit *m. place*

énerver (s') *to get annoyed, bad tempered*

engager (s') (à) *to undertake (to)*

engendrer *to bring about, create*

engins de levage *mpl. lifting gear*

engouffrer (s') dans *to rush into*

engouement *m. craving, infatuation, passion*

engueuler *to tell off (slang)*

enlever *to remove, take out*

ennui *m. problem, annoyance*

ennuyeux *adj. annoying, awkward, boring*

enquête *f. enquiry, survey*

enregistrement *m. recording*

enseignant *m. teacher*

enseigne *f. (shop) sign*

enseignement *m. teaching*

ensemble (dans l') *overall, on the whole*

ensuite *afterwards, to follow*

entamer *to start*

entendre (s') *to understand each other*

entendu *agreed*

entier *whole*

entraîner *to bring about*

entrée *f. entrance, first (main) course of meal*

entrepôt *m. warehouse, store*

entreprise *f. company, firm*

entrer en ligne de compte *to matter*

entrer en service *to begin operating*

entretenir (s') avec *to converse, discuss with*

entretien *m. conversation, maintenance*

entrevue *f. meeting*

énumérer *to list*

envers *towards*

envie *f. desire, craving* (avoir envie de faire quelque chose *to want to/feel like doing*)

environ *about*

les environs *mpl. surrounding area*

envoyer *to send*

épanouir (s') *to blossom, to (fully) develop*

épargne *f. savings*; caisse d'épargne *state savings bank*

épeler *to spell*

épicerie *grocery store, groceries*

époque *f. period, time*; à cette époque *at that time*

épouse *f. wife*; époux *m. husband*

épouvanter (s') *to get frightened*

équilibre *m. balance*

équipe *f. shift, team*

équipements ménagers *mpl. household goods*

escalier *m. stairs*

esclave *(m./f.) slave*

escompte *m. discount*

espoir *m. hope*

essayer *to try*

esseulé *isolated*

essor *m. expansion*

estimer *to consider, to reckon*

établissements *mpl. firm, company*

étage *m. floor*

étagère *f. shelf*

étape *f. stage*

état *m. state*

état-major *m. headquarters*

Etats-Unis *USA*

été *m. summer*

étonner *to surprise*; s'étonner *to be surprised*

étranger *m. stranger, foreigner*; à l'étranger *abroad*

être au courant (de) *to know, to be informed (about)*

être débordé *to be unable to cope, to be 'snowed under'*

être en mesure de faire (qc.) *to be in a position to do (sthg)*

être issu de *to come/stem from*

être payé au rendement *to be paid by output, to be on 'piece work'*

être la peine de *to be worth (the trouble)*

étude *f. de marché market study*

étudiant *m. student*

événement *m. event*

éventail *m. spread, range, fan*

éviter *to avoid*

évoluer *to evolve, develop*

excédent *m. surplus*

excuser (s') *to excuse oneself, to apologise*

exemplaire *m. model, copy*

exigeant *demanding, strict*

exiger *to demand*

exister: il existe *to exist, there is/are*

exonérer *to exempt*

expansion *f. development, growth*

expédition *f. dispatch*

expert comptable *m. chartered accountant*

expert-conseil en publicité *m. advertising consultant*

exploitant agricole *m. farmer*

exploitation *f. business, concern*

exploitation agricole *farm*

exportateur *m. exporter*

exposant *m. exhibitor*

exprimer (s') *to express oneself*

fabricant *m. manufacturer*

fabrication *f. manufacture*

fabriquer *to make, to manufacture*

fâcheux *regrettable, unfortunate*

facile *easy*

faciliter *to make easy*

façon *f. way, manner*; de toute façon *in any case*

facture *f. invoice, bill*

faible *weak, small*

faiblesse *f. weakness*

faillite *f. bankruptcy*

faire (votre) affaire   *to meet (your) requirements*

faire activer les choses   *to get things moving*

faire attendre qn.   *to keep (sbdy) waiting*

faire boule de neige   *to snowball*

faire cuire qc.   *to cook (sthg)*

faire de bonnes affaires   *to find bargains*

faire des progrès   *to make progress, improve*

faire du souci (se)   *to worry*

faire état de   *to state, mention, put forward*

faire face (à)   *to cope (with)*

faire la commission (à qn.)   *to pass the message on (to sbdy)*

faire la connaissance (de qn.)   *to meet, make the acquaintance (of sbdy)*

faire le pont   *to take an extra day off, make a long week-end of it*

faire le tour   *to go round*

faire part de quelque chose   *to inform*

faire parvenir   *to send, let have*

faire preuve de   *to show*

faire remarquer (qc. à qn.)   *to point (sthg) out (to sbdy)*

faire savoir   *to let know*

faisan *m.*   *pheasant*

fait *m.*   *fact*

du fait de   *due to, because of*

farine *f.*   *flour*

faste   *good, lucky*

fée *f.*   *fairy*

femme *f.*   *woman, wife*

fer *m.*   *iron;* fer à cheval *horse-shoe*

fermeture *f.*   *fastener*

ferroviaire *adj.*   *rail*

feuille de paye *f.*   *pay-slip*

feuilleton *m.*   *series, serial, soap-opera*

feux *mpl.*   *traffic lights*

fiable   *reliable*

fiche *f.*   *form*

fidèle   *faithful, loyal*

fier   *proud*

fier (se) à   *to trust*

figurer   *to show*

filiale *f.*   *subsidiary company*

filière *f.*   *branch, sector (work); stream (education)*

fin *f.*   *end; aim*

fisc *m.*   *French equivalent of Inland Revenue*

fiscalité *f.*   *taxation*

fixer   *to fix up, to arrange*

flambée *f.*   *sudden upsurge*

fléau *m.*   *scourge, curse*

flécher   *to fall sharply*

flou   *woolly, nebulous*

foire *f.*   *(trade) fair*

fonction publique *m.*   *public office, civil service*

fonds *mpl.*   *funds*

forage *m.*   *drilling*

force *f.*   *strength*

forfait *m.*   *package*

formation *f.*   *training (formation continue adult continuing education)*

foulard *m.*   *scarf*

four *m.*   *oven*

fournir   *to supply*

fournisseur *m.*   *supplier;* fournisseur d'accès privé *Internet service provider*

foutre *(slang)*   *to do*

foyer *m.*   *household, home, hearth*

frais, fraîche   *cool, fresh*

frais *mpl.*   *costs, overheads, expenses*

frais généraux   *general costs, overheads*

franchir   *to cross*

francophone   *French-speaking*

francophonie *f.*   *French-speaking world*

freiner   *to brake*

frite *f.*   *potato chip*

friteuse *f.*   *chip pan*

friture *f.*   *fried food*

fructueux   *fruitful*

fruits de mer *mpl.*   *sea-food*

funeste   *disastrous, fateful*

fusée *f.*   *rocket*

fusion *f.*   *merger*

fusionner (avec)   *to merge (with)*

gagner   *to earn, gain, win*

gamme *f.*   *range;* haut/bas de gamme *top/bottom of the range of products*

gamme FM (modulation de fréquence)   *FM range*

garantir   *to guarantee*

garer (se)   *to park*

gaspillage *m.*   *wastage, squandering*

gâter   *to spoil*

gauche   *left*

geler   *to freeze*

gêné   *inconvenienced, embarrassed*

gêner (se)   *to stand on ceremony*

genre *m.*   *style, type, sort*

gérant *m.*   *(branch) manager*

gérer   *to manage*

gestion *f.*   *management*

gestionnaire *m.*   *manager*

gibier *m.*   *game*

giron *m.*   *bosom, lap*

gisement *m.*   *(natural) field, deposit (of oil, gas)*

gîte *m.*   *self-catering accommodation*

glacé   *icy cold, chilled*

goût *m.*   *taste*

grâce (à)   *thanks to*

grain *m.*   *grain*

grandissant   *growing*

gratuit   *free*

grenouille *f.*   *frog*

grève *f.*   *strike;* grève sauvage *wild-cat (unofficial) strike;* faire la grève, se mettre en grève *to strike;* grève du zèle *work to rule;* grève sur le tas *sit down strike;* grève tournante *strike by rota;* grève perlée *go slow*

grippe *f.*   *influenza*

grossiste *m.*   *wholesaler*

grue *f.*   *crane*

guerre *f.*   *war*

guichet *m.*   *ticket office, counter*

habile   *skilful*

habillé   *smart (of clothes)*

habillement *m.*   *clothing industry*

habitant *m.*   *inhabitant*

habitué(e)   *regular (customer)*

haricot vert *m.*   *(French) bean*

hausse *f.*   *increase, raising;* hausse *f.* des prix *m. price rise*

haut   *high/top (les hauts et les bas the ups and downs)*

hebdomadaire   *weekly*

hébergement *m.*   *accommodation*

hectare *m.*   *hectare (2.47 acres)*

héritier *m.*   *heir*

hétéroclite   *odd, sundry*

heure *f.*   *hour, time;* de bonne heure, *early;* à l'heure actuelle *at the present time*

heures de pointe *fpl.*   *rush-hour(s);* heures creuses *off-peak hours/times*

heurter (se) (contre)   *to clash (with)*

hexagone *m.*   *mainland France*

holà!   *hold on! not so fast!*

homologué   *approved, recognised*

honteux   *disgraceful, shameful*

horaire *m.*   *timetable*

hors (saison)   *out of/off season*

hors pair   *unmatched, unparalleled*

hôtellerie *f.*   *hotel trade/business*

huître *f.*   *oyster*

hypermarché *m.*   *hypermarket*

illuminer   *to light up*

illuminé(e)   *crank*

immatriculé   *registered*

immeuble *m.*   *apartment block; building*

immigré *m.*   *immigrant*

immobilier *m.*   *property*

imperméable *m.*   *raincoat*

implantation *f.*   *implantation, setting-up*

implanter (s') sur le marché *to become established on the market*

important *important, large*

importateur *m. importer*

impôt *m. tax*; impôt sur le revenu *income tax*; impôt sur les fortunes *wealth tax*; impôt local *rates/community charge*

impression *f. pattern*

impressionné *impressed*

imprévu *m. unforeseen event*

imprimé *m. printed matter*

inattendu *unexpected, unusual*

inaugurer *to open, to introduce*

incendie *m. fire*

inciter *to encourage*

inclure *to include*

inconvénient *m. problem, disadvantage*

incitation *f. incentive*; incitation fiscale *tax incentive*

indice *m.* des prix *price index*

indiquer *to specify*

indiscutable *indisputable*

inégalement *unevenly*

inéluctable *inevitable*

infime *tiny*

informatique *f. information technology (IT)*

informatiser *to computerise*

ingénierie *f. engineering*

ingénieur *m. engineer*

ingérer (s') (dans) *to interfere (in)*

inquiétant *worrying*

inquiéter (s') *to worry*; ne vous inquiétez pas! *don't worry!*

insertion *f. integration (into workforce)*

insolite *unusual*

interdire (s') *to forbid (oneself)*

intéressement *m. profit sharing*

interlocuteur *m. interlocutor (the person one is speaking to)*

interroger *to question*

interrompre (interrompu) *to interrupt*

interrupteur *m. light switch*

inutile *useless, no point*

investissement *m. investment*

issue *f end, conclusion, exit*; à l'issue de la rencontre *at the end of the meeting*; être issu(e) de *to come, stem from*

jadis *formerly, once*

Japon *m. Japan*

jeter un coup d'œil *to have a look*

jeu *m. game*

joindre (joint) *to link, to contact, to reach*

jouir (de) *to enjoy*

jour *m. day(light)*

jour férié *m. holiday*

voir le jour *to come into being*

de nos jours *nowadays*

laïc (laïque) *lay, civil*

laideur *f. ugliness*

laine *f. wool*

laisser entendre *to give to understand*

laisser *to leave*

lance *f.* d'incendie *fire-hose*

lancement *m. launching (of a product)*

lancer *to launch, throw*; lancer l'ordre de grève *to call a strike*

se lancer *to launch oneself*

lande *f. moor*

large: au large de *off (coastline)*

las *weary*

lavabo *m. wash basin*

lave-linge *m. washing machine*

lecteur *m. reader*

légèrement *slightly, lightly*

légume *m. vegetable*

lendemain *m. the next day*

lent *slow*

lice *f. lists* (entrer en lice *to enter the lists*)

licence *f. (university) degree*

licencier *to make redundant, to dismiss*

lieu *m. place*

lier *to link, relate*

ligne *f. line, figure*

ligne (grandes lignes) *line (intercity rail network)*; émission à ligne ouverte *phone-in*

linge *m. laundry, washing*

lit *m.* (d'appoint) *(spare) bed*

littoral *m. coast*

livraison *f. delivery*

livre *f. pound*

location *f. rental, hire*

logement *m. accommodation, housing*

logiciel *m. software*

loi *f. law*; homme de loi *lawyer, legal practitioner*; projet *m.* de loi *parliamentary bill*

loin *far*

loisir *m. leisure (time)*

lors de *at the time of*

louer *to rent*

loup *m. wolf*; avoir une faim de loup *to be ravenous*

lourd *heavy*

lutter *to fight/struggle*

lycée technique *m. technical, further education college*

machine à écrire *f. typewriter*

machine outil *f. machine tool*

magasin *m. shop*

magasinier *m. storeman*

magnétoscope *m. video tape recorder*

main d'œuvre *f. workforce*

maison *f. house, company*

maison (individuelle) *(detached) house*

mal *m.* (*pl.* maux) *pain*

malentendu *m. misunderstanding*

malgré *despite*

malheureusement *unfortunately*

Manche *f. Channel*

mandat *m. term of office (politics)*

maniable *manœuvrable*

manière *f. manner*; d'une manière générale *generally*

manifestation *f. event*

manifester (un sentiment) *demonstrate/express (a feeling)*

manigancer *to scheme, plot, gerrymander*

manipuler *to handle*

manne *f. manna, godsend*

mannequin *m. model, dummy*

manœuvre *m. unskilled labourer*

manque *m. lack*

manquer *to miss*; manquer de faire qch *to fail to do something*

manteau *m. coat*

manuel *m. text-book*

manutentionnaire *m./f. packer, loader*

marchander *to bargain*

marchandises *fpl. goods*

marche arrière *f. reverse (vehicles)*

marché *m. market*; faire son marché *to shop*

le Marché commun *Common Market*

marché intérieur *m. domestic market*

marché extérieur *m. foreign (export) market*

marcher *to walk* (colloquial *to do well, to work*)

marge *f. margin*

marge bénéficiaire *f. profit margin*

mari *m. husband*

maroquinerie *f. fancy/fine leather goods*

marque *f. make, brand*

maternel *maternal/mother*; langue maternelle *mother tongue*

matière *f. matter, subject*

matières premières *fpl. raw materials*

mauvais *bad*

mécontent *displeased*

méfiance *f. distrust*

ménage *m. household*

ménager(ère) *adj. of the home, domestic*

ménagère *f. housewife*

mener   *to take, lead*
mensuel   *monthly*
méridional   *southern (France)*
métallurgie f.   *metal working (industry)*
métier m.   *job, occupation, trade*
métropolitaine (France)   *mainland France*
mets m.   *dish (of prepared food)*
mettre (mis)   *to put*
mettre (se) d'accord sur   *to agree on*
mettre (se) en colère   *to get angry*
mettre à jour   *to update*
mettre au point   *to perfect*
mettre en chantier   *to start building*
mettre en contact   *put in touch*
mettre en place } *to set up something*
   sur pied }
mettre en œuvre   *to implement, to bring into play*
mettre en service   *to open, put into operation*
mettre l'accent sur   *emphasise underline*
meubles mpl.   *furniture*
micro-ondes f.   *microwave*
milliard m.   *billion (thousand million)*
minute-poste f.   *minute of advertising time*
mirobolant   *wonderful, 'sparkling'*
mise au point f.   *perfecting;* mise au point électronique *electronic tuning*
mise en page f.   *layout*
mise en service f.   *opening*
misogyne   *misogynous*
mobilier m.   *furniture*
mode f.   *fashion*
modulation de fréquence f.   *FM*
moins de   *less than*
mois m.   *month*
moitié f.   *half*
mollet m.   *calf (leg)*
monde m.   *world*
monnaie f.   *change; currency*
monotone   *boring, monotonous*
montage m.   *assembly*
montant m.   *amount*
monter   *to climb, to assemble (parts)*
montre f.   *watch*
morose   *sullen, sluggish*
mort   *dead*
mortalité f.   *death rate*
mot m.   *word, message;* au bas mot *at the lowest estimate*
motif m.   *design*
moto f.   *motor-cycle*
mouvementé   *busy*
moyen m.   *means, method, way;* moyens d'information de masse *mass media*
moyen(nne)   *average*

n'importe   *any*
naguère   *not long ago; fomerly*
naissance f.   *birth*
naître p.p. né(e)   *to be born*
natalité f. (le taux de)   *birth (rate)*
natation f.   *swimming*
nautisme m.   *water sport (sailing, boating, etc.)*
navette f.   *shuttle*
navré   *sorry*
nécessiter   *to require*
néerlandais   *Dutch*
négligeable   *negligible, unimportant*
négligence f.   *oversight*
nettement   *clearly*
nettoyage m.   *cleaning*
neuf   *new*
névroses fpl.   *neuroses*
nier   *to deny*
niveau m.   *level;* niveau de vie *standard of living*
nœud m.   *knot; (fig.) junction*
nommer   *to appoint*
non-ferreux   *non-ferrous*
notamment   *in particular*
note f.   *bill*
noter   *to make a note of*
nourriture f.   *food*
nouvelles fpl.   *news*
nulle part   *nowhere*
nullement   *not the slightest;* je n'ai nullement l'intention de ... *I haven't the slightest intention of ...*
numéro vert m.   *freephone number*

objet (faire l'objet de)   *to be the subject of, to benefit from*
obligatoire   *compulsory*
obtenir (obtenu)   *to obtain*
obtenir gain de cause   *to get satisfaction, to win (case)*
occasion f.   *opportunity;* voiture d'occasion *second-hand car*
Occident m.   *the West*
occidental   *western*
occupé   *busy*
occuper (s') de qn.   *to look after (sbdy)*
octroi m.   *granting, bestowing*
oenologie f.   *oenology*
offrir (offert)   *to give, to offer*
offrir un verre (à qn)   *to offer (sbdy) a drink*
oléoduc m.   *(oil) pipe-line*
ombre f.   *shadow*
onde f.   *wave*
opportunément   *opportunely*
or m. gold; conj.   *now, yet*
ordinateur m.   *computer*
organisme m.   *body*
orientation f.   *careers guidance*

orienter   *to counsel*
orienter (s') (vers)   *to turn to*
orthographe f.   *spelling*
oser   *to dare*
oublier   *to forget*
ourlet m.   *hem*
outil m.   *tool*
outillage m.   *tools, machinery*
outre-Manche   *across the Channel*
outre-mer   *overseas*
ouvrier m., ouvrière f.   *worker*
ouvrier qualifié   *skilled worker*
ouvrier spécialisé   *semi-skilled worker*

paiement comptant m.   *cash payment*
palier m.   *landing (stairs)*
pallier à   *to cure, remedy*
panne f.   *breakdown (mechanical, electrical)*
panonceau m.   *sign, board*
papier hygiénique m.   *toilet paper*
paquet m.   *parcel*
par rapport (à)   *compared (with), in relation (to)*
parapluie m.   *umbrella*
parcmètre m.   *parking meter*
parcourir (parcouru)   *to travel, to cover (distance)*
parcours m.   *distance; journey*
pardessus m.   *(man's) overcoat*
pardonner   *to excuse, to forgive*
pareil   *same, similar*
parking m.   *car park*
parler affaires   *to talk, get down to business*
parmi   *among*
parrainage m.   *sponsoring*
part f.   *share*
partage m.   *(social) division*
partager   *to share*
parti m.   *political party*
participation f.   *share*
particulier m.   *individual*
partie f.   *part*
partout   *everywhere*
parvenir (à)   *to manage, reach, succeed in, arrive (at)*
pas m.   *step*
passer (commande)   *to place (an order)*
passerelle f.   *bridge, gangway*
patienter   *to wait*
pâtir (de)   *to suffer as a result (of)*
pâtisserie f.   *cake, tart;* pâtisserie maison *cakes or tarts made on the premises*
patrimoine m.   *heritage*
patron(ne)   *boss*
patronat m.   *employers*
pavillon m.   *flag, house*

pays *m.* *country*; pays en voie de développement *developing country*

Pays de Galles *m.* *Wales*

paysage *m.* *landscape*

péage *m.* *toll*

peau *f.* *skin, hide, leather*

peine de mort *f.* *death penalty*

être la peine *to be worth (the trouble)*

peloton *m.* *pack, main body*

pension *f.* *board, boarding school*

pénurie *f.* *shortage*

pépinière *f.* *horticultural nursery, (fig.) breeding-ground*

percée *f.* *breakthrough*

perdre (perdu) *to lose*

péricliter *to collapse*

péripétie *f.* *peripeteia, sudden change of fortune*

périphérique *peripheral*; boulevard périphérique *m.* *ring road*

permettre (permis) *to enable, allow*

permis *m.* *permission, authorisation*; permis de conduire *driving licence*

personnel au sol *m.* *airport ground staff*

perte *f.* *loss*

peser *to weigh*

pétrole *m.* *(crude) oil*

pièce *f.* *part*; pièce détachée *spare (part)*; pièce échantillon *sample (part)*

pièce jointe *f.* *enclosure*

piocher *to dig, dip into*

pionnier *m.* *pioneer*

piscine *f.* *swimming pool*

places *f.* *(here): stock exchanges*

plain-pied *on/at the same level*

plafond *m.* *ceiling*

plaire (à) *to please*

plan *m.* *plan, (street) map*; plan social (de restructuration, de licenciement) *restructuring, redundancy programme*

plaquette *f.* *publicity folder, pack*

plat *m.* (cuisine) *dish*

plein *full*

pli *m.* *fold, letter*

plonger *to dive*

plupart *f.* *most*

plusieurs *several*

pochette *f.* *slim (evening) handbag*

poêle *f.* *frying pan*

poids lourd *m.* *heavy goods vehicle/lorry*

point: à point *medium (of steak)*

pointe *f.* (secteur/industrie de) *high-tech sector/industry*

pointure *f.* *size (footwear)*

pont-levis *m.* *draw-bridge, swing bridge, lift platform*

population active *f.* *working population*

porte-clefs *m.* *key ring*; porte-feuille *m.* *wallet*

porte-fusée *m.* *compressed air spanner*

porte-monnaie *m.* *purse*

portée *f.* (à votre) *within your reach*; à portée de la main, *within arm's reach*

porter (se) bien *to be in good health*

porter préjudice (à) *to harm, damage*

porter un coup (à) *to deal a blow to*

poser *to place*

posséder *to own*

poste *m.* *extension (telephone)*

poste (de travail) *m.* *position, job, (work station)*

pourboire *m.* *tip*

poursuivre (poursuivi) *to pursue, prosecute*

pourtant *however*

pourvoir *to provide*

poussée électorale *f.* *electoral swing*

pouvoir d'achat *m.* *purchasing power*

pouvoir *to be able*; ne rien y pouvoir *to be unable to do anything about it*

pouvoirs publics *(mpl.)* *authorities*

pratique *convenient*

préalable (au) *in advance*

précisions *fpl.* *precise details*

précoce *early, precocious*

préconiser *to advocate, strongly recommend*

prélèvement *m.* *deduction*

prendre (pris) *to take*

prendre à sa charge *to bear the cost*

prendre en charge *to take responsibility for*

prépondérant *major*

président directeur général (PDG) *chairman*

près de *nearly, near to*

pressé *in a hurry*

prestataire *m.* *service provider* (see also under *fournisseur*)

prêt *ready*

prêt à porter *m.* *ready-made clothing (industry)*

preuve *f.* *proof*

prévaloir (se) *to avail oneself*

prévenir (prévenu) *to let know in advance, to warn*

prévision *f.* *forecast*

prévoir *to foresee, to plan*

prime *f.* *bonus*

prime à la casse *f.* *government funded trade-in allowance on old vehicles when new (French) vehicle purchased*

pris en compte *taken into account*

prise de courant *f.* *socket*

prix d'achat *m.* *purchasing price*

prix de revient *m.* *cost price*

prix unitaire *unit price*

procédé *m.* *process, procedure*

prochainement *soon*

proche *near*

procurer *obtain; supply*

producteur *m.* *producer*

produire (se) *to take place*

produit *m.* *product*

profil *m.* *profile*

profiter (de) *to take advantage (of)*

progresser *to increase*

projeter (film) *to show*

projeteur *m.* *designer*

prolongement *m.* *extension*

promener (se) *to go for a walk*

promesse *f.* *promise*

promettre (promis) *to promise*

primordial *essential, vital*

promoteur m. (de l'immobilier) *(property) developer*

promotion (en) *f.* *special offer*

propre à *peculiar to*

propulser *to propel*

prospectus *m.* *handbill, leaflet*

provenir de *to come from*

publicité *f.* *advertising, publicity*

publier *to publish*

puissant *powerful*

qu'il s'agisse de *be it, be they*

quant à *as far as/as for*

quart *m.* *quarter*

quartier *m.* *quarter, area, locality (of town)*; restaurant du quartier *local restaurant*

quelconque *some, any*

quelque *adv.* *about, some*

queue *f.* *tail*

quincaillerie *f.* *ironmonger's; hardware*

quinquennal *five yearly*

quinquennat *m.* *five-year period/mandate*

quotidien *m.* *daily (newspaper)*

RFA *République Fédérale Allemande Germany*

rabais *m.* *rebate, reduction*

raccompagner *to take someone back*

raccourcir *to shorten*

rachat *m.* *takeover, purchase*

racheter *to take over, buy*

racine *f.* *root*

raffinement *m.* *refinement, subtlety*

rajouter *to add*

ralentir *to slow down*

ramener *to bring back*

randonnée *f.* *ramble*

rang *m.* row, rung; au premier rang in first position

ranger to put away, to tidy up

rappeler to recall, phone back, remind

rappeler (se) to remember

rapport *m.* relation, connection

raser to raze, pull down; shave

rassemblement *m.* rally, gathering

rattraper (se) to make up, catch up

ravi delighted

ravir (qch à qn) to snatch/take (something from somebody)

rayer to cross out

rayon *m.* beam (of light), shelf, department counter (in a store), rayon d'action sphere

rayonnage *m.* shelving

rayonnement *m.* influence

réaliser to achieve, make, bring about

réaménagé redesigned, redeveloped, improved

récemment recently

recensement *m.* census

recenser to compile

réception *f.* receipt

recette *f.* recipe, receipt

recevoir (reçu) to receive

recevoir des nouvelles de quelqu'un to hear from someone

recherche *f.* research

réclame *f.* advertisement

réclamer to demand

reconnaissance *f.* recognition

reconnaissant grateful

reconversion *f.* redeployment

recouvrir to cover, include

récriminatoire recriminatory

recrudescence *f.* fresh outbreak

recueillir to collect

reculer to reverse, to go back

récuser to challenge, take exception to

recyclage *m.* retraining

recycler to retrain

redevance *f.* TV licence fee

redorer to boost/enhance

redouter to fear

redressement *m.* recovery (economic)

réduire (réduit) to reduce, diminish

réfléchir to think (over), reflect

réfrigérateur *m.* (frigo) fridge

régal *m.* treat

régie *f.* state-owned company

régir to rule; govern

régler (une facture) to settle (a bill)

régresser to go down, diminish

regrouper to bring together

relâche *m.* respite; sans relâche without let-up

relais *m.* relay; prendre le relais to take over

relativiser to put into perspective

relèvement *m.* increase

relevé *m.* statement (bank)

relever de to come under

relier to link up

remarquer to notice

rembourser to refund

remise *f.* discount, reduction, remittance

remonter to go back (time)

remplir to fill

rémunération *f.* pay

rendement *m.* production, return, output

rendez-vous *m.* appointment

rendre (rendu) un service (à qn) to do (sbdy) a favour

se rendre (à) to go (to)

rendre compte (se) to realise

rendre visite à qn to call on someone

renforcer to strengthen

renommé famous

renommée *f.* renown, fame

renouveler to renew

renouvellement *m.* renewal

renseignement *m.* information

renseigner (se) to enquire, to find out information

renseigner to inform

rentabilité *f.* profitability

rentrer to go back, to return

renvoyer to send back

répartir to spread, distribute

répartition *f.* distribution

répercuter (se) (sur) to affect

repère *m.* marker, landmark; point de repère reference (point)

reporter to bring forward (in time)

repos *m.* rest

repousser to put off, postpone

représentant syndical *m.* trades union representative

reprise *f.* revival, upturn

réseau *m.* network

résidence secondaire *f.* second home

résoudre (résolu) to solve

ressortir to come out

rester to remain

restes *mpl.* remains

résultat *m.* result

résumer to summarise

retard *m.* delay

retenir to retain, reserve

retouche *f.* alteration

retour *m.* return

retourner to send back; se retourner to turn round

retraite *f.* retirement

retraité(e) *m./f.* (old age) pensioner

retrancher to deduct

rétrécir to shrink

rétrécissement *m.* shrinking, narrowing

rétrocéder to cede back

retrouver (se) to meet

réunion *f.* meeting

réunir (se) to meet

réussir (à) to succeed (in)

réussite *f.* success

revanche *f.* revenge, return match; en revanche on the other hand

réveil *m.* awakening

revendication *f.* demand, claim

revendiquer to demand

revenir (revenu) to come back

revenu *m.* income

revenu disponible réel real earnings

revirement *m.* veering (of opinion), change of direction

révoquer to dismiss

rez-de-chaussée *m.* ground floor

risquer to be likely to; vous risquez de you might/are likely to

rivaliser (avec) to compete (with)

river to rivet

robinet *m.* tap

rompre to break off

rôti *m.* roast (meat)

rouler to drive

ruée *f.* rush; la ruée vers l'or the gold rush

sac *m.* bag; (à main) hand bag

sage wise

saignant bleeding, rare (of steak)

sain healthy

sain et sauf safe and sound

saisonnier seasonal

salade verte *f.* lettuce

salaire *m.* wage, salary (see note to Chapter 4)

salarié *m.* wage earner

sale dirty

salle *f.* hall; large room

salon *m.* living room, show, exhibition; Salon de l'Auto Motor-Show; Salon des Arts Ménagers Ideal Home Exhibition

santé (publique) *f.* (National) Health

savoir (su) to know

scierie *f.* saw mill

scission *f.* split, schism

scolarisé (être) to be given schooling

séance *f.* sitting, show, session

sec dry, curt

sèche-cheveux *m.* hair-drier

(au) sein de within

séjour *m.* stay

selon according to

semaine *f.* week

semestre *m.* semester (half year)

sens *m.* direction, meaning

sensible *significant, obvious, perceptible, sensitive*

sensiblement *noticeably*

sentiment m. *feeling*

sentir (se) *feel*

septennat m. *seven-year period/mandate (politics)*

service m. des exportations *export department*

serviette f. *briefcase*

servir (se) de qch *to use sthg*

servir d'interprète *to act as interpreter*

seuil m. *threshold*

seul *only*

sidérurgie f. *steel industry*

siècle m. *century*

siège m. *seat*; siège social m. *head office, company headquarters*

siéger *to sit*

sigle m. *initials, abbreviations, acronym*

signaler *to point out*

situation f. *position (job)*

social(aux) *social*

société f. *company, firm*

soi-disant *supposedly*

soie f. *silk*

soigné *attentive (service), well-groomed (appearance), well presented*

soin m. *care*; avoir soin de faire qch *to take care to do sthg*

soit *that is*

sole meunière f. *sole shallow-fried with butter and flour*

solide *strong*

somme f. *amount*

sommeil m. *sleep*; avoir sommeil *to feel sleepy*

sondage m. *gallup opinion poll*

sonnerie f. *bell, alarm*

sortir (sorti) (trans.) *to bring out*; (intrans.) *to go out*

souci m. *worry*; se faire du souci *to worry*

soucier (se) (de qch) *to worry (about sthg)*

souhaiter *to wish*

soulagé *relieved*

souligner *to underline, emphasize*

sourd *deaf*

sous-sol m. *basement*

sous-traitant m. *subcontractor*

soutenir *to support*

souterrain *subterranean, underground*

soutien m. *support*

souvenir (p.p. souvenu) (se) (de) *to remember*

souvenir m. *memory, recollection*; un bon souvenir *a fond memory*

soyeux *silky*

spot publicitaire m. *commercial break*

stage m. *(work) placement, (training) course*

standardiste f./m. *telephone (switchboard) operator*

stationnement m. *parking, waiting (in a vehicle)*

sténo-dactylo f. *shorthand-typist*

sténographie f. *shorthand*

subir *to undergo*

subvention f. *subsidy*

subventionner *to subsidise*

succès m. *success*

succursale f. *branch establishment*

sucre m. *sugar*

suffir (suffi) *to be enough*

suite: à la suite de *following*

suivre (suivi) *follow*

suivre des cours (de) *to take courses (in)*

support m. *aid, medium*

supporter *to stand, put up with*

supprimer *to do away with, to get rid of*

sur le champ *immediately, on the spot*

surchauffe f. *overheating*

surdité f. *deafness*

surface f. *area*; grandes surfaces *super/hypermarkets*

surmené *overworked, under strain*

surprendre (surpris) *to surprise*

survenir (survenu) *to occur*

survie f. *survival*

susceptible (de) *liable (to)*

susciter *to bring about*

syndicat m. *trades union*

syndicat d'initiative *tourist information bureau*

syndiqué (adj. or n.) *belonging to a union, union member*

table de cuisson f. *hob (cooker)*

tâche f. *task*

tâcher de *to try, attempt*

taille f. *size, waist*

tailleur m. *lady's suit, tailor*

talonner *to follow hot on somebody's heels*

tandis que *whereas*

tant mieux *all the better*

tant pis *never mind (too bad)*

tant que *as long as*

taper *to type, to key*

tard *late*; tarder à *to put off, delay*; il ne va pas tarder *he won't be long*

tarif m. *price list*

taux m. *rate*; taux d'escompte *bank rate*; taux de change *exchange rate*

teinte f. *colour, shade*

télécharger *to down-load*

télécommande f. *remote control*

télécopie f. *fax*

téléspectateur m. *viewer (T.V.)*

tendance f. *trend*

tendre *to hold out*; tendu *stretched, tight, tense (adj.), tender*

tenir *to hold, keep (a shop etc.)*

tenir à *to hold dear*

tenir compte *to take into account*

tentative f. *attempt*

tenter *to tempt*; tenter (de) *to attempt to*

terrain m. *ground, plot (of land)*; terrain de camping *camp-site*

territoire m. *(national) territory*

terroir m. *land*; (vin du) *locally produced (wine)*

tête f. *head*

thalossothérapie f. *sea water therapy*

tiers m. *a third*

tiers monde m. *third world*

tir m. *shooting, firing (of a weapon)*; champ m. de tir *firing range*

tirage m. *circulation (of a newspaper)*

tirer parti de *to utilise*

tissu m. *material*

tissu urbain *urban fabric*

titre m. *title*: à juste titre *rightly so*

titulaire de *holder of (qualification etc.)*

à tort et à travers *wildly, loosely*

tôt *early*

toucher *to affect, to receive (money)*

tour f. *tower*

tour m. *(round) trip*

tournant m. *turning (point)*

Toussaint f. *All Saints Day (1st Nov.)*

tout de suite *straightaway*

tout mettre (mis) en œuvre *to spare no effort, to do everything possible*

traction avant f. *front-wheel drive*

train m. (d'une voiture) *axle assembly*

traînard m. *slowcoach*

trait m. *mark, characteristic feature*

trait d'union *link, hyphen*

traiter *to deal with*

traiter affaire *to do business*

trajet m. *journey*

tranquillité f. *peace*

travailler à plein rendement *to work to full capacity*

traversée f. *crossing*

traverser *to cross*

tricot m. *knitwear*

trier *to sort*; centre m. de tri *sorting office (post office)*

trimballer *to lug around (slang)*

trimestre m. *term*

trio de tête m. *three leaders*

tromper (se) *to be mistaken*

trop   *too many*
troquer   *to exchange, barter*
trouver (se)   *to find oneself, to be situated*
truchement *m.*   *instrument (of), medium, intervention*
truite *f.*   *trout*
tutelle *f.*   *supervision*

ultra moderne   *completely up-to-date, latest*
unitaire (prix)   *unit price*
usine *f.*   *factory*
utile   *useful*
utilisateur *m.*   *user*
utiliser   *to use*

vacances *fpl.*   *holiday*
valable   *valid*
valeur *f.*   *value, worth*
valoir (p.p. valu)   *to be worth*; votre voiture ne vaut pas la mienne *your car isn't as good as mine*

vanter (se)   *to boast*
veau *m.*   *calf, calf-skin*
vedette *f.*   *star (media), addressee*
veille *f.*   *evening, day before*
veiller à   *to see to; ensure*
vendeur *m.*   *salesman, sales assistant*
vendeuse *f.*   *sales assistant (female)*
vendre   *to sell*; se vendre bien *to sell well (of products)*
vente *f.*   *sale*
vente par correspondance   *mail order*
véritable   *genuine*
verni   *patent (leather)*
verser   *to pay in*
vêtement *m.*   *(article of) clothing*; industrie du vêtement *clothing industry*
vétuste   *run down, dilapidated*
viande *f.*   *meat*
vie *f.* associative   *social life*
vieillir   *to grow old, to age*

vif (vive)   *bright; quick; (a)live*
vignoble *m.*   *vineyard*
vin *m.*   *wine*
viser   *to aim at*
visser   *to screw, to tighten*
vitesse *f.*   *speed*
viticole   *wine producing*
vitrine *f.*   *shop window*
vivre (vécu)   *to live*
voie *f.*   *track, way, road*; pays en voie de développement *developing country (countries)*
voir (vu) le jour   *to be born*
voisin *m.*   *neighbour*
voiture de fonction   *company car*
voix *f.*   *voice, vote*
volaille *f.*   *poultry*
volant *m.*   *steering wheel*
volonté *f.*   *will, volition*
volontiers   *gladly, willingly*
voyage *m.*   *trip, journey*
voyage de noce *m.*   *honeymoon*
voyageur *m.*   *traveller*